U0887169

梁方仲学术评价实录

《无悔是书生》续篇

梁承邺 著

SPM
南方出版传媒
广东人民出版社
·广州·

图书在版编目（CIP）数据

梁方仲学术评价实录：《无悔是书生》续篇 / 梁承邺著. —广州：广东人民出版社，2021.4
ISBN 978-7-218-14922-6

Ⅰ. ①梁…　Ⅱ. ①梁…　Ⅲ. ①梁方仲（1908—1970）—传记
Ⅳ. ①K825.31

中国版本图书馆 CIP 数据核字（2021）第 004419 号

LIANG FANGZHONG XUESHU PINGJIA SHILU——《WUHUI SHI SHUSHENG》XUPIAN
梁方仲学术评价实录——《无悔是书生》续篇
梁承邺　著
版权所有　翻印必究
出 版 人：肖风华

责任编辑：周惊涛
装帧设计：彭　力
责任技编：周星奎

出版发行：广东人民出版社
地　　址：广州市海珠区新港西路 204 号 2 号楼（邮政编码：510300）
电　　话：（020）85716809（总编室）
传　　真：（020）85716872
网　　址：http://www.gdpph.com
印　　刷：广州市浩诚印刷有限公司
开　　本：787mm×1092mm　1/16
印　　张：18　　字　数：240 千
版　　次：2021 年 4 月第 1 版
印　　次：2021 年 4 月第 1 次印刷
定　　价：49.80 元

如发现印装质量问题，影响阅读，请与出版社（020-85716849）联系调换。
售书热线：020-85716826

序　一

赵德馨

承郯学兄写《无悔是书生——父亲梁方仲实录》（以下简称《无悔是书生》）时，在电话中和我交换过意见。在写《梁方仲学术评价实录——〈无悔是书生〉续篇》（以下简称《续篇》）时，除了在书信和电话中交换意见外，还寄来初稿要我看看。我以虔诚的心、认真的态度细致地学习了，并将心得与意见写在相应处，寄回给他，供他修改时参考。这次，他又寄来清样，嘱咐作序。我又读了一遍。

《无悔是书生》侧重介绍梁方仲先生的生平，即他的为人。《续篇》侧重介绍梁方仲先生的学术，即他的为学（包括介绍其学术价值观、治学态度、研究方法和学术贡献诸方面）。两书合璧，向世人全方位地介绍了一个丰满的、生动的梁方仲先生。它们是一部结构巧妙的梁方仲传。

写传记本是难事，写学者的传记比写其他职业者更难，所写的学者若是父母，便是难上加难。这个难，难在对学术贡献的评价上。因为，要写传主在学术上的贡献，评价首先要专业，这要求作者必须对传主所从事的专业有深入的了解，否则只能是隔靴搔痒，言不及义。其次，评价不仅要专业，还必须准确。评价低了，委屈了先人；评价高了，读者会责难作者。要评得既到位，又妥当，除了要对传主所从事专业的学术史有深刻的把握外，还要讲求表述方式。

关于表述方式，承郯学兄在两本书的“前言”里已交代得清清楚楚。我想强调的是，他采取尽量做到用资料说话和用别人说的话，自己少说。对于儿女写父母的传记，这是很明智的做法。自己少说不等于不说，因为在某些地方，非自己说不可。凡是这样的地方，承郯学兄遵循“说有容易说无难”的规范，慎用“首先”“第一次”一类的词语，使评价既科学，又留有让后人评说的余地，且彰显了梁氏父子谦逊之德。

由于表述方式得体，文字朴实流畅，笔端流淌父子情，这两本书都能调动人的感情。我读《无悔是书生》中 1966 年至 1970 年部分，看到梁先生受的屈辱与折磨，心中难受，泪眼婆娑。后来读《续篇》书稿，看到梁先生学问和声望在人们的心目中与日俱增，去世后还有那么多人思念他，学习他，对他的评价那么高，喜在心头。

承郯学兄毕业于武汉大学生物系，后来任中国科学院华南植物研究所所长，从事的植物遗传育种与生物技术研究工作，属于自然科学。方仲先生专攻的经济史学科，属于社会科学。植物学专家儿子写经济史学专家父亲，隔了个大行当。承郯学兄退休之后，在近 20 年的时间里，集中精力做了两件大事。一是搜寻、整理方仲先生遗留的文献资料，力求齐全，片言只语也不放弃，与黄启臣、叶显恩、李龙潜、刘志伟、陈春声等经济史学专家一起，编成了《梁方仲文集》和《梁方仲遗稿》。二是写了《无悔是书生》正、续篇这两本书。在这个过程中，他熟悉了现代型中国经济史学自产生以来的史实，成了这个领域的专家。这使他在对方仲先生学术成就的评价上，分寸把握得很准确。

在和承郯学兄的交谈中，我两次对他说：“您光大了令尊大人的事业，是一个大孝子，为学人的后裔应该怎样对待先人的学术遗物，树立了榜样。对此，我心怀敬佩！您已经是一个中国经济史学史专家，为研究现代型经济史学的产生和发展史做了一项奠基性的工作。作为经济史学的专业工作者，我心怀谢意！”

2018 年 9 月

于中南财经政法大学

序　二

黄启臣

今年是我读研究生（1961—1966）时的指导教师梁方仲教授诞辰110周年。恩师哲嗣梁承邺研究员（曾任中国科学院华南植物研究所所长）撰著的《梁方仲学术评价实录——〈无悔是书生〉续篇》（以下简称《续篇》）将出版纪念，极具学术史价值，可喜可贺。承邺兄将书的清样本送来，嘱我为本书写篇序言。恭敬不如从命。我得先睹为快后，不揣谫漏，濡笔撰写如下作为第一读者的感受，也许是浮想联翩的题外话，不免乖谬，滥充序言。

我认识梁方仲教授是在1957年9月。当时我考入中山大学历史系读本科，在历史系举行的迎新生入学典礼会上，系主任杨荣国教授致欢迎词，除了向我们新生表示热烈欢迎外，着重介绍历史系有一支实力雄厚的、高水平的师资队伍给我们上课，希望我们好好向老师学习，学出好成绩。他还特别请参加典礼的梁方仲、刘节、董家遵、戴裔煊、朱杰勤、陈锡祺、金应熙等教授站起来让我们认识。那时我算是远距离单向认识梁方仲教授了。

1961年8月本科毕业，我服从分配到梁方仲教授门下读研究生，跟他学习明清社会经济史。当时培养研究生不是实行学分制，在四年学习期间，除了《马列主义经典著作选读》和外语课由学校统一集中上课考试外，专业课则由指导教师全盘负责安排及考试。一、二年级时，老师规定我读完《明通鉴》《明史纪事本末》《国榷》《明史·食货志》《续文献通考》和马克思的《资本论》、亚当·斯密的《国富论》等书，并要求读前五书时，把书中记载明代经济的条文页码记录下来，方便以后研究利用；后两书中关于论述中国的全文则要抄录下来。一周读完一部分，然后于每星期五上午九时到他家里上课（因该年只招我一个研究生），把读不懂的文字和内容汇报，由老师讲课时解答。三年级上学期考试；下学期选定毕业论文题目，并拟出写作提纲。四年级全年写作毕业论文。我如数按老师规定读完上列书籍。到了寒、暑假，我不回家，在学校图书馆查读梁老师已经发表了的《明代田赋初制定额年代小考》《明代户口田地及田赋统计》《一条鞭法》《明代银矿考》《明代国际贸易与银的输出入》等45篇论文和《明代粮长制度》专著。这么一来，使我比较全面了解梁老师28年来潜心研究明清经济史的历程、内容和学术成就。三年级选择毕业论文题目时，我受到老师《明代银矿考》一文的启迪，选定《明代钢铁生产的发展》为题，得到老师审定首肯。

我读研究生四年，后因参加“四清”运动一年而延迟至1966年，又因毕业后留校等待分配工作，至1968年才离校。所以我跟梁方仲老师学习足足七个年头。加上2005—2007年我有幸参加整理、校订和编辑《梁方仲文集》（8册），使我更加了解恩师在北平社会调查所、中央研究院社会科学研究所、岭南大学和中山大学工作30多年来，一直以中国经济史研究和教学为“安身立命”的“名山事业”之学术生涯。现在又得先睹承鄚兄大著《续篇》，更进一步加深了对恩师毕生治经济史的历程、内容和学术成就的认识。

恩师既然立志以学术为“名山事业”，所以他对自己研究经济史的学术价值观是以高标准著称的，用他自己的话来说，就是“发表一篇论文，至少要站得稳几十年，即要经得起时间的考验，在几十年的时间内都有人需要读你的文章，从中受到启发和教育”①。因此恩师每逢撰写或发表一篇论文，都是经过多次反复修改后才放心发表的，从而赢得“治学缜密严谨”的美誉而闻名于学界。我记得他撰写《论明代里甲法和均徭法的关系》一文，请人抄正后命我于1962年8

① 李龙潜：《回忆梁方仲教授二三事》，载汤明檖、黄启臣主编：《纪念梁方仲教授学术讨论会文集》，广州：中山大学出版社，1990年，第35页。

月送给《学术研究》编辑蒋祖缘。但后来他在一部清初的地方志发现几条与此文有关的明朝资料，又叫我去找蒋取回原稿，几经补充、订正和修改才送给《学术研究》，于1963年第4、5期连载发表。一丝不苟，严谨治学精神，可见一斑。正因为他的著述精益求精，所以多是见解独到、富于创新之作，被国内外专家学者广泛阅读、参考和引用。承郧兄在本书作了详细的统计，恩师生前发表和完成后来发表的51篇（部）论著，被学界引用者超过90%，其中《一条鞭法》《明代粮长制度》年引用率在1—3次；《中国历代户口、田地、田赋统计》高达20次以上。而且发表时间与引用时间相隔年份最短为20年，绝大多数相距50—60年。这说明其论著经得起50年以上的历史考验。我相信以后还会有更多研究经济史的学者引用和参考其论著。

恩师梁方仲教授之所以发表高质量论著，同他身体力行20世纪初“新史学”（the new history）的社会科学研究方法有着极大的关系。所谓“新史学”，是1913年美国哥伦比亚大学教授鲁滨逊（James Harvey Robinson）针对德国近代史学之父奠基人利奥波德·冯·兰克（Leopold von Ranke）关于“史料高于一切，要把历史学变为史料学”的实证主义史学研究方法而提出的。鲁氏主张“一定能够利用人类学家、经济学家、心理学家、社会学家关于人类的种种发明”，“打破俗套，去利用各种新科学上的新学说，而且要使历史同入各种学问革命的潮流里面去”[①] 的社会科学方法研究历史，又称“社会科学治史”。这种“新史学”方法就是要运用经济学、社会学、人类学、地理学、统计学、考古学、生物学、天文学等综合研究历史问题。“新史学”方法于20世纪初传入中国，时称晚清新学大将、国学研究巨擘和以西方文明史学改造中国旧史学的“现代史界第一人”梁启超首先接受。他撰写和发表了《中国史叙论》（1901）、《新史学》

① 鲁滨逊著，何炳松译：《新史学》（*The New History*, *Essays Illustrating the Modern History Outlook*, New York, 1913），上海：商务印书馆，1924年，“序”第2页，“译者导言”第3页。

（1902）两篇论文，推崇“社会科学治史”，批评旧史学缺乏多学科治史的视角，提倡：

> 夫地理学也、地质学也、人种学也、人类学也、言语学也、群学也、政治学也、宗教学也、法律学也、平准学也，皆与史学有直接之关系。①

梁启超还特别喜爱以统计学方法研究历史，说：

> 历史统计学，是用统计学的法则，拿数目字来整理史料推论史迹”，“是专要看各种事物的平均状况，拉匀了算总账。②

此后，清华大学历史系首任系主任陆懋德和后任者蒋廷黻也大力提倡“新史学”的“社会科学治史”方法。但梁启超等提倡多，实践则较少。真正提倡和努力实践“社会科学治史”并取得突出成果者，是1934年5月由吴晗、汤象龙、梁方仲、夏鼐、罗尔纲、谷霁光、朱庆永、孙毓棠、刘隽、罗玉东，以及后来加入的张荫麟、杨绍震和吴铎等，在北平酒醋局3号骑河楼的清华同学会创立的史学研究会同人。因为他们之中有8人来自清华大学，所以有人又称为“清华史学研究会”。他们一致赞同和提倡“历史与社会科学并重；历史之中西方史与中国史并重；中国史内考据与综合并重”③ 的研究方法，“反对理论脱离历史实际和从理论到理论”④ 的研究方法，并且身体力行以研究中国社会经济史为重点，争取30年内写出一部《中国经济通史》，从而成为“新史学”的典范，其中最突出、最显赫的中坚分子，是梁方仲和汤象龙。

梁方仲于1933年清华大学经济系首届硕士研究生毕业，后在北平社会调查所（不久并入中央研究院社会科学研究所）经济史组工作，从事明代赋役制度研究（在其研究生毕业论文《明代赋役史述

---

① 梁启超：《新史学》，载李华兴、吴嘉勋编：《梁启超选集》，上海：上海人民出版社，1984年，第287页。

② 梁启超：《中国历史研究法补编》，北京：中华书局，2010年，第217—218页。

③ 何炳棣：《读史阅世六十年》，桂林：广西师范大学出版社，2005年，第68页。

④ 《汤象龙自述》，载高增德、丁东编：《世纪学人自述》第三卷，北京：北京十月文艺出版社，2000年，第323页。

要》的基础上）。为了实践“社会科学治史”的方法，他博采历史资料，实事求是考察明代社会经济现象。除了收集官修的正史、实录、政书、编年史等史料外，还注意搜集别人不重视的地方志、部臣奏折、私人文集、笔记、民间俗本、平话、官私档案、历史实物和社会调查等资料，如清朝内阁大库档案、明清的赋役全书、粮册、鱼鳞图册、奏销册、土地执照、土地契约、串票、易知由单等，并对史料加以订正、考释，然后利用。1936—1937 年，他与刘隽一起从清内阁大库档案中选择抄录与自己研究专题有关的档案资料，抄出了 3 万余条资料卡片加以利用研究，所以他撰写《易知由单的研究》（《岭南学报》第 11 卷第 2 期，1951 年 6 月）这篇长达 8 万字的论文，就是利用顺治、康熙两朝的 300 多张易知由单档案原件，加上在清代地方志书找到明代易知由单的式样多件，再结合其他史书的资料而写成的，对明清两代易知由单推行 200 多年的历史演变过程作了深刻的论述，弄清了许多前人不清楚的问题，结论新颖，言之有据。他于 1935 年发表的《明代户口田地及田赋统计》（《中国近代经济史研究集刊》第 3 卷第 1 期，1935 年 5 月）6 万字长文，内中又运用现代统计学方法，编制 38 个数据表格，将明代历朝的户口、田地和田赋数列出，使人一目了然。同时按照现代统计学规范开列出合计数、平均数、分区统计数和升降百分率，从而看到明代各朝不同地区的户口、田地和田赋的变化，使读者了解明代各地社会经济发展状况。可见此文是将现代统计学方法运用到历史研究之嚆矢；梁方仲实是实践以统计学方法研究明代赋役制度的创始人和坚持者。我们还在整理他的遗稿时发现有《洪武十一年造军器统计表》《万历十七年与万历四十三年货物税额、货价对照表》《明万历各布政司各府州县税粮分组表》《清乾隆江苏省物价工资统计》《民国时期各省市历年户口表》《民国八年度与二十年度田赋比较表》等统计表。特别是他编著的《中国历代户口、田地、田赋统计》宏著完成和问世（详后），说明梁方仲教授实是“开中国以现代统计学方法研究经济史的先河，成为中国将现代统计学方法运用到史学研究的统计学派开创者之一”的“经济史统计大师"[1]。他的经济史研究超越了以史料考据的传统史学研究模式。

恩师梁方仲教授还遵循史学研究会创立时提出研究中国历史"我们愿意从大处着眼，小处下手，就各人的兴趣和所学，就每一问题作广博深湛的检讨"[2] 的宗旨，选择明代王朝贡赋制度体系的一条鞭法为切入点，开展明代赋役制度的研究，连续撰写发表了《一条鞭法的名称》（1936）、《一条鞭法》（1936）、《一条鞭法的争论》（1936）、《跋〈洞阳子集〉——兼论明隆万间江西一条鞭法推行之经过》（1939）、《释一条鞭法》（1944）、《明代一条鞭法的论战》（1951）、《明代一条鞭法年表》（1952）、《谈海瑞与一条鞭法》（1966）等8篇论文，以社会科学方法对一条鞭法产生的历史渊源、社会经济背景、内容、推行、演变、影响等进行系统的分析和阐述，其结论是前无古人的，令人信服，从而获得国内外专家学者的极高评价，被指是一条鞭法研究的"最为全面和深邃"[3] 的经典之作；是经济学家以历史学犀利眼光，"运用社会科学方法对王朝制度进行分析性研究的一个典范，在中国历史研究，尤其是中国社会经济史研究领域，具有开创性的意义"[4]；是近代以来系统而深入研究一条鞭法的第一人，特别是他指出的一条鞭法"形成了近代以至现代田赋制度上的主要结构"，"是现代田赋制度的开始"[5] 的历史意义结论是极具创新性的。所以，《一条鞭法》发表后，1937年就由铃木正翻译为日文在著名的《历史学研究》第7卷第6、7号连载；1945年，美国太平洋关系学会又特

---

① 张剑平等：《新中国历史学发展路径研究》，北京：人民出版社，2012年，第213页。

② 天津《益世报·史学》第一期，1935年4月30日，《发刊词》。

③ 黄冕堂：《明史管见》，济南：齐鲁书社，1985年，第373页。

④ 刘志伟、陈春声：《梁方仲先生的中国社会经济史研究》，《中山大学学报（社会科学版）》2008年第6期，第70页。

⑤ 栾成显：《中国古代土地数字税亩说考辨——兼论梁方仲教授一条鞭法研究的贡献（附洪武丈量考论）》，载陈春声、刘志伟主编：《遗大投艰集——纪念梁方仲教授诞辰一百周年》，广州：广东人民出版社，2012年，第174页。

约王毓铨翻译为英文，1956 年哈佛大学东亚研究中心将该文与后来发表的《释一条鞭法》合译文列为《哈佛东亚研究丛书》第一种出版。美国著名中国近代史专家费正清（John King Fairbank）为英译本写了序言，高度称赞“一条鞭法”研究取得突破性成就，说：

> 这篇专著是论及明代后期赋税和劳役系统地改换为以银折纳制度迄今最深入的研究，它对中国近代货币经济发展的任何研究都提供了背景作用。[①]

恩师梁方仲教授在研究“一条鞭法”同时，亦研究与之有密切关系而负责催征、经收和解运田赋的粮长制度，在 1935 年发表 8000 字的《明代粮长制度》基础上，增补写成 2.6 万字的《明代粮长制度》长文，于《中国社会经济史集刊》第 7 卷第 2 期（1946 年 7 月）发表，又在此文基础上撰写成 10 万字的《明代粮长制度》专著，于 1957 年由上海人民出版社出版。在此书中，他仍然以“社会科学治史”的方法，对明代粮长制度的历史渊源、设立粮长目的、粮长职务、特权、粮长的演变进程和粮长的危害以及明代社会经济等作出全面、深入、细致的分析，使读者对明代粮长制度和社会经济状况，获得全貌的认识。恩师在此书中仍然以统计学方法编制了《明洪武二十六年全国分区秋粮米实征数及其百分比》《明代历朝全国田赋米麦实收平均数及其升降百分比》《〈明实录〉中关于太祖朝垦田面积的记载》《洪武弘治万历三朝全国分区田地面积及其升降百分比》四个数据表，说明“由洪武以至景泰年间……农业、手工业、商业都是步步上升的”，“直到万历中年以前，它们仍然是在继续发展之中，这从它们在生产力各方面的提高，可以得到证实”[②]。同时，提出明代商业资本家对“求田问舍”“广置田产”的浓烈兴趣，“因此资本的积累不免受了很大的限制，由商业资本家变成为工业资本家的极为少见”[③]的新见解。由此可见，此书虽然是一个小题目，但一滴水可以见太

---

① 见本书第 77 页。

② 梁方仲：《明代粮长制度》，上海：上海人民出版社，1957 年，第 116、126 页。

③ 梁方仲：《明代粮长制度》，第 128 页。

阳，由此可知明代社会经济发展状况。这种“从大处着眼，小处下手”的微观和宏观相结合的研究方法和成果备受专家学者的高度评价，“是中国史学发展的一个具有前瞻性的方向”[①]。因而60多年以来，史学界一直有人引用此书，所以《明代粮长制度》和《明代十段锦法》两文又被选为中国新史学代表作品之一种翻译成英文，收入1956年在美国出版的《中国社会史》（*Chinese Social History*）一书[②]，说明国内外史学界对恩师研究明代赋役制度的看重和推崇。著名美籍华人历史学家何炳棣发文赞扬：“已故梁方仲教授是明代赋役制度的世界权威。”[③]

我于1961年投梁方仲教授门下后，他对我说过，1956年完成《明代粮长制度》书稿交给上海人民出版社后，喜得学校为他配备一名专家助手，而且适是他之前任岭南大学经济商学系教授时的本科毕业生汤明檖。于是恩师十分高兴指导助手工作，两人通力合作，以《明代户口田地及田赋统计》一文为范本，运用统计学和历史学相结合的方法，利用20年收集积累的丰富文献资料，编著《中国历代户口、田地、田赋统计》一书，历五年寒暑，于1961年春完成定稿此皇皇巨著，交给上海人民出版社。1961年夏，上海人民出版社排版出清样本，并派李文俊编辑亲自送到恩师处，住在学校黑石屋招待所，进行校对，方便有不懂之处可以随时请恩师指正，以加快校对速度。至1962年春节，校对完毕，然后携校对本回上海。后因“四清”运动和“文化大革命”等非作者的原因延至1980年才出版。该书出版后引起史学界轰动，一时洛阳纸贵，很快售罄，于是上海人民出版社重印，以满足读者需求。关于此宏著的内容、编著方法、特点和意义，我于1982年撰写和发表的《读〈中国历代户口、田地、田赋统

---

① 范鹏鹏：《〈明代粮长制度〉评介》，《新西部》2016年第23期，第95页。

② 详见梁承邺：《无悔是书生——父亲梁方仲实录》，北京：中华书局，2016年，第127页注①。

③ 何炳棣：《南宋至今土地数字的考释和评价（上）》，《中国社会科学》1985年第2期，第156页。

计〉》[①] 一文已作了介绍，兹不赘述。我现在只强调一点，恩师花最大力气将中国自西汉至清末2000年古籍记载的非常零散的历代户口、田地和田赋数据经过考订、折算、归类后，以现代统计学方法，编制成235个表格和6个户口、田地、田赋升降比较统计图，加上每个表格的"表说"（解释）的新型书式，说明"我国自秦、汉以来，早已建立起全国规模的人口调查制度"，"毫无疑问是资本主义时代以前世界各国中最先进的"[②]，使读者对中国历代户口、田地、田赋数据一目了然。所以，该书出版30多年来，除了为史学界、经济学界和政府有关部门（如国土、农业、税务）的实际工作者广为引用外，还备受国内外史学界、经济学界的专家学者异口同声称赞。日本专家称本书是"世界上没有哪个国家能给我们提供这种材料"[③] 的大型历史统计书。台湾学者王尔敏说：

> 二十世纪同代史家中有开创新路独出心裁之史表，令人惊叹并视为代表同代百年新创典范之作，是即梁方仲之《中国历代户口、田地、田赋统计》，可说是今代开山之作，无愧于历代史家。我手边备有此书。梁氏亦如宋之郑樵，乃是自古至今，贯通历代史实之作，真难能可贵，足为史表大师。
>
> ……真是前无古人，全新开创，足以备见其学问、识力、毅力之过人。[④]

从恩师梁方仲教授撰著的上述《一条鞭法》《明代粮长制度》《中国历代户口、田地、田赋统计》三项研究成果，和我参加整理他于1952—1953年在岭南大学和中山大学讲授"中国经济史（上古至清）"课程的《中国经济史演讲笔记》（已于2008年由中华书局作为

① 载《中山大学学报（哲学社会科学版）》1982年第1期。

② 梁方仲编著：《中国历代户口、田地、田赋统计》，上海：上海人民出版社，1980年，"总序"第15—17页。

③ 佐竹靖彦：《日本学术界关于汉唐时期"共同体"问题研究概况》，《中国史研究动态》1983年第6期，第15页。

④ 王尔敏：《新史学圈外史学》，桂林：广西师范大学出版社，2010年，第161—162页。

《梁方仲文集》之一册《中国经济史讲稿》出版）和其他遗稿内容看，得知他的讲课内容是贯通中国历代社会经济发展的，即“中国原始社会经济”“商代奴隶社会经济”“初期封建社会经济”“专制主义中央集权的封建社会经济”和“隋唐宋元明清经济的发展”等。再加上他在 20 世纪 50 年代撰写和发表的《户调制与均田制的社会经济背景》（1955）、《论隋代经济高涨的原因》（1956）和后来发表的遗稿《元代中国手工业生产的发展》（1982）、《元代屯田制度简论》（1983）、《关于孙中山家族的两件土地契约文书释文》（1994）等丰富内容，足以说明他除了重点研究明清赋役制度的同时，实际上他的研究范围和内容已包括整个中国历代社会经济史领域了。这就与他于 1935 年参加发起创立史学研究会的目的是要写一部《中国经济通史》的初衷相对接了。所以我们说梁方仲教授是中国社会经济史的奠基人和终生坚持研究的“经济史大家”①，是当之无愧的。他任何时候都念念不忘钻研中国社会经济史。

哪怕是 20 世纪 50—60 年代，我国在以阶级斗争为纲的“运动治国”思想指导下，恩师经历着连绵不断的二五减租、镇压反革命、批判《武训传》、土地改革、三反五反、思想改造、反胡风运动、批判胡适实验主义、农业合作化、工商业社会主义改造、反右派斗争、红专大辩论、大跃进、大炼钢铁、人民公社化、反右倾机会主义、整风整社、“四清”运动和“文化大革命”等政治运动，但他仍然钻空隙、挤时间，苦心孤诣，焚膏继晷潜心研究中国社会经济史。我记得 1966 年 7 月，他已被红卫兵赶入“牛栏”劳动改造，白天到东区第二学生宿舍扫地、洗厕所，但晚间回到东北区七号寓所仍然挑灯查阅古籍，选抄资料。有一个晚上我到他家里告诉他，我正在等待分配工作的信息，就看到他在翻看《明经世文编》找资料。我曾痛心地劝导他白天劳动很累，晚上回来就不要再看书了，要多休息，恢复精力。他却对我说：白天无时间，只有靠晚上了。顿时，我看到他瘦弱的身

① 王尔敏：《20 世纪非主流史学与史家》，桂林：广西师范大学出版社，2007 年，第 208 页。

体，实在心酸，几近潸焉出涕。正是因为恩师有这种以追求学术而生的精神支撑，才有可能在50—60年代撰写和发表13篇论文和两本专著。还有《中国历代度量衡之变迁及其时代特征》等10篇写完未发表的论文手稿，后于1980—1990年分别在《历史研究》等刊物刊登。如果恩师梁方仲教授能活到90年代乃至21世纪，完全可以相信，他一定有更多的学术成果问世。然而，天妒英才，天不假年，他却于1970年5月18日在经受“文化大革命”的沉重打击中又罹患绝症而匆匆走完一生历程，享年仅62岁，实在教人深切哀痛和扼腕浩叹。

庆幸的是，恩师梁方仲教授自1959年至1963年在历史系所招收和悉心培养的5名研究生，个个成才，其中有4人分别在首都师范大学历史系（杨生民教授）、中山大学历史系（黄启臣教授）、广东省社会科学院（叶显恩研究员）和暨南大学历史系（鲍彦邦教授）工作，继承恩师未竟的学术事业，从事明清社会经济史的教学和研究工作，而且薪火相传，培养了一代硕士、博士研究生：刘正刚、黄国信、温春来、陈永升、李庆奎、黄海妍、熊燕、鲍炜、韦锦新、张桂苹、施红、沈宏、苗天娥、陆建伟、张小锋、董平均、钱永生、向咏伟、王永华等，成为第二代传人；现在第二代传人又培养了新一代硕士、博士研究生，成为第三代传人。[①] 加上梁先生学生、助手汤明檖所培养的刘志伟、陈春声等一大批一代又一代的人才，使得恩师开创的中国社会经济史研究后继有人，生生不息。

与此同时，经承郷兄长期收集恩师生前撰写的大批手稿、讲稿、讲义、读书笔记、资料汇编等，经黄启臣、李龙潜、刘志伟等整理、校正，编辑成《梁方仲文集》和《梁方仲遗稿》，分别于2008年由中华书局和2018年由广东人民出版社出版。加上承郷兄继承和发扬中华民族的孝敬父母传统，经十多年辛勤努力收集资料，撰写出版了《无悔是书生——父亲梁方仲实录》和《续篇》，使学术界和广大读者诸公进一步了解和认识恩师梁方仲教授“为学术而生、为学术而

① 他们是侯俊云、高志超、江波、包国滔、龚志强、曾繁花、乔玉红、荀铁军、王潞、杜云南、张启龙、李晓龙、叶锦花、徐靖捷、黄文保、李镇、冯志浩、卢树鑫、徐爽等。

死”的历程和饮誉全球的学术贡献。而且这些著作的出版发行，将收藏于全国和世界各国图书馆，嘉惠学林，永远提供研究中国社会经济史的专家学者参考利用，意义极为深远。正如古人所云：“为官一时荣，文章千古事。”“文章乃经国之大业，不朽之盛事。在名留千古中令自己的生命延续到永远。”

我想，如果恩师梁方仲教授有知，一定含笑于天国。

末了，我要借此序文诉诸笔端，衷心感谢恩师梁方仲教授对我的七年悉心栽培。我深深叩膝顿首感念：十一年为师，终身为父！

谨此为序。

2018 年 5 月

于中山大学历史系

目录
Contents

前　言

本书题名为《梁方仲学术评价实录——〈无悔是书生〉续篇》（以下简称《续篇》），其副标题之所以用《〈无悔是书生〉续篇》，原因如下：

首先，中华书局 2016 年出版的拙著《无悔是书生——父亲梁方仲实录》（以下简称《无悔是书生》）之“楔子”部分曾交代，该书的目标是“较详尽全面介绍先父生平及其治学特点、学术贡献的书”。已出版的《无悔是书生》所述内容侧重于生平介绍，对父亲的治学特点、方法、学术贡献以及学科的创建诸方面，并未作集中而系统的绍介，有必要予以补充，以使读者得以全方位了解父亲。其次，其实在撰写《无悔是书生》时已有此打算，并已写出了有关初稿，当时名之为下篇，或称续篇。最后，当时曾考虑到此部分初稿最好能进一步修改完善；同时，考虑到上、下篇字数已近 50 万字，将上篇与下篇分开出版，也利于图书销售。

《续篇》之写法仍遵循《无悔是书生》“楔子”中所要求者，即“旨在为读者、研究者提供可信乃至可用的资料（史料），同时企望在读者范围由‘圈中人’向‘圈外人’的扩展上做点尝试。撰写时，强调了所述事实要真实可信，言必有据，力戒断章取义，或错读所据之误。写法上采用了多摆事实，适当议论，即使一定要议，也尽可能多用他人和父亲的原话来表述；引文、注释较多且接近完整；文字尽量平实浅白。这样的做法似属必要，也较适合我的身份，因为，避后人写先人不客观之嫌，减少非同一领域专业人士撰写时易犯疏漏、失误之毛病，这些问题都必须考虑”。

也如同《无悔是书生》之“楔子”中所表述的，《续篇》的具体目标除进一步加深对父亲生平了解的同时，主要旨在“通过一些原始资料的披露和一些分散零碎材料的搜集综合，既对先父的学术研究特点及其贡献的了解与研究有好处，也可能对有关学术史的认识与探讨，提供某些帮助与思路”，“与此同时，查照父亲一类学人的治学态度、采用的研究方法以及处事待人态度，对加强健康学风的建设，或许有些促进作用”。

在此，有一点似可向读者建议：阅读《续篇》时，请最好能同时查照一下《无悔是书生》，这样对父亲的了解可全面些，因为两书在学术和生平两方面内容有意作了此处繁而彼处简的“有机”安排。当然能否达到“有机”境界，尚祈读者明察。

在《无悔是书生》中，我基本上采用了“述而不作”（叶显恩在“序言”中语）的写法；本书某些部分，如第一章和第八、九、十章，“作”的成分稍多些。写出来，权当本人在撰写过程中的一些学习体会，不成熟之处在所难免，敬希读者、方家不吝赐正。

像父亲这样一位矢志奉献学术、潜心研究、传道授业的学人，其过早的辞世，使生者唏嘘，痛惜不已；他的治学精神、治学方法，特别是他的学术与授业贡献，自然会受到后人评议。随着学术史梳理工作的逐渐增加，有理由相信一部有关他的学术评传终会诞生。有鉴于此，我不揣寡陋，在归纳有关人士议论的前提下，于某些方面斗胆说些浅见，希冀有助于进一步展开对父亲之研究和评价。本书分章进行实录。

第一章　学术价值观

第一节　父亲之学术价值观

谈到父亲的学术价值观问题，其弟子杨生民有一段回忆：

> 自从提出“教育为无产阶级政治服务”的方针后，人们对此有不同理解。有一种意见认为这个方针要求学术应为各项政策服务，于是出现了科研随着政策变，这样基础研究就不可避免地要受到冲击。针对此情况，梁先生曾说：“雨过地皮湿，风一吹又干了，如果今天搞的科研到明天就没用，那还搞它干什么？我搞科研就是要多少年以后，人还在用。”先生这一番话，表明了他的学术价值观。而了解其学术价值观，有助于了解其治学道路。①

到底经多少年的考验可作为学术上有价值的标准？又如何才能做到这点？李龙潜的一番话，做了补充说明：

> 仲师治学，主张独立思考，决不盲从，摭拾别人的牙慧，要求有所创造，有所发明，即使是微小的发现，能解决问题，也是

① 杨生民：《谈梁方仲先生的治学道路》，《中国经济史研究》2001 年第 1 期，第 148 页。

好的。他常说一篇论文，没有扎扎实实的材料做基础，提出“持之有故，言之成理”的学术见解——“空话连篇，言之无物”，发表出来没有价值，也经不起别人推敲，过几年就没有人看，逐渐被人们遗忘了。发表一篇论文，至少要站得稳几十年，即要经得起时间的考验，在几十年的时间内都有人需要读你的文章，从中受到启发和教育。①

这就是说，作品要经得起几十年时间考验乃其基本标准。也记得父亲多次向我说道：“一篇称得上有质量的文章，至少要通过 10 年至 20 年的时间检验；真正的精品或传世之作，起码 40 年至 50 年后别人还拿之来参考引用。我就是以此要求撰写和发表论著的。”这是父亲认定的学术价值考虑的主要尺度之一，他鼓励并要求学生们向此目标努力，自己身体力行，追索始终。

第二节　论著被引情况初窥

判断一部作品是否经得起时间的考验，观察其发表若干时段后是否被引用、参考，应是最主要的考量指标之一（当然这仅是学术质量其中一个表现而已，父亲有关学术贡献当在后面章节予以介绍）。为此，笔者制出有关统计表，以求观察分析父亲作品学术质量（时间考验）问题。

统计表 1—1、表 1—2 所列论文 49 篇、专著（书）2 部，共 51 篇（部），是父亲生前撰写发表的全部作品，其中有三点应指出：第一，《中国历代户口、田地、田赋统计》一书虽然正式出版印行于 1980 年，但其正式付印稿于 1962 年已排印出来，只因“文革”延至 1980 年始正式出版（详见《无悔是书生》），故该书应视为父亲生前完成的作品。第二，生前发表的 49 篇论文中有生前未公开发表的内部资料（即“C”类）2 篇，书评或笔谈（即“B”类）7 篇，若剔

① 李龙潜：《回忆梁方仲教授二三事》，载汤明檖、黄启臣主编：《纪念梁方仲教授学术讨论会文集》，广州：中山大学出版社，1990 年，第 35 页。

除“B”类的2篇笔谈，只有47篇属真正意义的学术论文或作品（且其中16篇发表在报纸上）。还应指出论文中有2篇后来都收入到《中国历代户口、田地、田赋统计》一书中，人们参考引用它们时，往往只标写《中国历代户口、田地、田赋统计》一书之名，这两篇论文为《试论我国度量衡的起源与发展》《中国历代户口、田地、田赋统计原论》。第三，之所以选择其生前发表作品来考察，一则，这些作品是经父亲生前同意始印出的（尽管后来他表示过，个别文章尚需做些修改补充，乃至完全弃用，不要收进其集子中）；二则，这些作品都写于数十年前，易于判断它们是否经得起时间检验。

表1—1 梁方仲生前发表论著近年被论文以及专著引用情况①

序号	被引论文题目及发表时间	CSSCI		CNKI		备注③（a或b，或a、b）
		篇数②	发表与被引相隔年数	篇数	发表与被引相隔年数	
1	《明代鱼鳞图册考》，《地政月刊》第1卷第8期，1933年8月	1	78	1	78	
2	《明代田赋初制定额年代小考》，《清华周刊》第40卷1期，1933年10月23日	0		0		a b. 叶振鹏主编：《20世纪中国财政史研究概要》，长沙：湖南人民出版社，2005年

① 本表依据CSSCI（中文社会科学引文索引）（1998—2016）和CNKI（中国知网）（1995—2016）之引用文献题录信息而制成，得到中山大学图书馆公共服务部蔡筱青等之大力协助，特此致谢。

② 篇数指引用父亲某篇论文的论文数，不包括在同一篇论文多次引用父亲同一论文的次数的情况。

③ 此备注乃父亲论文被引用情况的若干补列。经作者初步复核，发现CSSCI和CNKI查询系统中父亲论文被引用情况有个别漏列情况（与中山大学图书馆工作人员无关，是系统本身问题而已），现列出个别例子，以“a”表示，“b”类则为作者通过查专著（书）得到的其他有关信息，列于此备注栏中。

（续表）

序号	被引论文题目及发表时间	CSSCI		CNKI		备注（a或b，或a、b）
		篇数	发表与被引相隔年数	篇数	发表与被引相隔年数	
3	《明初夏税本色考》，《清华周刊》第40卷11、12期，1934年1月8日	1	76	1	76	
4	《北平市田赋概况》，《民族杂志》第2卷第8期，1934年8月	0		0		a. 检索系统漏收：①刘志伟、陈春声：《梁方仲先生的中国社会经济史研究》，《中山大学学报（社会科学版）》2008年第6期；②杨祖义、赵德馨：《梁方仲经济史学思维方式的特征》，《中国经济史研究》2009年第2期
5	《评陈登元著〈中国土地制度〉》，《大公报·图书副刊》第53、54期，1934年11月17、24日（B）	1	79			
6	《近代田赋史中的一种奇异制度及其原因》，《大公报·史地周刊》第23期，1935年2月22日	1	70	1	70	

（续表）

序号	被引论文题目及发表时间	CSSCI		CNKI		备注（a或b，或a、b）
		篇数	发表与被引相隔年数	篇数	发表与被引相隔年数	
7	《明代粮长制度》，天津《益世报·史学》第3期，1935年5月28日	0		0		a. 陈明光、郑学檬：《中国古代赋役制度史研究的回顾与展望》，《历史研究》2001年第1期 b. 李小林、李晟文主编，南炳文审定：《明史研究备览》，天津：天津教育出版社，1988年
8	《明代户口田地及田赋统计》，《中国近代经济史研究集刊》第3卷第1期，1935年5月	2	71—77	2	71—77	
9	《明代“两税”税目》，《中国近代经济史研究集刊》第3卷第1期，1935年5月	3	64—78	3	64—78	
10	《评孙佐齐著〈中国田赋问题〉》，《大公报·图书副刊》第89期，1935年7月25日（B）	0		0		b. 收入桑兵等编：《近代中国学术批评》，北京：中华书局，2008年

（续表）

序号	被引论文题目及发表时间	CSSCI		CNKI		备注（a 或 b，或 a、b）
		篇数	发表与被引相隔年数	篇数	发表与被引相隔年数	
11	《评〈万历会计录〉》，《中国近代经济史研究集刊》第 3 卷第 2 期，1935 年 11 月（B）	1	78	2	64—78	
12	《田赋输纳的方式与道路远近的关系——一个史的考察》，天津《益世报・史学》第 20 期，1936 年 1 月 21 日	0		0		a. 检索系统漏收：①刘志伟、陈春声：《梁方仲先生的中国社会经济史研究》，《中山大学学报（社会科学版）》2008 年第 6 期；②杨祖义、赵德馨：《梁方仲经济史学思维方式的特征》，《中国经济史研究》2009 年第 2 期 b. 叶振鹏主编：《20 世纪中国财政史研究概要》
13	《一条鞭的名称》，南京《中央日报・史学》第 7 期，1936 年 4 月 23 日	1	73	1	23	
14	《一条鞭法》，《中国近代经济史研究集刊》第 4 卷第 1 期，1936 年 5 月	23	63—80	23	63—80	

（续表）

序号	被引论文题目及发表时间	CSSCI		CNKI		备注（a 或 b，或 a、b）
		篇数	发表与被引相隔年数	篇数	发表与被引相隔年数	
15	《明代的黄册》，南京《中央日报·史学》第 22、26、30 期，1936 年 8 月 6 日、9 月 3 日、10 月 1 日	0		0		
16	《一条鞭法的争论》，天津《益世报·史学》第 37、38 期，1936 年 9 月 13、27 日	1	71	1	71	
17	《易知由单的起源》，天津《益世报·史学》第 43 期，1936 年 11 月 22 日	0		0		b. 李小林、李晟文主编，南炳文审定：《明史研究备览》
18	《明开国前后的赋率》，天津《益世报·史学》第 48 期，1937 年 2 月 21 日	0		0		b. 李小林、李晟文主编，南炳文审定：《明史研究备览》
19	《明代的预备仓》，天津《益世报·史学》第 50 期，1937 年 3 月 21 日	1	76	1	76	
20	《明代的民兵》，《中国社会经济史集刊》，第 5 卷第 2 期，1937 年 6 月	0		1	77	

（续表）

序号	被引论文题目及发表时间	CSSCI		CNKI		备注（a或b，或a、b）
		篇数	发表与被引相隔年数	篇数	发表与被引相隔年数	
21	《论差发金银——〈云南爨夷的土司政治〉读后记》，昆明《益世报·史学》第10期，1939年5月2日（B）	0		0		b. 李龙潜：《明清经济史》，广州：广东高等教育出版社，1988年
22	《跋〈洞阳子集〉——兼论明隆万间江西一条鞭法推行之经过》，昆明《中央日报·学林》第2、3期，1939年6月1、15日	0		0		a. 据中山大学图书馆10多年前提供的信息，（香港）《新亚学报》《东北师大学报》等刊载的论文曾引用过此文
23	《明代银矿考》，《中国社会经济史集刊》第6卷第1期，1939年6月	4	60—75	3	60—75	
24	《明代国际贸易与银的输出入》，《中国社会经济史集刊》第6卷第2期，1939年12月	16	60—75	15	60—75	
25	《云南银矿之史的考察》，昆明《中央日报·史学》第23期，1940年4月24日	0		0		b. 胡文辉：《现代学林点将录》，广州：广东人民出版社，2010年

（续表）

序号	被引论文题目及发表时间	CSSCI		CNKI		备注（a或b，或a、b）
		篇数	发表与被引相隔年数	篇数	发表与被引相隔年数	
26	《番薯输入中国考》，昆明《中央日报·史学》第39期	0		0		
27	《对于驿远的几点贡献》，《新经济半月刊》第4卷第3期，1940年8月1日	0		0		a. 检索系统漏收：①刘志伟、陈春声：《梁方仲先生的中国社会经济史研究》，《中山大学学报（社会科学版）》2008年第6期；②杨祖义、赵德馨：《梁方仲经济史学思维方式的特征》，《中国经济史研究》2009年第2期
28	《“战后问题”的问题》，《当代评论》第1卷第11期，1941年9月15日	0		0		a. 检索系统漏收：①刘志伟、陈春声：《梁方仲先生的中国社会经济史研究》，《中山大学学报（社会科学版）》2008年第6期；②杨祖义、赵德馨：《梁方仲经济史学思维方式的特征》，《中国经济史研究》2009年第2期

（续表）

序号	被引论文题目及发表时间	CSSCI		CNKI		备注（a或b，或a、b）
		篇数	发表与被引相隔年数	篇数	发表与被引相隔年数	
29	《明代江西一条鞭法推行之经过》，《地方建设》第2卷第1、2期，1942年4月1日	2	64—66	2	64—66	
30	《田赋史上起运存留的划分与道路远近的关系》，《人文科学学报》第1卷第1期，1942年6月	4	62—67	4	61—71	
31	《明代的户帖》，《人文科学学报》第3卷第2期，1943年6月	3	53—71	3	61—71	
32	《释一条鞭法》，《中国社会经济史集刊》第7卷第1期，1944年6月	2	64—65	2	64—65	
33	《明代十段锦法》，《中国社会经济史集刊》第7卷第1期，1944年6月	2	69—71	2	69—71	

（续表）

序号	被引论文题目及发表时间	CSSCI		CNKI		备注（a 或 b，或 a、b）
		篇数	发表与被引相隔年数	篇数	发表与被引相隔年数	
34	《明代粮长制度》，《中国社会经济史集刊》第 7 卷第 2 期，1946 年 7 月	0		0		b. ①山根幸夫主编，田人隆、黄正健等译：《中国史研究入门》，北京：社会科学文献出版社，2000 年；②被翻译收入 E – tu Zen Sun & John de Francis ed.，*Chinese Social History*（《中国社会史》），Washington：American Council of Learned Societies，1956
35	《评卜凯〈中国土地利用〉》（英文），《社会科学杂志》第 9 卷第 2 期，1947 年 12 月（B）	1	64	0		
36	《论社会科学的方法》，载梁方仲等：《现代学术文化概论》第二册《社会科学》，上海：华夏图书出版公司，1948 年	0		0		a. 检索系统漏收：①刘志伟、陈春声：《梁方仲先生的中国社会经济史研究》，《中山大学学报（社会科学版）》2008 年第 6 期；②杨祖义、赵德馨：《梁方仲经济史学思维方式的特征》，《中国经济史研究》2009 年第 2 期

（续表）

序号	被引论文题目及发表时间	CSSCI		CNKI		备注（a或b，或a、b）
		篇数	发表与被引相隔年数	篇数	发表与被引相隔年数	
37	《明代黄册考》，《岭南学报》第10卷第2期，1950年6月	5	48—65	5	48—65	
38	《易知由单的研究》，《岭南学报》第11卷第2期，1951年6月	4	47—63	5	47—63	
39	《明代一条鞭法的论战》，《社会经济研究》1951年第1期	6	51—59	6	51—59	
40	《明代一条鞭法年表》，《岭南学报》第12卷第1期，1952年12月	6	51—62	6	51—62	
41	《户调制与均田制的社会经济背景》，1955年中山大学铅印本（非公开发表）（C）	0		0		a. 检索系统漏收陈明光、郑学檬：《中国古代赋役制度史研究的回顾与展望》，《历史研究》2001年第1期
42	《论隋代经济高涨的原因》，《历史教学》1956年第12期	1	57	1	57	

（续表）

序号	被引论文题目及发表时间	CSSCI		CNKI		备注（a或b，或a、b）
		篇数	发表与被引相隔年数	篇数	发表与被引相隔年数	
43	《明代粮长制述要》，载李光璧编：《明清史论丛》，武汉：湖北人民出版社，1957年	1	59	1	59	
44	《对于“厚今薄古”的几点体会》，《理论与实践》1958年第4、5期（B）	0		0		
45	《关于广州十三行》，《广州文史资料选辑》1960年第1辑（内部资料）（C）	0		0		b. ①黄启臣：《黄启臣文集（二）》，香港：中国评论学术出版社，2007年；②收入广州历史文化名城研究会、广州市荔湾区地方志编纂委员会编：《广州十三行沧桑》，广州：广东省地图出版社，2001年
46	《试论我国度量衡的起源与发展》，《羊城晚报》1961年4月6日	2	51—56	2	51—56	

（续表）

序号	被引论文题目及发表时间	CSSCI		CNKI		备注（a或b，或a、b）
		篇数	发表与被引相隔年数	篇数	发表与被引相隔年数	
47	《中国历代户口、田地、田赋统计原论》，《学术研究》1962年第1期、1980年第2期	1	38	14	35	
48	《论明代里甲法和均徭法的关系》，《学术研究》1963年第4、5期	4	36—50	13	18—52	
49	《谈海瑞与一条鞭法》，《学术研究》1966年第2期（B）	0		0		
50	《明代粮长制度》，上海：上海人民出版社，1957年（书）	50	42—59	50	38—59	
51	《中国历代户口、田地、田赋统计》，上海：上海人民出版社，1980年（书）	344	19—36	344	15—36	

表 1—2 梁方仲生前发表论著被专著引用情况举例

序号	专著作者、书名及出版年份	内引梁方仲论著①
1	何炳棣著，葛剑雄译：《明初以降人口及其相关问题》，北京：三联书店，2000 年；原书为英文，哈佛大学出版社，1959 年	《明代户口田地及田赋统计》《一条鞭法》《释一条鞭法》《明代十段锦法》《明代黄册考》《明代一条鞭法年表》
2	黄仁宇著，阿风等译：《十六世纪明代中国之财政与税收》，北京：三联书店，2001 年；原书为英文，剑桥大学出版社，1974 年	《明代户口田地及田赋统计》《一条鞭法》《明代“两税”税目》《明代的民兵》《明代十段锦法》《明代一条鞭法年表》《明代粮长制度》（书）
3	山根幸夫主编，田人隆、黄正建等译：《中国史研究入门（增订本）》，北京：社会科学文献出版社，2000 年；原书为日文，山川出版社，1991 年	《明代鱼鳞图册考》《明代户口田地及田赋统计》《明代“两税”税目》《一条鞭法》《明代的民兵》《明代银矿考》《明代国际贸易与银的输出入》《明代粮长制度》《中国历代户口、田地、田赋统计》（书）、《明代粮长制度》（书）
4	李龙潜：《明清经济史》，广州：广东高等教育出版社，1988 年	《明初夏税本色考》《论差发金银——〈云南僰夷的土司政治〉读后》《明代黄册考》《论明代里甲法和均徭法的关系》《〈明史·食货志〉第一卷笺证》《明代粮长制度》（书）、《中国历代户口、田地、田赋统计》（书）

① 有下划线者为表 1—1 中未列者。

（续表）

序号	专著作者、书名及出版年份	内引梁方仲论著
5	彭雨新主编：《中国封建社会经济史》，武汉：武汉大学出版社，1994 年	《明代户口田地及田赋统计》《明代“两税”税目》《一条鞭法》《明代的民兵》《释一条鞭法》《明代国际贸易与银的输出入》《论明代里甲法和均徭法的关系》《元代中国手工业生产的发展》（遗稿）、《明代一条鞭法年表》《中国历代户口、田地、田赋统计》（书）
6	栾成显：《明代黄册研究》，北京：中国社会科学出版社，1998 年	《明代鱼鳞图册考》《明代的户帖》《明代黄册考》《论明代里甲法和均徭法的关系》《一条鞭法》《释一条鞭法》《明代一条鞭法年表》《明代一条鞭法的论战》《明代粮长制度》（书）
7	李小林、李晟文主编，南炳文审定：《明史研究备览》，天津：天津教育出版社，1988 年	《明代的民兵》《明代鱼鳞图册考》《一条鞭法》《明代“两税”税目》《明开国前后的赋率》《明代十段锦法》《一条鞭法的争论》《明代江西一条鞭法推行之经过》《明代粮长制度》《易知由单的起源》《明代户口田地及田赋统计》《明代的预备仓》《论明代里甲法和均徭法的关系》《明代一条鞭法年表》《明代粮长制度》（书）
8	叶振鹏主编：《20 世纪中国财政史研究概要》，长沙：湖南人民出版社，2005 年	《明代田赋初制定额年代小考》《十三种〈食货志〉介绍》《论隋代经济高涨的原因》《田赋输纳的方式与道路远近的关系》《一条鞭法的名称》《田赋史上起运存留的划分与道路远近的关系》《明代粮长制述要》等 31 篇论文和《明代粮长制度》《中国历代户口、田地、田赋统计》两部书

（续表）

序号	专著作者、书名及出版年份	内引梁方仲论著
9	张春树、骆雪伦著，王湘云译：《明清时代之社会经济巨变与新文化——李渔时代的社会与文化及其“现代化”》，上海：上海古籍出版社，2008 年；原书为英文，密歇根大学出版社，1991 年	《一条鞭法》（英文）、《一条鞭法》《释一条鞭法》《明代户口田地及田赋统计》《明代的民兵》《明代银矿考》《中国历代户口、田地、田赋统计》（书）、《明代国际贸易与银的输出入》《梁方仲经济史论文集》（北京：中华书局，1989 年）、《梁方仲经济史论文集补编》（郑州：中州古籍出版社，1984 年）
10	郑学檬主编：《中国赋役制度史》，上海：上海人民出版社，2000 年	《明代“两税”税目》《近代田赋史中的一种奇异制度及其原因》《明代十段锦法》《明代一条鞭法年表》《明代粮长制度》（书）、《中国历代户口、田地、田赋统计》（书）

表 1—3　梁方仲生前论著被引用情况综合统计简表（1995 年以后）

论著总数	期刊检索①		期刊检索＋期刊漏列②		期刊检索＋期刊漏列＋专著引用③	
	篇数	%		%		%
（全部）51	31	61	39	76.5	47	92
49④	31	63.3	39	79.6	47	96

从表 1—1 正文所示数据来看，父亲生前论著有 31 篇（书）被后人引用，被引用篇（书）数占生前论著总数（51）的 61%；若剔除 2 篇笔谈，则占总数的 63%。在查阅过程中发现有些情况值得注意：一个情况是 CSSCI 和 CNKI 有个别漏列情况（作者在表 1—1 备注栏予

① 依据为 CSSCI（1998—2016）和 CNKI（1995—2016）。

② 作者自查和中山大学图书馆工作人员所查。

③ 作者自查。

④ 不包括笔谈 2 篇。

以补充，以“a”表示），该两网出现这种漏列现象，估计是检索系统技术人员只统计了引用论文的脚注或尾注，而没查看论文正文有关信息；另一个情况是，表1—1的数据仅为期刊论文上所反映的结果，若无专著中被引用的有关资料，实难称全面准确。可惜目前国内尚未建立从专著（书）中寻找引用情况的检索系统，本人只好自己动手，由浏览若干专著（书）获取一些数据（以“b”表示），目的是佐证加强期刊检索信息的代表性，希望补上若干期刊检索系统未收录的信息，同时也可观察一些专家认为父亲哪些作品是应特别重视的，从而制成表1—2。从专著所得到的信息，我将之同样放于表1—1内的备注栏中，再通过两表的合观分析，观察父亲论著是否经得起时间考验。为了便于读者直观了解，特利用表1—1、表1—2之数据制成一简表（表1—3），对父亲作品能否经得起时间检验问题和哪些属代表性作品有一明确的判断。

综合表1—1、表1—2和表1—3三表之信息，从中至少可得如下初步看法：

首先，仅从表1—1正文的数据来看，父亲生前51篇论著在他人论文中有31篇（书）是被引用，占总数（51篇）的60%以上。若加上查出检索系统漏列8篇（即表1—1备注中的“a”类），则被引论著合计数39篇，则占父亲生前论著总数的76%；若生前发表论著按49篇（书）计（即减去2篇笔谈文章），则被引论著比例几近80%（79.6%）。如果把所查专著（书）所得的结果（即表1—1备注栏“b”类新增8篇）和从论文检索系统的数据合起来考察，即被引用论著合计有47篇，无论父亲生前论著总数按51抑或49计，生前论著被引率皆超过90%（即92%和96%）。特别应指出，被引论著的发表时间与引用时的相隔年份最短为20多年，而绝大多数属相距50—80年者。

其次，以上所得被引论著数及所占比例。肯定偏低。其原因是：一、期刊检索年限分别限于1998年（CSSCI）和1995年（CNKI）以后，此段时间前还有被引用之情况，只是两种检索系统那时尚未建立，特别是所查专著（书）甚少，所得数据肯定很不完整；二、在数字化和互联网日益发达的今天，许多学术论著不一定全发表于专业纸质媒体上，相反在一些互联网（网媒）的专栏上常可找到一些学术论文，从中也可找到某人论著被引用的例子。2016 年 8 月 28 日，我在浏览腾讯网“大家”栏目时碰巧读到胡文辉写的一篇文章，题为《丝绸、陶瓷、茶叶的被山寨》（原文题为《永远会有罗伯特·福钧[①]》）。文章指出，在历史上来看，我国的丝绸、陶瓷、茶叶等都曾被西方国家引去并行“再山寨”，与此同时，我国曾引种过玉米、番薯等植物（作物），对我国的农业生产、国计民生产生十分重要的作用。文章引证了父亲所撰的《番薯输入中国考》（昆明《中央日报·史学》第 39 期）一文，而父亲这篇论文在表 1—1 和表 1—2 中恰恰属零被引者，可见，从网上学术文章中找寻引用与被引用情况，不失为今后可考虑的检索补充方法之一。事实上，在国外这种做法现已相当普遍了。

再次，基于上面两点对检索数据不完整原因的分析，有理由也可肯定表 1—1、表 1—2 和表 1—3 所反映的被引用次数[②]数据肯定偏低。不过，仍可看到父亲论著中有 10 余篇（部），在距今 20 年左右，被引用 4 次以上者，如《一条鞭法》《明代一条鞭法年表》《释一条鞭法》《明代户口田地及田赋统计》《明代银矿考》《明代国际贸易与银的输出入》《田赋史上起运存留的划分与道路远近的关系》《明代黄册考》《易知由单的研究》《明代一条鞭法的论战》《论明代里甲法和均徭法的关系》《中国历代户口、田地、田赋统计原论》《明代粮长制度》（书）、《中国历代户口、田地、田赋统计》（书）等。这些作品在近 20 年后每隔几年便被他人引用，可称常被引用，事实上，它们中有的被引用率是相当高的，如《一条鞭法》《明代粮长制度》年平均引用率在 1—3 次之间，而《中国历代户口、田地、田赋统计》

① 按：此人为苏格兰人，植物学家。

② 按：次数只指某一论著中对父亲某论著引用了，并未包括在同一论著中对父亲某论著多次引用的次数，例如在引用《中国历代户口、田地、田赋统计》经常有人有多次引用之情况。

则可能高达20次以上，可称被大量引用。

分析发现被引论著中有6篇乃至14篇（加上检索系统漏收和专著所引之数）是发表于报纸专刊上的，占父亲此类文章总数（16篇）的37.5%，乃至86%。这些文章篇幅通常很小，多数仅为后来专业学刊上所发表论文的雏形，它们之能被后人引用，正凸显出父亲对任何长短论文之撰写都恪守高质量要求的认真态度所致。顺便指出，父亲在《中国社会经济史集刊》这类典型的学术刊物上发表了10篇论文（其中一篇为书评），它们后来全都被后人引用过。

综上所述，父亲生前撰写的论文质量很高，颇具开拓性和学术价值，其绝大多数论著经得起50年以上的考验，很好地达到了他所追求之学术价值观的标准。父亲论著的学术贡献具体所在及它们所运用的研究方法，将于本书后面部分予以较详细的分析。

第三节　留下众多未刊稿所示

本书后附有父亲著作目录。观此目录后，有两点印象颇可注意：

一、作为一个旧中国过来的知识分子，其生前发表的作品中，在新中国时期撰写的数量（字数），相对而言，尚称较丰厚。我初步统计，发现旧中国时期（约16年）他发表的字数约50万言。而在新中国时期（大约也是16年），他发表了130余万字（包括《中国历代户口、田地、田赋统计》一书）。众所周知，不少从旧社会过来的人文科学学者以及作家，在新中国时期由于各种原因，显得不很活跃，所写作品少且佳品不多。父亲于新中国时期所写作品较丰，精品很多，这与他保持追求学术、努力排除干扰的精神密切相关。

二、2008年中华书局出版的《梁方仲文集》为目前收集父亲作品最为完整的一套丛书。其总字数约为350万言。《梁方仲文集》除其中130余万言为其生前著述，其余约220万字则为遗稿类（详见本书附录）。此外，本人近年来，从捐献给中山大学的父亲遗物（书、稿）中又陆续挑出一批未刊稿、“半成品”、手抄资料，经专家初步认定，它们多数具参考、出版价值。这些遗稿包括读书笔记、听课笔记、明代地方志综目（初稿）、明代督抚年表（初稿）、案头日历记事、来往书信等，其中明代地方志综目、明代督抚年表为十余年前找出，但来不及收入中华书局版《梁方仲文集》中。在中山大学、暨南大学、广东省社会科学院等单位有关人士大力协助下，已对这些遗稿进行整理编辑。《梁方仲遗稿》总字数为300多万。

由以上可看出，父亲已发表作品中的字数中属遗稿类的字数大大超出其生前撰写或已认定的，达几倍之多。如此大量的未刊稿和“半成品”、辑选资料，父亲“压着”不放出，原因当然有多种，其中不急功，坚持成熟一篇发一篇，宁缺毋滥，力保奉献佳品乃至传世之作之考虑是主要的。换言之，坚持高标准的学术价值观，应为最主要的原因。厚积薄发是学者的一个优良传统，如果他们看到眼下常发生的“薄积厚发”，甚至“不积照发”的现象，恐会感到很不以为然。其实，这既与学人本身的修养有关，在某种程度上又和有关机构所制定的某些规定失当、失范更有关。

第四节 “检索引用”考核指标和时间检验问题

目前，衡量自然科学和社会科学之论著质量时，有关刊物和出版社的名声，特别是被引用情况已被作为主要的尺度之一。众所周知，国外的SCI（Science Citation Index，科学引文索引）、SSCI（Social Sciences Citation Index，社会科学引文索引），国内的中国科学引文数据库以及CSSCI、CNKI等检索系统，是为了了解论著发表于何刊物和其被引用情况而设置的。应该承认，这些检索系统所得的数据，对论著的质量一般可有一大体的判断。正因如此，各大专院校、科研机构等已将论著发表于何类刊物，特别是其被引用的次数作为衡量有关论著（学人）的学术水平、贡献乃至学人职称职务晋升的主要标准之一。然而，质疑这种大行其道以至颇绝对化做法的大有人在，质疑者所持主要理由包括：这些检索系统的数据皆来自“核心”刊物，是否核心刊物发表的文章，一定比非核心刊物上的质量高呢？张五常就曾指出诺贝尔经济学奖获得者科斯（新经济制度学派之创始人），其成名作便是发于一很普通的刊物上。论文被引用的数据又全来自核心刊物，引用来源当然不够全面；引用次数多少并不一定与质量成正比，因学科论文性质不同而对次数的影响显而易见；有些论著发表不久即获好评，引起反响，引用者不少，此中质量高固然是通常情况，但也不排除名人效应，或应时媚俗，哗众取宠，乃至“抬轿子”和某些学人互相吹捧、“互相利用”等因素在起作用的情况，最后作品还是经不起时间的检验，遑论若干年后即从有关研究者的视野里消失，凡此种种。对于社会科学的论著评价，似乎尤需考虑这些问题。经济学家张五常写过一篇题为《衡量学术的困难》的短文，或许可作为质疑者中之一位代表。张氏认为：“近几年来，衡量大学教师的研究是大话题。很不幸，以我所知的经济学来说，所有被采用的衡量准则，都有反效果。数文章发表的多少，评定文章发表的学报高下，甚至计算文章在国际上被引用的次数，都无聊，是作不得准的，就我所知的国际上最优秀的经济系而言，没有一家采用这些准则。”这是因为，“学术成就的大或小，通常要很多年后才知道。要先在今天来品评，较为可靠的是味道（Harberger 所说的趣味——interest）”。“学术成就的衡量，最可靠是经得起时间的考验。”“优质的学术如葡萄美酒，要经得起时间的考验。……一篇文章发表后的三几年，因为哗众取宠，或错得惊人，被引用的次数可能不少。但若二、三十年后还常被引用，就是葡萄美酒了。”[①] 张氏之看法，或许有人认为言辞过于尖刻，有失之偏颇之嫌。然而他所强调的作品要经得起时间考验这点，无疑很正确，应予以重视。他的看法与父亲的主张不约而同，只不过父亲那代人或真正的学人尚未经历过 SCI 等考评的争论。他们早已定下追求写出传世之作的奋斗目标。

对于父亲那种宁缺毋滥、追求写出传世之作的学术价值观，曾经

---

① 张五常：《学术上的老人与海》，北京：社会科学文献出版社，2001 年，第 37—41 页。

有人认为这过于苛求，甚至斥之为不合时宜的过时、落伍观念。1958年“红专”大辩论中，他的信念被批为个人主义“名山事业”思想在作祟。综观父亲一生，他在行动上自始至终恪守追求高学术价值的理念。岁月流逝，披沙拣金，事实表明其论著大多已经受了长时间的考验，而精品比例之高更属罕见。他的辛劳收获嘉惠了学林，他的学术价值观和执著追求的精神也应该对今日吾辈在治学上有所启迪。

第二章　科研方法之运用与探索

佳作之出，自跟高的学术价值目标有关，更有赖于科学研究方法之运用。父亲对科学研究的各种方法，采取积极与开放的态度，认为正确的研究方法是科研成败的关键因素之一。所谓方法明，事攻敏就是这个意思。他在其《论社会科学的方法》里说道：

> 如果有人认为方法学的讨论只是一种智慧的游戏——他当然有他的充分理由。不过要晓得，惟有方法上良好的训练，对于材料之处理，才能“化臭腐为神奇”。①

今天已有人看到并指出父亲的研究取得一系列经得起时间检验的优异成果，跟他在方法学上付出的艰辛努力和具有扎实创造力的功底极有关系。李文治曾将父亲的研究方法归结为：从编年着手，进行纵向联系；从大处着眼，进行横向探索；纠正谬误，去伪存真；重视数量统计，加强论证的科学性；详细占有资料。② 汤明檖、黄启臣则总结为：小题大做；讲求新的观点、新的方法；重视史料的收集和整理；重视史料的考释；重视计量方法。③ 刘志伟、陈春声认为，汤、黄两氏“这几点就是梁方仲先生具有社会科学方法的良好训练的概括”，他们并进一步对父亲一些具体研究专题中所体现的做法作了具

---

① 梁方仲：《论社会科学的方法》，载梁方仲等：《现代学术文化概论》第二册《社会科学》，上海：华夏图书出版公司，1948 年，第 8 页。

② 李文治：《辛勤耕耘，卓越贡献——追忆梁先生的思想情操和学术成就》，《中国经济史研究》1989 年第 1 期，第 3—6 页。

③ 汤明檖、黄启臣：《梁方仲传略》，载梁方仲：《梁方仲经济史论文集集遗》，广州：广东人民出版社，1990 年，第 352—373 页。

体细致的分析阐述。[①] 我在此对评介者们的意见予以转述并争取多作补言。

第一节 “小题大做”

这是父亲进行经济史研究选题时常用的方法。他所谓之“小题”者，乃指从其研究重点放在个别对象（范围、层面、问题）上，即选题要具体，防止空泛或不切实际。所谓“大做”至少有两层意思：一是大量搜集和充分占有资料，尽可能掌握全面的历史事实，务求本末俱备，源流兼控；二是把某一具体专题（个案）置于其历史渊源，与有关事物之联系方面以至某特定历史时代社会经济全体状况之中去作综合考察，以求了解该具体问题的各个层面真貌，从而得到对某具体问题，以至所反映整个社会经济特点及其发展规律全面而深入的认识。这也就是周秀鸾所指出父亲主张的“一滴水中见太阳”之方法[②]。父亲坚持“小题大做”的思路，其绝大多数论著呈现出所谓实证性与诠释性并举的鲜明特点，具体例子在本章其他地方多有反映，此处仅举其《易知由单的研究》一例。易知由单乃政府用来催纳税人的一种通知书（也被称作“通知单”或“揹单”或“印归”）。可以说，易知由单只是田赋制度中一个很小的“部件”。尽管该单是一“小部件”，或者说是小问题（专题），父亲从搜集资料到下笔撰写整整花了 15 年时光。该文篇幅颇长，达 8 万字，几可算一专著，而所涉及的内容，一方面对明清易知由单的格式、内容、沿革以及与易知由单有关的法令及其执行情况进行了详细的分析研究；另一方面，在弄清易知由单此事的基础上，将研究视角延向到其所反映的历史意义及其背后的社会经济问题上，通篇可见小题大做之匠心。请看其一些

① 刘志伟、陈春声：《梁方仲先生的中国社会经济史研究》，《中山大学学报（社会科学版）》2008 年第 6 期，第 67 页。

② 周秀鸾：《梁方仲——中国经济史学的开拓者》，载汤明檖、黄启臣主编：《纪念梁方仲教授学术讨论会文集》，广州：中山大学出版社，1990 年，第 29 页。

论述：

从现存的易知由单，我们可以知道各地田地的负担、税率、征收限期种种，这些都是不必细说的了。特别是明代中叶以至清初遗留下来的由单，其中记载的款目特为详尽，它们的内容几乎与赋役黄册一样，可以说是州县的一部收入报告书，它们的价值特高，非后来的由单所可比拟。将来各地修新式的方志时，这一批材料正大可利用。随便举个例来说，从明末清初这一批由单的记载来看，当时各种赋役，皆已折纳银两，可以证明实物田赋已让位给货币田赋。然而在地租方面，直至最近，仍以缴纳实物为主。……且据我所知，国有公有的土地，所收的地租，亦多先行折纳货币。唯有握在私人地主手里的土地，仍大半停留在实物地租的阶段。这种经验，在欧洲中古经济发展史上，亦是一样的。

易知由单除了供给我们许多关于田赋史上的重要资料以外，它亦可以作为其他方面的研究的根据。值得我们推荐的，就是李光涛先生根据清初易知由单证说明末至清初某些州县的人口锐减的情形。……其次罗尔纲先生在他的大著里面利用现存的太平天国的易知由单和其他物证，推论太平天国不曾实行天朝田亩制度。……易知由单所载的材料，可以供吾人利用的正多，例如关于官爵、人名和其他史迹等等，足以补史传之阙的，俯拾即是。①

特别使人感兴趣和重视的是，他说道：

我们只要看每张由单的开首，备载例行的公事，其所开的手续，承上转下，复由下呈上，层层叠叠，极迂迴的能事。且每年由单的式样，由中央户部颁发，而其刊刻则在州县为之。这些，还有其他各点，都证明了过去中国的社会，确是中央集权和官僚政治的封建社会。②

父亲撰写此文采取了“小题大做”的办法，他自己有非常明白的

① 梁方仲：《易知由单的研究》，《岭南学报》第11卷第2期（1951年6月），第106—107页。

② 梁方仲前揭文，第107页。

交代，在文中说：

> 总括以上所言，易知由单的研究，不但替我们解决了田赋史上许多重要的问题，并提供了若干关于过去社会、政治、文化和意识形态各方面的强有力的暗示。只有从（这）些角度去了解，我才敢希望或者可免得挨“小题大做”的骂。[①]

父亲怕挨“小题大做”之骂，正反映了当时研究圈中已出现不屑“小题大做”、崇尚空泛之论的倾向。其实“小题大做”正是科学研究通常的、基本的做法，它的取向是先个案（局部）、后整体（通论），采取先分析、后综合的研究思路，社会科学研究如此，自然科学研究也一样。父亲此段话明白暗示：易知由单研究虽然是小题目，只要认真去做，总会得到大结果的。

父亲对其学生亦是要求他们要“小题大做”。杨生民曾回忆其研究生毕业论文的选题情况，流露出甚有感触的体会：

> 写毕业论文时，我原来选题大，自己感到时间也不够。有天我遇到了李龙潜先生，与他谈起此事，他说：梁先生主张“小题大做”，题目虽小，但要尽可能全地收集材料，要有新意，工夫要下到家，要“一滴水见太阳（精神）”。他的话促使我改选了一个小的题目。这次选的题目是《从〈补农书〉看明末清初浙江嘉、湖地区的经营地主》，后经先生同意选定。我奋战了几个月拿出初稿，后又按先生提出的意见修改定稿，全文四万余字。这篇论文答辩时顺利通过。……“文革”后，我才把这篇文压缩到约两万字，在《北京师院学报》1979年第2期发表。人大复印资料《经济史》1979年第10期全文转载。后来，这篇文章受到南京大学历史系著名明清史专家洪焕椿先生的赏识，被收入《明清资本主义萌芽研究论文集》。为此，洪先生还给我来了信，使我非常高兴。[②]

---

① 梁方仲前揭文，第108页。

② 杨生民：《谈梁方仲先生的治学道路》，《中国经济史研究》2001年第1期，第147页。

父亲之所以“小题大做”，很重要的一点考虑，是基于中国经济史这领域乃一垦荒园地，大量基础（专题）研究和相关资料的掌握皆匮乏，急于跳过个案（分析、研究），而贸然进入整体（综合）研究阶段，所得到的见解往往流于肤浅以至颇多失误。这种基本估计，也是当时中央研究院社会科学研究所和史学研究会同人的共识（详见本书第九章第二节）。

要求“小题大做”并不意味着父亲看轻整体（综合）的研究，相反，他强调的是要“一滴水中见太阳”和力争尽快地完成从个案（分析）走入整体（综合）的阶段。当然这个案—整体的研究过程大多并非一次可完成，或许需多次反复进行，始可终成。他在“小题大做”过程中，时刻不忘探索其社会经济背景便是这种思路的反映；他一直计划并已着手重写《一条鞭法》专著，撰写《明代田赋史》《13世纪至17世纪中国经济史》，以至最后完成《中国经济史讲稿》，更充分表明了他专论与通论相结合的研究思路。

第二节　视史料为研究之基础

长期沉浸于学术研究的经济史专家赵德馨在《社会科学研究工作程序与规范》一书中深有体会地指出：

> 从资料出发是社会科学研究的基本方法。社会科学研究有一个从哪里出发的问题。社会科学研究应从问题和资料出发。新问题和新资料是社会科学各门学科知识的增长点。故问题意识与资料是社会科学研究工作的两个基本要素。对研究的问题，能否看得全面，看得深刻，首先取决于获得的资料是否充分。[①]

故赵氏总结为“资料是立论的基石”。[②]

父亲一直视史料为研究之基础，极端重视此项工作，认为这对于

① 赵德馨：《社会科学研究工作程序与规范》，武汉：湖北人民出版社，2016年，第155页。

② 赵德馨前揭书，第155页。

中国经济史工作尤显重要和迫切。他早在20世纪30年代便与中央研究院社会科学研究所和史学研究会同人持有一共识：对于中国经济史这一荒域，必须首先抓好资料（史料）的搜集整理工作，否则无法期望一部有质量的《中国经济史》诞生。（详见《无悔是书生》第三章第三节和本书第九章第二节。）

一、竭泽而渔

父亲长期以来，对正史、实录、政书、编年史等基础史书和地方志、文集、笔记等博览精读，掌握大量有关史料。他也注意实物的收集。其发表的论著往往都获得“资料翔实”等称赞便是他在这项基础工作上做得扎实之表现。如果再看，其读书札记以及读书笔记，更可直接观察他对史料工作的高度重视。李龙潜在读《梁方仲读书札记》[①] 后曾深切体会到：

> 《读书札记》的内容非常广泛，从空间看，从古巴比伦北部的伊拉克到今日的越南；从社会发展看，从原始社会到资本主义社会；从传统学科分类看，包括政治学、经济学、法学、历史考古学、文学和语言学等，其中以明代经济史的篇目最多，包括人口、田地、赋役、课税、货币、物价、耕作和手工技术等。……
>
> 在此需要进一步指出的是，仲师重视利用历史文献资料的同时，也注意实物的收集，并将文献资料和实物结合进行研究，也很成功。如在本《读书札记》中，披露的实物有户帖、户口册、田契、易知由单、太平天国田凭、便民由单、执照、串票、墓表、神道碑、石刻地券、居延汉简、流沙坠简、领约存照等等，大都已和文献资料结合进行研究，并得出说服力很强的结论。……
>
> 他在这部《读书札记》中，辑录、评介了大量的明清人的著作，共达一百多部，包括文集、笔记、小说、方志等，其中有的是十分珍贵的本子，如《明代地方志中经济史资料三十一则》

① 梁方仲：《梁方仲读书札记》，北京：中华书局，2008年。

（页 558—583）一篇，所介绍的都是明代刻印的稀见的地方文献或志书，今天不易看到，所辑的资料就非常珍贵。①

李龙潜还从《梁方仲读书札记》中看到父亲重视搜集应用有关诗词的情况：

以诗证史的研究法，早在唐宋就已经有人使用，不是仲师独创，但他常使用。如本《读书札记》中《制钱（明末）》（页 204—205）一篇，他据《韵石斋笔谈》记载：天启三年（1623）南京工部废前朝钱不用，俱作废铜回炉铸新钱，然而新钱因质量低劣，民间不愿使用而失败。并引用了严启隆的《破钱行》和杨炤的《今日》两诗为证，形象地反映了当日市场上“旧钱如粪土”，新钱“形滥不殊锡”，个个都是“恶钱”——“薄小穿”，无人愿意使用。《明末吴中水利与耕种之关系》（页 387—388）一篇，引用《楼山堂集》中《耕田苦》一诗，说明吴中地旱，农民“翻车”灌田的辛苦，以及水利的重要。《占城米》（页 501）一篇，引用苏轼《白塔铺歇马》一诗，论证宋苏轼时代占城稻种就已传种至江西省的白塔铺了。甚至明代歌曲、风俗画等亦成为他研究经济史的素材。如《明代歌曲中的社会经济史料》（页 27—28）一篇，重点介绍了陈铎的《滑稽余韵》中的《赛鸣秋》《沉醉东风》《雁儿落带过得胜令》，反映了各行业的劳动条件、生产技术水平及商品市场的阶级性，对研究明代手工业生产、商品市场及一条鞭法用银之害，都“富参考价值”。运用以诗证史，用歌曲作为研究素材，形象生动、贴切，开拓了题材的空间，增强了读者的兴趣。②

李文治就深有感触地指出：“在我熟习的友人中，梁先生对古文

---

① 李龙潜：《治学谨严　实事求是——读〈梁方仲读书札记〉的体会》，载陈春声、刘志伟主编：《遗大投艰集——纪念梁方仲教授诞辰一百周年》，广州：广东人民出版社，2012 年，第 11—12、16、15 页。

② 李龙潜前揭文，第 15—16 页。

献资料最熟悉，掌握资料最多。”①

二、甄审史料

竭泽而渔，尽可能认真搜集全部的史料后，父亲必定将之进行梳理、甄别、考释，然后确定其有无利用价值与适用范围。这点诚如汤明檖、黄启臣所说：

> 研究中国社会经济史，涉及到各种生产部门、典章制度、地方风俗的许多数字、名物、专称、术语、俗名等。他从不以“望文生义”的简单方法加以诠释和运用，而是对每个数字、名称、制度都加以考释。他利用前人的注疏笺证，查阅各种文献，互相对照参证；对于史料中涉及到的许多专门知识，如专门的生产技术、风俗等，都尽可能检阅文献，请教内行，相互印证，力求弄通全部资料的内容，把材料加以消化，才加以利用说明观点。②

李文治更具体指出：

> 古书记事用语每多含混，有的互相歧异，需要细加推敲，否则人云亦云，每易以讹传讹，掩盖了事实真相。梁先生遇到这种情形从不轻易放过，要详加考订，力求作出准确答案而后已。梁先生常说，治史不但要掌握大量资料，还要善于发现文献记载之异同；同记一事，互相歧异之处固然不能放过，即记载相同有时也需要考订。如明代史书关于粮长制度的记载，据《明会典》：洪武四年，“今天下有司度民田以万石为率，设粮长一名，专督其乡赋税”。《太祖实录》所记略同。有人即根据上述记载，论断每粮赋万石设粮长一名乃天下通制。其实不然。除东南的福建外，设置粮长主要通行于长江流域征漕各省，此外很多省份不设粮长；又很多粮区每征粮数千石、数百石乃至百余石即设粮长，

---

① 李文治：《辛勤耕耘，卓越贡献——追忆梁先生的思想情操和学术成就》，《中国经济史研究》1989 年第 1 期，第 9 页。

② 汤明檖、黄启臣：《梁方仲传略》，载梁方仲：《梁方仲经济史论文集集遗》，广州：广东人民出版社，1990 年，第 370—371 页。

史书所记“以万石为率”也不确切。梁先生为弄清这个问题查阅了大量地方志书，纠正了长期以来在历史学界广为流传的讹误。[①]

李氏为此强调指出：

> 梁先生也重视考据，但不单纯为了考据，而是为了解决所要研究的课题，将论断建立在丰富而确实可靠的资料基础之上。他曾对考据学提出过自己的看法，他说考据学的要求，是在错综复杂的文献资料中，寻求出符合于历史真相的记载，以便探索事物的本质，不能为考据而考据。[②]

刘志伟也像许多研究者一样，认为父亲许多论著都是“从制度考释入手”而落脚点却是“去说明社会现实之情状”，在一条鞭法、粮长制度、里甲法与均徭法、黄册、易知由单以及历代户口、田地、田赋统计等研究中都很容易发现这种取向。[③] 故李文治很明确地强调指出：“对资料问题，他继承了乾嘉学派的优长，而又突破旧考据学的局限。”[④]

事实上，父亲在搜集资料的一开始，便有计划选读辑录有关资料，并即时进行必要的校勘、考释乃至点评。这在其读书札记中体现得很具体，例子很多。李龙潜颇有感悟地写道：

> 仲师在运用史料方面也非常谨严。……因此，在《读书札记》中，考订名物，如《眼镜》（页493—494）、《番薯》（页453—454）、《家兵之起原》（页495）、《生平属谓（生肖）》（页498—499）、《明武臣加三公之始》（页500）、《天平、法马之名始于明》（页386）和《“秤”字始用于晋魏之后》（页386）等；考释典章制度的源流，如《买办制》（页341—342）、《制钱〈明末〉》（页204—205）等，以及专有名词的解释，田制如《井田

---

① 李文治：《辛勤耕耘，卓越贡献——追忆梁先生的思想情操和学术成就》，《中国经济史研究》1989年第1期，第4页。

② 李文治前揭文，第4页。

③ 刘志伟编：《梁方仲文集》，广州：中山大学出版社，2004年，“导言”，第13页。

④ 李文治前揭文，第6页。

彻用》（页 522）、《畲田及赋率》（页 649—650）、《磳田》（页 502）等，赋税如“苗”“租”“米”的区别（页 15）等。其中《折叠扇》（页 510—522）一篇，篇幅达 12 页，对折叠扇的来龙去脉、流传地区及用途考订最详，论据精密。由于都是在占有大量史料并弄清史料含义的基础上得出结论，因而准确可信，具有很高的学术价值。①

李龙潜还指出父亲读书的另一特点：

仲师读书，素不盲从，常从理论与史料方面切入，考察、研究其中的因果关系，发现问题——错误者，纠谬；正确者，肯定；不足者，补遗。如评介《刘光蕡〈前汉书〉食货志注》（页 4），指出刘光蕡是戊戌新政的拥护者，“其议论亦颇有精辟之处，如言：‘王者为政，食货重于仁义，以食货养民即是仁，以道制民食货即是义，不为食货之事，而空言仁义，则仁义无从见，而大乱起矣。’此在当日尚不失为进步之观点”。但对他的缺点亦毫不掩饰地揭露，说其粗疏之处亦多，“如评班书云：‘志以食货为名，当及市肆之治；又农有三，仅及平原，不及山泽，皆班史之疏’”。经过考实，仲师说：其实“班书于市肆、山泽之治，固有论述，特不甚详耳”，不能据此指责班史粗疏。既有肯定，亦有评述。又如评介陈子龙等合编的《明经世文编》（页 274），1962 年该书由中华书局据原书影印，共 504 卷，补遗 4 卷。这是明代十分重要的著作。仲师首先介绍编者和刻印时间，次论其内容以政治为主，社会经济资料较为缺乏。所选文章作者，明初为多，明末作者尤为罕见，如毕自严、杨嗣昌等人之著作均未收入，“详远略近，不能无憾”。这是编者的缺失。然“文中又有编者旁注，对读者颇有帮助”，这是编者的优点。最后指出吴晗序谓此书由松江书坊雕版印刷，他据此书中鱼尾下的题字及封面朱印，论证为松江知府方岳贡助刻而成，“吴说殊误”。既说明原编者的

① 李龙潜：《治学谨严 实事求是——读〈梁方仲读书札记〉的体会》，载陈春声、刘志伟主编：《遗大投艰集——纪念梁方仲教授诞辰一百周年》，第 13 页。

优缺点，也指出吴序的错误。[①]

尤其难能可贵的是评骘古籍中的创新意见，如评明熊过撰《熊南沙文集》（页 284—285），该集前四卷为疏、序、书、记，后四卷为题、跋、引、传、碑铭、祭文、杂著。《四库全书总目提要》卷 171《集部别集类存目四》第 1585 页谓，“集中诸作，大抵应酬之文也”。但仲师经过研究后，不这样看，认为“集中卷 4《与李令书》《答李令让税粮驿传盐策册籍四事书》，论富顺粮役事，甚有参考价值”。并补充说，作者“留心经学，著有《周易象旨决录》七卷，《春秋明志录》十二卷。……盖开汉学之先河者也”。这样既纠正了《四库全书总目提要》的不实之词，提出新的看法，又给予作者应有的学术地位。又如他撰《均田与明亡之关系》（页 501）一篇，他根据朱之瑜的《中原阳九述略》，说明清初统治者接过农民起义军的“均田均役”口号，布散流言，获得民众合力一心，才推翻了明朝的统治。这就为清朝代替明朝的原因提供了新的见解，为前人所未发。至于补史之阙的，有《曾钊：〈面城楼集钞〉补遗》（页 305）、《〈宋史·食货志〉补阙》（页 382）等。这类事例很多，今不备举。但以上所列事例，已可说明仲师读书非常精细，治学严谨，学贯中西，学养深厚，具有广泛的文史哲知识，才能独具慧眼，提出创新意见，达到评骘史籍、衡量得失的目的。[②]

三、平视官方文书和私家记载以及实物证据

中国历史文献浩如烟海，包罗万象。其分类历史各有不同，但概括起来不外官方文书和私家记载两大类。“今天看，可归入官书这一大类的，有：政府档案、起居注、日历、实录、正史、诏令、谕旨、奏议、政书、方略、法规、则例、公报、调查报告、会议记录、备忘

---

① 按：众所周知，父亲与吴晗为一生挚友，此札记云“吴说殊误”，可见两人间经常切磋学术，不会因友善而一团和气，有歧见而不语，相反通过学术交流而不断增进友谊。

② 李龙潜前揭文，第 13—14 页。

录、公约、条约、协定、官方统计，等等。可归入私记这一大类的，有：杂史、野史、回忆录、自传、自定年谱、日记、书信、墓志、家谱、族谱、杂志报纸、账簿、契约、佛藏、道藏、语录、笔记、地理书、游记、农书、医书、文艺作品（文集、诗集、词曲、歌谣、小说），等等。”“对于官书和私记的史料价值的高低问题，大致有三种不同的主张。”“第一派扬官书而贬私记，认为前者比后者更为真实可信，古人万斯同、近人邓之诚等属于此派。”“第二派扬私记而贬官书，认为私记较官书更为真实可信。”梁启超、鲁迅、翦伯赞持此见。“第三派认为官书与私记各有短长，应当并重而不可偏废。古代史家刘知几、司马光大体上持上述看法。”“近人主张官书与私记并重的，有蔡元培、陈寅恪、傅斯年、顾颉刚等人。”①

依照齐氏的分类标准来看，父亲对待文字文献的态度，应归于第三类型，即“官书与私记并重”者。父亲又很看重实物证据。事实上，在研究中偏重与否抑或偏重于哪类文献，决定于该研究性质、研究情况需求以及史料本身的价值等方面。因此，读者可以感觉到父亲在其课题研究中呈现出灵活地平视官书、私记的情况，并取得明显的成效。现从两方面来检视其做法。

（一）重视各种公私档案和民间文献的搜集与利用，争取闯新路

他对正史、政书外的各种文献和证物在社会经济史研究上的利用价值，有这样的评估：

> 过去中国田赋史的研究，多以正史和政书为限。这些材料，皆成于统治阶级或其代言人之手，当然难以得到实际。比较可用的方法，我以为应当多从地方志、笔记及民间文学如小说、平话之类，去发掘材料，然后再运用正确的观点、立场和方法去处理这些材料。必须于字里行间发现史料的真正意义；还给他们真正面目。……除了书本上的材料以外，还有一类很重要的史料，过

① 详见齐世荣：《史料五讲（外一种）》，北京：人民出版社，2016年，第3—38页。

去不甚为人所注意的，就是与田赋有关的实物证据，如赋役全书、粮册、黄册、鱼鳞图册、奏销册、土地执照、田契、串票以及各种完粮的收据与凭单都是。①

事实上，从20世纪30年代开始至逝世前，父亲在其治学生涯中，一直积极发掘与运用地方志、各种公私档案和民间文献、证物并取得重要成果。

父亲的一条鞭法研究之所以取得比前人有突破性的进展，与他成功地大量利用地方志资料极有关系。刘志伟、陈春声指出：

> 在1930年代，中国社会经济史研究还处在拓荒阶段的时候，很多青年学者就提出要重视地方志资料的利用。梁方仲先生可以说是利用地方志资料来研究王朝制度与地方社会的学者中最为成功的一位。……正因为大量利用地方志资料，使他得以掌握一条鞭法在地方上推行的过程、内容的精粗差别以及不同地区的社会实况。在当时的中国历史学研究者中间，很少有像他这样大量利用地方志资料的。②

当然早在20世纪50年代费正清为《一条鞭法》的英译本所写的前言里，已着重提到父亲大量利用地方志资料的有效做法（详见本书第四章第一节）。

前面提到的《易知由单的研究》一文的材料，来源主要是1936—1937年他与刘隽负责在清内阁大库提调出来的有关财政的旧档案。又如关于明代黄册的研究，也是利用了档案资料而丰富了黄册研究的内容，从而正确论证了黄册在明代整个社会经济中的作用。

注意用原始文物以补文献之不足，在《易知由单的研究》一文撰写上有很好的反映。该文除用了刊载于明刻本地方志的易知由单原样四份外，更大量用了清前期、晚期以及太平天国、民国时期的数百份

---

① 梁方仲：《易知由单的研究》，《岭南学报》第11卷第2期（1951年6月），第103—104页。

② 刘志伟、陈春声：《梁方仲先生的中国社会经济史研究》，《中山大学学报（社会科学版）》2008年第6期，第73页。

易知由单原件作研究分析。特别是20世纪50年代他编著《中国历代户口、田地、田赋统计》一书时，对各种户籍、田契、租约、赋役全书、易知由单、鱼鳞图册、黄册等所作的研究①，更充分表明他仍锲而不舍运用有关实物资料的努力。

综上所述，有理由认为父亲在我国社会经济史研究中，属最早且卓有成效地运用地方志及民间文献、实物的研究者之列，为我国社会经济史之史料发掘和利用开创了一条新径。

（二）强调不可漠视官方文献

要指出的是，父亲在大力发掘与利用地方志、民间文献、证物的同时，仍然很重视正史、实录、会典这类官方文献，强调两者不可偏废，应该科学地有机结合起来参照使用。这种明确的思路在父亲的许多论著中有鲜明的体现，他还向其学生努力传授这种治学方法。刘志伟、陈春声举出了一个例子来说明父亲的这种治学主张：

> 1958年，在梁方仲先生指导下，汤明檖、李龙潜、张维熊几个青年学者发表了《对邓拓同志〈从万历到乾隆〉一文的商榷和补充》一文，文章虽然不是梁方仲先生亲手撰写，不过，文章中提出的处理和运用文献资料与实地调查材料的方法，显然是梁方仲先生的主张。文中有一段关于官府与民窑关系的讨论，利用实录、会典等文献记载的官方制度，说明了研究具体的社会经济问题时，如果不能掌握王朝制度，没有弄清政府规制与民间经济行为的关系，就可能导致对民间文献中反映出来的经济关系的误解。在这个意义上，梁方仲先生重视王朝制度研究的取向是没有疑问的。……因此，在梁方仲先生的研究中，除了正史、实录、

① 这部分研究文稿，原有图片116幅和其说明，篇幅有10万字左右。20世纪60年代原拟附在《中国历代户口、田地、田赋统计》一书中登出，因该书拖至1980年才出版，这份文稿却未能一并发表。40多年后始在由黄启臣和笔者编著的《梁经国天宝行史迹》（广州：广东高等教育出版社，2003年）内，得以披载。可惜的是，因几经周折，所发表的父亲文稿所列的图片仅存81幅及其说明。因原来照片底片多已霉坏，很难制版，庆幸得到父亲弟子李龙潜及黄启臣的努力处理，将图片的原文抄出，再附父亲原有的说明，整理出文稿，全稿今得6万余字。对李氏、黄氏的辛劳，父亲若泉下有知，定会深感欣慰的。

会典一类官方文献一直被重视之外，其他地方的、民间的文献也一直是梁方仲先生所倚重的材料。[①]

不必讳言，新中国一段时间内，受极“左”思潮影响，某些人多少有轻视政书、政令方面的官方史料的倾向。杨生民有过切身的体会，回忆写道：

> 经营地主的特点是雇工种田、地，势必牵涉到雇工人身是否自由、是否有资本主义萌芽的问题。关于这个问题，先生看过我的论文初稿后对我说：雇工的人身自由是从短工先开始的，长工出现的晚，这方面不能光看地方志，要查阅政书、政令。我当时虽按先生的意见查了书，并没有理解先生这条意见的重要性。
>
> 若干年后，我逐渐发现了先生这条意见的重要性，让从政书、政令考察雇工的身份地位，就是让从有关制度和法律、法权方面考察雇工的身份地位。这一点我是在实践中逐渐体会到的。

杨氏接着举出两个自己实践中的例子：

> 因工作需要从先秦开始讲中国古代经济史，从西周至秦汉都存在分期问题，一些劳动者是否是奴隶的问题争论不休。那么判断这些劳动者身份地位的主要标准是什么呢？如汉代刑徒是否是奴隶呢？你如何去判定？如果从法律地位来考察，两汉皇帝颁布了不少赦免人、刑徒的法令，其目的是为与民更始，让其重新做人。这些法令表明刑徒在法律地位上是民的一部分，是因犯罪被罚服苦役的罪人。一个人的法律地位是其社会地位的最集中、最明确的表现。这种地位不是一些具体事实和现象所能改变的。因此，判定刑徒的身份性质应主要以其法律地位为依据。同样，判定土地所有权是国有、私有，是归张三还是李四所有，主要也应以法律、法权的规定和法权关系的演变，以及地契等法律文书为

---

① 刘志伟、陈春声：《梁方仲先生的中国社会经济史研究》，《中山大学学报（社会科学版）》2008 年第 6 期，第 73 页。

依据，而不是其他。[①]

第三节 积极采用社会科学理论方法

从以上的叙述中，不难看出父亲在治学方法上汲取与坚持了传统史学（包括乾嘉学派、史料派等）的优良传统，如重视史料搜集、考据等。同时，在非官方史料的发掘利用上又与传统史学所用的力度有所不同，有其独特的贡献。更重要的是，科学的发展，必然伴随产生许多新理论、新方法，一个现代学人应该与时俱进，汲取乃至创造新理论、新方法。父亲在这方面确是付出了艰辛的努力，取得令人称道的成绩。

一、实地社会调查

实地调查方法早在20世纪20、30年代已是社会学、经济学、考古学等研究的基本方法之一。[②] 但在历史学（包括经济史）研究中，它的运用显得滞后。父亲受惠于其所在研究机构（中央研究院社会科学研究所）的性质，应用社会调查方法于经济史研究上似乎是顺理成章的事，从而使父亲成为我国经济史学者中最早而自觉运用此方法的一批探索者中的一主要成员。熟识父亲的李文治早已看到这点，他回忆说：

> 为了进行前后对比，梁先生还特别重视社会调查，多次到农村调查土地关系和农民田赋负担问题。1939年，为了相同的目的，曾往川陕甘三省从事社会调查，不辞辛劳，深入农村，搜集

① 杨生民：《谈梁方仲先生的治学道路》，《中国经济史研究》2001年第1期，第147—148页。

② 赵德馨认为，“实地调查是新资料的来源”，“各门学科都可以做调查”，“将调查与研究统一于一身，可以出大学问”，“调查方法要灵活多样”，强调了调查对于社会科学研究的重要性，其看法值得参考。详见赵德馨：《社会科学研究工作程序与规范》，武汉：湖北人民出版社，2016年，第181—190页。

有关资料，为期凡八阅月。[①]

查看父亲所留下的一份毛笔手书《历年发表论著要目》（估计写于1944—1946年间），内中涉及社会调查的作品，至少有《北平市田赋概况》（《民族杂志》第2卷第8期，1934年）、《对于驿运的几点贡献》（《新经济半月刊》第4卷第3期，1940年8月1日）、《“战后问题”的问题》（《当代评论》第1卷第11期，1941年9月15日）、《田赋史上起运存留的划分与道路远近的关系》（《人文科学学报》第1卷第1期，1942年6月）、《评卜凯〈中国土地的利用〉》（英文，《社会科学杂志》第9卷第2期，1947年12月），以及《历年发表论著要目》中列有但我们至今尚未找到的《关于田赋征实粮食征购之意见书（合草）》。虽然我们暂时还未找出他与他人合草的《关于田赋征实粮食征购之意见书》，现已从他遗物中发现一份我们代拟题为《田赋折价问题：改征实物或实物折价与折价之标准》的草稿（遗稿）[②]，所谈内容主要出自父亲在实地调查后针对国民政府于抗战时期实施田赋“改革”的看法。

对于父亲重视并认真在社会经济史研究中运用社会调查方法方面，除前文李文治所介绍之情况外，近年一直致力于并领导大规模社会调查研究的历史人类学带头学者之一的陈春声在《走向历史现场》里，首先介绍了1939年傅衣凌于抗战期间于闽中永安县发现一大箱民间契约文书，在研究此批珍贵材料之基础上写出后来影响颇大的《福建佃农经济史丛考》（1944），以此说明傅氏“把活材料与死文字两者结合起来”研究方法的贡献。接着，陈氏又举出了父亲的例子：“有意思的是，也是在1939年，中国社会经济史学科另一位重要的奠基者梁方仲教授，正在陕甘〔宁〕三省进行为期八个月的农村调查。”[③] 后人对前人社会经济史研究中运用实地调查方法的开拓历史功

---

① 李文治：《辛勤耕耘，卓越贡献——追忆梁先生的思想情操和学术成就》，《中国经济史研究》1989年第1期，第6页。

② 梁方仲：《梁方仲文存》，北京：中华书局，2008年，第54—60页。

③ 陈春声：《走向历史现场》，《读书》2006年第9期，第19—21页。

绩予以充分的肯定。

二、古今通识、中西交融

（一）追本溯源

研究现实问题，问其历史渊源；研究历史，注意其与当今现实的关系和影响，这是史家的研究方法之一，自然也是衡量其学识的标准之一。父亲的许多著作都很注意追本溯源，前面所提到的《北平市田赋概况》《对于驿运的几点贡献》两文都是先从历史叙述开始其要研究的现实问题。其代表作之一《一条鞭法》写作更凸显了这种特色，为了说明明代中叶产生一条鞭法的历史原因，他仔细地研究了之前的有关制度，故将论文分成“导论”和“本论”两大部分。“导论”中简要地综合阐述明代前期赋法和役法的要点，分析明初实行“夏税”“秋粮”的赋法和“里甲”“杂泛”役法的过程及其崩溃的原因，从而为“本论”里一条鞭法的阐述提供了历史根据。《田赋史上起运存留的划分与道路远近的关系》一文亦是一很好的例子。在该文中，父亲写有一段很精短而含义甚深的话：

> 自明代晚年一条鞭法行后，田赋以银为正赋，实物田赋制度因而逐渐废止，于是起运与存留的分别，其重要性亦逐渐降低，问题亦不如以前的繁杂，民国以后，所谓“中央解款”“解省”“解库”等等名称，就是明清以来的“起运”；“存县”“地方留款”等等的名称，就是明清的“存留”。这些分别，自民十七田赋划为地方税后，只变成历史上的名词。但最近田赋又改归中央接管，这些区分以及相当于它们区分的名词亦应当复活；况且自改征实物以后，问题的性质与往日相像的亦更多。历史的“重演”岂不是一件有趣的事情吗?①

从这段话可以看到，历史与现实的问题在父亲眼里是完全相通而

① 梁方仲：《田赋史上起运存留的划分与道路远近的关系》，《人文科学学报》第1卷第1期（1942年6月），第43—44页。

密不可分的，历史分析与现实的探讨可互为印证，“这篇文章很典型地反映出，梁方仲先生对社会经济问题的敏感和洞察力，是如何由他的经济学理论素养、历史研究功力和对现实问题的关怀交织形成的。文章讨论的问题，既是历史问题，也是现实问题，在历史与现实之间完全是贯通的”①。顺便一提，刘志伟、陈春声认为“这是一篇包含了非常精辟的见解，但一直没有得到应有重视的文章”，他们解释为：

> 研究财政赋税制度，注意的焦点多从税率的高低论负担轻重，而对由空间距离引出的运输问题，如果不是较少关注，就是只当作财政供应问题来考虑。梁方仲先生则把税收的划分与赋税运输的空间距离问题，同赋税负担轻重，赋税缴纳物或缴纳手段的区分等等因素结合起来考察，揭示了我国财政赋税制度上一个极为关键的事实——由空间距离引出的财富输送问题，在赋税结构以及赋税负担分派上占有很重要的位置，并对征纳物、税率、税种、征纳方式产生直接的影响，是赋税制度的一个基本的要素。这个问题有助于我们理解一条鞭法改革，尤其是赋税折银和官收官解制度的深远意义。如果进而联系到梁方仲先生所指出的中国传统赋役制度的结构在性质上是“赋中有役，役中有赋”这一命题，我们认为，认识到赋税结构与赋税缴纳的空间距离之间的关系，并弄清楚其内在联系，对于解释中国王朝国家制度和社会结构是一个具有十分重要价值的发现。②

（二）中外比较，本土化意识强

中外比较分析方法在现代（尤其是全球经济一体化浪潮的今天）社会科学研究中，已属一很常用的方法，不过在20世纪20、30年代前应用这种方法于传统历史学研究中尚不多且不深入，相对而言，经济史研究者在这方面起了带头作用。积极运用（当然不乏机械运用的

① 刘志伟、陈春声：《梁方仲先生的中国社会经济史研究》，《中山大学学报（社会科学版）》2008年第6期，第78页。

② 刘志伟、陈春声前揭文，第78页。

例子）中外比较法，社会史论战中呈现的情状应是很典型的例子。父亲在此方法的应用方面一直不算“太积极”，特别对那时的社会史论战以及新中国时期其他一些全国性的定题大讨论中基本常缄其口。虽然如此，在父亲的一些专题研究中，根据研究需要，不乏运用中外比较分析方法的例子，且相当成功，获得后人的称许。①

1936 年发表的《田赋输纳的方式与道路远近的关系——一个史的考察》，是后来《田赋史上起运存留的划分与道路远近的关系》（1942）一文的雏形。在前文中，关于历史上田赋输纳方式与道路远近关系的讨论，就是从西方吞伦（Johann Heinrich von Thuenen，今有人译作杜能）之农业区位论介绍后引申而阐述开来的。此是例子之一。

例子之二是，他在《明代粮长制度》一书中用了相当分量的篇幅专门阐述明代社会经济的概况，并将之与当时欧洲情状作了比较，很有见地地指出两者之异同点（详见本书第七章第一节第二点）。

前面提到的《易知由单的研究》得出的结论，和中世纪其他各国比较，父亲认为封建专制集权与官僚政治是中国封建制度的两大特点。此是例子之三。

其辞世前几年所写的《中国历代户口、田地、田赋统计原论》（即《中国历代户口、田地、田赋统计》一书的“总序”），更充分地体现了他运用中外对比法的努力，这是例子之四。该文由三章（节）所构成，即：（世界）古代社会关于计算人口、土地和编造户籍、地籍的历史发展；我国历代户籍、地籍和赋税册的编制和演变过程；从世界史看中国历史人口、土地和田赋数字记录之丰富及其制度上的特点。仅从章（节）的名称，人们就可直观地感受到这是一篇中外（历

---

① 李龙潜在其自述《我和明清经济史研究》（载张世林编：《学林春秋三编》上册，北京：朝华出版社，1999 年，第 38—57 页）中专门谈到自己研究中取得成绩的一些原因，其中第三点为“师承梁方仲教授比较研究法”，提到“仲师常说，有比较，才有鉴别，从古今对比中，可以寻找出历史线索；从中外对比中，可以从复杂的历史现象找出历史发展的特殊规律”。

史）叙述相结合、相比较的作品。在仔细比较中外人口调查、土地登记历史过程与特点后，他得出明确而令人信服的结论，诸如：

> 关于本国历史人口和土地数字的记录，中国今日保全下来的材料的丰富是世界各国中首屈一指的。……
>
> 我国古代的人口调查，是古代世界诸国中最全面的。其次，全国各地的定期报告制度和全国统一的调查制度，在我国成立很早。这是我国古时人口调查制度中的两大特点，而为当时外国所不具备的。……
>
> 这里不能不指出的是在历史上古代中国的人口调查制度，毫无疑问是资本主义时代以前世界各国中最先进的，甚至在某些方面的规定比之资本主义国家更完备严密得多。[①]

李龙潜也举出一个例子：

> 他常说，有比较才有鉴别，从古今对比中，可以寻找出历史线索；从中外对比中，可以从复杂的历史现象寻找出历史发展的特殊规律。所以，他十分重视比较研究。在这本《读书札记》中，他就运用了历史比较法来阐述或论证问题。如《明代著名炼铜工人及锌的提炼》（页416）一篇，介绍明万历年间苏州周文甫等制铜技术工人，已经炼出了黄铜，黄铜是铜和锌的合金。而宣德炉就是由这种铜锌合金的黄铜制成的，说明我国在15世纪20年代，已经能生产金属锌。而欧洲于18世纪才开始提炼锌，我国生产金属锌早于欧洲近四百年。[②]

应该看到，欲想中外比较方法运用合理，成效明显却非易事，其关键因素至少有二：一是研究者的中外的有关知识是否都足够（包括语言能力）；现实情况往往是，研究者或是对西方情况了解皮毛；或者相反，对西方知识有较好掌握，却不甚明了中国实际。二是研究者

---

① 梁方仲："总序"，载梁方仲编著：《中国历代户口、田地、田赋统计》，上海：上海人民出版社，1980年，第12、15页。

② 李龙潜：《治学谨严　实事求是——读〈梁方仲读书札记〉的体会》，载陈春声、刘志伟主编：《遗大投艰集——纪念梁方仲教授诞辰一百周年》，第15页。

是否有明确的本土化之意识，和能否真正地消化外国理论、术语、具体史实。新中国成立前，父亲无论在国内抑或国外都有很长一段接受西方社会科学的严格训练的经历，更在中央大学、岭南大学开过西洋经济史课程，他对国外著作（原文为主）一直认真研读[①]，可以说他在西方社会科学学养以至外文掌握上都有着很好的条件。颇使人深思的是，他极少写以介绍或直接套用西方社会科学为主旨的文章[②]，他所强调的是西学“中用”，“善用”乃至“慎用”，简而言之，研究本土化的取向十分明显，后人确实有这种感受和评价。[③] 同时，公开和私下有一种议论似乎正在传开，即认为父亲的中国经济史研究既具有明显的本土化特色，又一直符合国际经济史研究的主流，具有国际眼光。[④] 不过，李伯重已强调指出：

> 这里我们特别要指出的是，当时清华中西交融、中西贯通的学术传统在梁先生的身上得到了最完美的体现。梁先生从清华毕业之后，像陈寅恪先生一样，历尽东、西两洋，在中外最好的学术机构，像中央研究院社会科学研究所、哈佛大学、伦敦经济学

---

① 父亲除经常向图书馆借阅有关书籍外，个人也不惜费用，购置了大量外文书籍，“文革”期间损失不少，他遗留下来已由我们家人捐给中山大学图书馆的外文书已逾千本，且多为目前国内乃至国外皆颇难见到的古旧版本，其名录可参见中山大学图书馆 2002 年 11 月编的《梁方仲教授捐书名录》。

② 我在查阅父亲著作目录时发现仅有《纽约市制》（译书）和《马苏尔经济理论系统》属此类作品，后者成文后直至其辞世前，一直被他放着未拿出来发表，而其《论社会科学的方法》则明显属消化后渗透大量个人看法的综论。

③ 例如马紫梅著，曾越麟等译：《时代之子吴晗》，北京：中国社会科学出版社，1996 年，第 212—213 页；杨国桢：《吸收与互动：西方经济社会史学与中国社会经济史学派》，载侯建新主编：《经济—社会史——历史研究的新方向》，北京：商务印书馆，2002 年，第 8 页。

④ 马紫梅的吴晗传记，直至刘志伟、陈春声的《梁方仲先生的中国社会经济史研究》[《中山大学学报（社会科学版）》2008 年第 6 期]，以及杨祖义、赵德馨的《梁方仲经济史学思维方式的特征》（《中国经济史研究》2009 年第 2 期），都指出了父亲或史学研究会同人作品存在浓厚的现代社会科学色彩。台湾学者林燊禄在与李龙潜及笔者的交谈中多次表示，他认为中国经济史家中具有世界眼光者极少，父亲是其中的佼佼者。这些看法能否成为共识，当需进一步分析研究。

院等世界一流的机构里学习、工作和研究，充分吸取了各国经济史学的精华，取精用宏，从而开创了一代风气，成为我国经济史学的奠基人之一。①

第四节 善用统计学方法

经济学出身的父亲，自学生时代开始便自觉不自觉地认真学习和运用从西方传入的统计学方法。最近一次清点父亲留下的书稿中，找出了一大批统计表格。这些表格有的是直接来自调查数据，有的乃从所抄资料中进行数字表格化的初步处理，反映了父亲一生都在关心经济史中的数量分析层面问题。这些统计表格有：《洪武十一年造军器统计表》《万历三年东西洋船水饷等第规则》《万历十七年与万历四十三年货物税额、货价对照表》《万历十七年与1931年货价对照表》《清代各省产银地统计表》《清代雍正、乾隆朝征收钱粮方式表》《清乾隆朝江苏省物价工资统计》《仙游县官田统计表》《仙游县官地统计表》《仙游县民地统计表》《莆田县官田统计表》《莆田县官地统计表》《莆田县官山统计表》《莆田县民地统计表》《民国时期各省市历年户口表》《民国二十一年度上海市田赋税率表》《上海市忙漕每亩征数表》《民国八年度与二十年度田赋比较表》《各省市民国二十年度田赋概数表》《各省市田赋正附税额总表》《陕西省民国二十八年度71县地方岁入预算表》《陕西省绥德县各乡人民职业分配表》《陕西省绥德县各乡耕地分配表》《中国八个农业区耕地面积表》《明万历各布政司各府州县税粮分组表》，等等。这些统计表有的分量较少（仅十余页），多则达数十页至超百页。有关人士审阅认为它们颇有参考价值，可考虑出版供研究者参考、使用。现举一例予以说明。《明万历各布政司各府州县税粮分组表》是这样产生的：父亲早年曾以《评〈万历会计录〉》专门推介《万历会计录》一书（刊《中国近代

① 《清华大学历史系李伯重教授在纪念大会上的发言》，载陈春声、刘志伟主编：《遗大投艰集——纪念梁方仲教授诞辰一百周年》，第6页。

经济史研究集刊》第3卷第2期，1935年11月），指出该书是研究明代乃至清代财政的一部“极重要的典籍”。中央研究院社会科学研究所经济史组1944年工作计划和五年工作重心中，父亲参与并领导承担明清两代财政史研究。在1943年前后，父亲另手写一份有关清代田赋史研究计划草稿，内中说道：“本项研究拟从明末万历一朝追溯，盖清初赋额，仍根据万历，而一切田赋制度亦多依于前明也。至于所根据材料，除正史、官书、私人撰述以外，其重要参考资料大约不外：《万历会计录》、毕自严《度支奏议》（上两书北平图新收藏）及本馆抄存档案钱粮册各件。预计此项《明清之际田赋额收》研究工作约两年内方可完成。”（中央研究院社会科学研究所经济史组1944年度工作计划和父亲清代田赋史研究计划，详见《无悔是书生》第五章第二节）。显然，这份《税粮分组表》便是父亲依据《万历会计录》所载有关数据而特制的表格（逾百页之多），旨在为《明清之际田赋额收》研究课题服务。可以说，父亲的许多研究特别是有关计量性之研究，都是先通过统计学整理方法得出基本数据，然后再行分析研究而进行的。

在统计方法应用上，父亲于计量史学的贡献，已被众多后人所肯定、推崇，本书第六章将有较详细的讨论，此处不赘。

第五节 讲求唯物史观

唯物史观跟统计学都是20世纪前期引入我国社会科学研究领域的新理论、新方法。一贯追求新理论、新方法的父亲，在了解和吸收运用唯物史观方面，同样有所表现。中华人民共和国成立前，他曾阅读过马克思《资本论》、毛泽东《矛盾论》等有关著作，没有采取反对、抗拒的态度。新中国时期，他积极参加夜大学的马列主义基础（1954—1955年）的听课，和几门政治大课如辩证唯物主义（1956年春）、历史唯物主义（1956年秋）、政治经济学（1957年春）的学习。对每门课他都认真听讲，详见《梁方仲遗稿·听课笔记》。可见他已将马列主义、唯物史观作为一很重要的理论方法来对待，并试图将之消化融合到自己的研究和教学中。唯物史观派常用的一些术语、概念，如生产力、生产关系乃至阶级矛盾等，在其论著中有所出现。[①]以张剑平为首的一批史学理论（力持马克思主义史学观点）的研究者如此评价父亲在讲求唯物史观方面的表现，详录如下：

> 这一时期（按：指新中国成立后前“十七年”），有些经济史学家虽仍继续原来研究范式，但学习和吸收了马克思主义研究方法，使其学术研究达到了新境界。新中国成立初期，梁方仲接受了马克思主义，认识到原来研究方法的不足，开始重新分析长期收集的史料，进一步深入研究“一条鞭法”。这时他所遵循的研究路径除沿用原来的从田赋制度入手，把文献考释与实地调查相结合，重视史料的搜集、整理与考释，究明实际施行过程的种种细节、实事求是评价的特点之外，还初步运用马列主义关于社会基本矛盾的理论加以分析，注重对“一条鞭法”改革前因后果与相关制度沿革递嬗及其实行的社会经济状况的分析，并从不同的角度展现“一条鞭法”改革的社会经济脉络和历史意义，以通过“一条鞭法”透视整个明代经济社会的结构性的变化，新的思路使他的“一条鞭法”研究进入了新的学术境界。1951 年至 1952 年[②]，梁方仲连续发表了《明代一条鞭法的论战》《明代一条鞭法年表》《易知由单的研究》《明代粮长制度》等论文和专著，这标志着他关于“一条鞭法”为中心的明代田赋制度的科学研究基本完成，这些成果至今被誉为“一条鞭法”研究的最高水平。此后，他开始转向中国田赋史的研究，全力编著《中国历代户口、田地、田赋统计》一书……“这种运用现代统计学方法研究经济史在当时是超前的，是开中国以现代统计学方法研究经济

---

① 除已发表的论著外，1952 年父亲曾在岭南大学经济系计划（或说必须）开的政治经济学课承担了部分章节的编写任务。该部分内容是他依据马克思《资本论》中的有关章节内容而写成（详见《梁方仲遗稿》）。

② 应为“1951 年至 1957 年”，因《明代粮长制度》出版于 1957 年。

史的先河，成为中国将现代统计学方法运用到史学研究的统计学派开创者之一”，被学者称之为“经济史统计大师”。①

在运用唯物史观方法研究社会经济史方面，父亲表现出鲜明的态度与一贯的做法，即认真研读，弄懂马列经典著作的原意精神，反对生搬硬套贴标签的做法。他的论著中很少直接引用特别是大段引用马列经典著作原文的现象，他曾特地重译马克思的《资本论》第1卷第24章“所谓原始积累”，并写出了《马克思主义关于资本主义萌芽的论点》一文，目的主要是希冀学生们和研究者要理解马列原著的真谛。当然可能更直接的原因，乃是针对当时存在的不良学风，即那种不花功夫认真研读原著，并未真正掌握原著精神，动辄引用马列经典著作原文（且属翻译著作）的生搬硬套的做法。此外，他不因为运用了唯物史观方法而弃用或反对其他社会科学方法的应用，《无悔是书生》第十二章第四节中说到他曾对将阶级分析法作为唯一或根本的方法的极端做法不以为然；特别是如前所述，他在其他社会科学方法方面的努力摸索应用，这些都说明了他持的是客观开放态度，也可称为科学态度。

① 张剑平等：《新中国历史学发展路径研究》，北京：人民出版社，2012年，第212—213页。

第三章　科学态度的体现

科学态度（学风）与科学方法固然不是一码事，不过，两者密切相关，有时颇难严格区分开来。一般而言，持严谨科学态度的人，才能或容易达到很好地掌握、应用乃至创造出科学方法的境界，也才能或容易获得有分量的研究成果。对科学（真理）执著追求的人，在其治学生涯中自然会在学风上有许多相应的表现，笔者认为父亲有以下几点是突显的。

第一节　实事求是

谈到父亲的实事求是精神方面，此处仅以介绍他如何科学地选定研究方法来说明。各种研究方法有其适用的范围，在不同的研究中选择合适的研究方法，存在一个是否实事求是的科学态度问题。选择得当，事半功倍；选择不当，事倍功半以至目的不达。父亲在其《论社会科学的方法》中明确指出，“关于方法的选择，要以研究者所欲达到的目的”以及史料的现实情况来决定。本书第二章所谈到的父亲积极摸索应用各种科学研究方法，诸如“小题大做”，强调资料搜集整理，摸索运用社会科学理论方法、讲求唯物史观和统计学方法，很基本的一点，便是针对中国经济史乃一拓荒领域的实际状况。宏观角度而言如此，小至具体专题研究方法的确定，也遵循实事求是的原则。刘志伟、陈春声举的一个例子，颇有说服力。他们首先引用了父亲《论社会科学的方法》中的一段话，即：

如果研究者的目的，在于探求某一种现象的意义，那末，他可以从创造（或改造）此一现象的人（或团体）的真正用意去着手研究，此即所谓心理的方法。倘若研究者能证明他寻找出来的意义尽与创造者或改造者原意符合，那便是说他的方法是准确的了。怎样才晓得创造人的真意？那就要看：第一，有没有充分的证据？——如创造人自己的著作、日记、演讲词，或他人的著作足资证明者，等等。第二，研究者对于证据的解释是否真得了原意？

接着，刘、陈写道：

梁方仲先生的《明代一条鞭法的论战》一文，就是运用这种方法去探求一条鞭法的社会经济意义的一个很好的例子。……

细读这篇论文，不难看到，梁方仲先生所用的方法有非常明显的特色。他不仅仅列举了当时争论双方说了什么，也不是简单地以己之见对有关论点之是非加以评说，而是把有关讨论放到一个实在的社会背景下，结合一条鞭法在特定情景下实际施行中的问题来加以分析。例如，在反对一条鞭法的意见中，有一个理由就是认为征收银两对于农民不便。梁方仲先生在评论这种意见时，特别从一条鞭法征银的实际情形和明代用银的历史两点去加以考察，把征银的历史与钞法、钱法先后废坏的历史放到一起分析，指出反对一条鞭法征银的理由，其中一个主要的原因就是"银钱的比率定得太不合理。我们有了这个认识，才能够明白当时人疏章内所说的真意"。而这一事实背后，则是政府与富室权贵从普遍用银中得到最大的利益。这一认识对于了解一条鞭法的社会经济意义，是非常关键的。从当事人的看法入手，又通过分析当时的场景去解读当时人看法的真意，从中揭示现象的本质和意义。这正是梁方仲先生对明代一条鞭法的见解能够高人一筹的原因所在。①

① 刘志伟、陈春声：《梁方仲先生的中国社会经济史研究》，《中山大学学报（社会科学版）》2008年第6期，第71页。

第二节　甘下“笨”功夫——从编年看态度

编年是一种治学方法，笔者没有放在第二章来谈，目的是想透过父亲的力主并艰辛履行此法之分析的背后，折射出父亲的实事求是科学态度而已。李文治将从“编年着手，进行纵向联系”这点作为评述父亲科学的治学方法以及科学态度的头条，自有其道理。笔者觉得整段录下他的话语是有好处的：

> 为了弄清楚某一历史事件或一种制度，梁先生主张从编年着手。梁先生常说：任何一桩历史事件，从开始萌生直到结束，都有一个发展过程，这是每一历史事物本身的发展变化。从事历史课题的研究，首先弄清楚该课题的整个发展过程非常重要。如何掌握每一事物的发展过程，最好的办法是进行编年排比。梁先生很多论著都经过了这一步骤，然后据以写作，有的就以编年的形式发表，如所著《明代一条鞭法年表》。通过这个年表，可以考察各不同地区推行一条鞭法在时间上的差异，内容的差异，一条鞭法发展变化的原委，然后可据以作出完整而比较接近历史实际的论述。
>
> 梁先生的治学方法我没有学好，但可以联系我的工作做些说明。1940 年我刚一到所，他就提出先对农民战争事迹进行编年。他说晚明史籍浩繁，不下千家，而且多有伪讹谬误，通过编年，可以发现诸种记载异同，经过考证以定取舍然后入表，有助于弄清楚农民战争的发展历程。我按照他的意图做了《李自成编年》《张献忠编年》，把他们的战争活动，如某年月日攻占某地，战争策略，以及政策措施等统收入编年，就是对历史事件进行纵向联系和探索。……
>
> 作编年并非简单排比，首先要掌握大量文献资料，考证其异同，辨别真伪，然后入表。梁先生为了弄清条鞭法及粮长制原委，参考了数百部乃至千余种历史文献，经过详细考订，作成长

编，从长编弄清历史事物的发展变化，然后作出科学论断。中国古史研究中早已存在编年体例，梁先生的贡献在于对互相歧异的记载进行详细校勘，并把纵向联系和横向探索结合在一起，将纵向联系向前推进一步。①

从李氏的这段文字，可以清楚地看到他和父亲为探得历史事实的“是”（真相、规律），做了许多编年工作，我们从父亲已出版的论著中可找到更多例子，如《朱元璋简谱》《三樵道人黎简先生年谱》《〈明神宗实录〉赋役资料编年》等（分别见梁方仲的《中国经济史讲稿》《梁方仲文存》《明清赋税与社会经济》，北京：中华书局，2008 年）。笔者从其遗物中又找到《〈洪武实录〉经济史资料编年》《〈明穆宗实录〉经济史资料编年》《历代田制索引》《明代银矿开闭纪事表》《明代银矿工人运动表》等也是编年类作品（半成品）。可以设想，面对编年工作量和难度如此之大，若无求真求实的精神，定会放弃此“笨而吃力”的办法。

第三节 慎下论断

父亲常对其弟子说：

> 要做到真正掌握史料，搜罗材料固然需要费很大的工夫，而对历史记载真伪的甄审，对历史上典章制度的考释，以及材料本身含意所允许引申的限度，都需要认真讲求。只有这样，才不致滥引论据，断章取义，或以主观臆想戴在历史实际的头上。②

换句话说父亲很重视材料的纠谬存真、理解真意问题，力求将论断建立在丰富而确实可靠的资料基础之上。这就是实事求是，只有通过大量细微的劳动，始能达到此目的。

① 李文治：《辛勤耕耘，卓越贡献——追忆梁先生的思想情操和学术成就》，《中国经济史研究》1989 年第 1 期，第 3—4 页。

② 汤明檖：《辛勤耕耘的硕果——序〈明清经济史〉》，载李龙潜：《明清经济史》，广州：广东高等教育出版社，1988 年，第 1 页。

在理解材料真意方面，李文治举出过一例：

兹举一例：同在四川李庄工作时，他发现一条资料可以作两种解释，他不是随心所欲地选择合乎自己主观需要的一种，而是查阅大量文献，并和同事进行研讨，然后作出选择。[①]

李龙潜举出了更具体的例子说明此问题：

如他研究后魏的禄田来源问题，《魏书》卷一一〇食货志载孝文帝太和九年（485 年），均田诏云："诸宰民之官，各随地给公田：刺史十五顷，太守十顷，治中、别驾各八顷，更代相付，卖者坐如律"。《通典》卷二杜佑引此条注云："职分田起于此。"他认为这种公田，即为禄田，亦即是隋唐时之职分田，是对的，其实杜佑这条注亦证明了这点。但他根据《晋书》卷七〇列传四十载东晋初年江州都督应詹的上疏说，当时已有设立禄田的规划。复据《宋书》卷六《孝武帝本纪》载宋大明元年（457 年）二月己亥又有"复亲民职公田"之令。从而得出南北朝亲民官之授公田来源已久，并不是杜佑所说自后魏始的结论。又有人根据上引太和诏中"更代相付"一语，说其意义与唐均田制的"皆许传子孙"相同，即"世业田不得买卖"。并把公田误解作许传之子孙的世业田，说唐代世业田不得买卖。他认为所谓"更代相付"，是指原任官离任前必须交代给继任官之意，和子孙相传是不同的。他还根据唐代许多法令条文，指出唐代在一定情况下可以买卖世业田，比起北魏的规定放宽多了。复据《唐律疏议》卷一二户婚上"卖口分田"条疏云："其五品以上，若勋官永业地，亦并听卖。"说明对高级官僚更毫无禁止。因此说世业田不得买卖，也是没有史实根据的（参见《中国历代户口、田地、田赋统计》第 475 页）。类似事例，在他的论著中是很多的。说明他的论著不管是理论概括和史料阐述，都贯穿了科学的实事求是的精

① 李文治前揭文，第 4 页。

神，也就是谨严求实的学风。[①]

第四节　活到老学到老，冀求专博统一

父亲深知知识日益更新，资料有待不断发掘，研究之深度与广度需要多种学科交叉、多种方法渗透运用始可拓展。父亲从求学阶段起就认真注意从读书、交友等各种途经来获取多种知识，大学阶段四年里转了三个系，研究生时代在主修经济学的同时苦读历史学书籍；以至于已当教授十多年后的20世纪50年代，仍十分主动认真听陈寅恪的课，参加几门政治课以及外语（俄文、日文）学习，等等，都凸显出他强烈学习的心态。博览群书更是他汲取知识的通常途径，其所阅读的大量中外书籍，除历史学、经济学、社会学类外，还包括了哲学、政治、文化、文学、艺术、考古，以及自然科学类的有关科学史类的书（以建筑、水利、机械、度量衡、矿业、农业、手工业、工业等专门技术的科学史为主）。涉及的时代从古代至当今。值得注意的是，在阅读时他选录有关材料并常写下自己的看法。从他留下的三本主要成于60年代前后（即已进入其晚年）的读书笔记（札记），也可窥见这种坚持不懈的努力。[②]

由《梁方仲读书札记》的内容来分析，父亲的主要目的很可能是，通过各领域发掘有关资料，试图多视角分析社会经济问题，或许他认为这是其经济史的通论（讲义）和专论（研究）撰写所需的基本材料。《札记》中有些内容是属狭义社会经济史以外的，如族谱、社会风俗、文献学、文学艺术，以及科学技术史、文化史、哲学史，可见他的研究兴趣不仅仅局限于通常概念上的社会经济史内容。近检

① 李龙潜：《回忆梁方仲教授二三事》，载汤明檖、黄启臣主编：《纪念梁方仲教授学术讨论会文集》，广州：中山大学出版社，1990年，第34—35页。

② 详见《梁方仲读书札记》（北京：中华书局，2008年）。该札记收集了496篇笔记，近60万字。应指出原笔记中尚有20多篇是用英文写的，由于整理时间所限，尚来不及收入其中。

出20世纪50或60年代电子学家冯秉铨[①]写给父亲的一便函，颇能看出父亲为了弄清楚一些经济史研究有关的某些器物的中英文名称，而请教冯氏。冯函云：

方仲兄：

“黑色金属”指钢、铁、钨等矿物而言。“母机”即 Primary Standard 的 machine（用以制造其他机器者）。fine balance 译为“精密天秤”。“轴铁”及“辗金”一时说不出来，容查出后奉告。祝痊安！

弟铨

弟近日肚泻病了几天，改日再来看兄。

顺便提一事，在检父亲遗物时，发现他于50年代曾与中国青年出版社签过一份合同，出版社1958年2月12日有信催过他交稿，信文为：

我社约您写的《我们祖先在农业生产上的创造与发明》一稿，原定于57年12月交稿，不知现在写作情况，我社最近要拟订计划，目前正在清理约稿，尊稿最近能否交稿？盼将交稿日期早日见告为感。

中国青年出版社第五编辑室

出版社约他写书，他又应允动笔写对科技知识要求颇高的这类科技史的著作，似乎并非偶然，读者在其《一条鞭法》的后记以及《元代手工业》一文中多少已看出了父亲对古代科学技术的学习的认真与了解颇深。

父亲常说“专家多有，通人难求”，他敬佩通人，也要求自己向此境界努力。

---

① 冯秉铨（1910—1980），河北省安新县人，电子学家、教育家。1930年清华大学物理系毕业，1934年燕京大学硕士，1946年美国哈佛大学博士，从20世纪30年代初起一直在广州岭南大学任教，历任副教授、教授、教务长。1952年院系调整后到华南工学院任教授、教务长、副院长，直至1980年辞世。冯氏与父亲是清华大学同级不同系同学。1949年后两人又同在广州工作，时有来往，是老友。

罗尔纲对父亲在“广博”追求上的理念与造诣曾说过一段话，这是深交友人的一家之言，且自谦成分明显。他与父亲之间曾讨论过“通人”问题，认为梁启超和陶孟和皆为通人，而对父亲的评价是：

> 梁方仲教授在陶孟和先生创办社会调查所时就来工作。他专攻经济学，而博学多能，是陶孟和先生培养出来的一位著名的经济史专家，也正是一位难得的通人。我研究文史，他就经常帮助我。①

罗氏举了些例子来阐述他的看法，其中提到“方仲对我研究工作帮助最大的是我改变纪传体为综合体史书体裁的探索”。认为父亲所点醒他的意见反映出“识见宏通”。同样，罗氏早年成功研究清末作家吴沃尧代表作《九命奇冤》，也得到过父亲的助力，故写下“请毋忘他的辛劳”一语。②

第五节　虚心求教，精益求精

虚心与求精是不同而又极密切相关的两件事。只有持虚心态度的人，才能正确对待自己，才能认识发现自己的不足、自己作品的不完善，也才能自觉努力去改善，锲而不舍去求精。

一、求教各方，汲取良言

从事写作特别是学术研究者，多有文章乃“反复修改而成”的体验。愿意并善于汲取他人意见，应是撰写中的重要一环。先儒云：“三人同行，必有吾师焉”，能否真正理解之并贯彻于行动中，倒非易事，特别是一些自信心强而又成名的人士，尤难做到。父亲自信心很强，喜研讨以至争辩，曾被个别人认为自负、自傲以至自吹的人。实际情况恰恰相反，他经常请教他人，虚心听取意见，集中的表现乃是其绝大多数文章正式发表前，往往都会将草稿送有关人士，恳请提出

① 罗尔纲：《困学觅知》，杭州：浙江人民出版社，2000 年，第 177—178 页。

② 详见罗氏前揭书，第 180—181 页。

阅改意见，在仔细阅读汲取所得意见后才定稿发表。为每篇文送请提意见的人数，少则几位，多则10至20人，既有专家，有时还会是年轻学子以至学生。[①] 他的这种广纳良言的做法，在其著作的前言或后记中时有明白的交代和致谢。例如，早岁作品《明代鱼鳞图册考》附记中说："本篇材料之搜集与见解之形成，多得于吾友吴晗兄。"1935年的《明代户口田地及田赋统计》之序中他交代为："本编……当时编制的工作多得张昌培、李景羲、谢兆芬、丘申文四兄的帮劳，及来本所（按：中央研究院社会科学研究所）后继续从事整理，又得刘心铨兄详尽指示。每表之成，都蒙他贡献给最有裨益的意见。……作者在此谨向张、李、谢、丘、刘诸兄致最诚恳的谢意!"抗战时期发表的《明代十段锦法》附记中有载"此文承吾兄王之屏先生校阅一遍，盛意可感，聊布谢忱"。20世纪50年代初刊的《明代一条鞭法年表》"后记"有这样一句话："此记写成后，送钟一均先生教正，承他指出错误两点，我斟酌他的意见已经作过文字上应有的修饰。"《易知由单的研究》有附记和书后："附记：本文附录（二）、（三），由肖步才、陆景武两位同学代为检借参考材料多种，附志谢忱。书后：本文草成后，先后承谭彼岸、吴晗、彭雨新、钟一均诸先生提供意见数点，谨此志谢。"出版于1957年的《明代粮长制度》后记中把他的这种做法交代得更详尽：

> 1955年秋天，我又把第三次稿增订，约计共六万余字。由本校（按：中山大学）科学研究科油印，装订成册，分寄各地史学工作者同志们征求意见，并于本年（按：1956年）正月初在本校第二次科学论文讨论会中提出讨论。这是第四次改写稿。
>
> 感谢校内外同志们口头或书面所提出的宝贵意见，特别是上海人民出版社编辑同志们对于本稿极细心地阅读和批注，提出了许多重要问题，使我对于本问题作一些深入一步的探讨，于是又添写了三万余字，并作了些章节和字句上的变动。这就是本书

---

① 其弟子叶显恩等人就曾告诉我，父亲请他们提意见之事例。

——第五次改写稿——的写作经过。[①]

父亲这种虚心求教、集思广益的做法，在其辞世前几年发表或在辞世后才发表的作品或遗作中，从他的遗物（寄回的征求意见稿，或有关信件等）里，我们都可寻到这种努力的踪迹。有关信息是，《户调制与均田制的社会经济背景》（油印本）至少曾分寄给徐中舒、蒙文通、缪钺、陈守实、谷霁光、贺昌群、唐长孺、彭雨新、姚薇元以及本校的有关老师，其中缪钺就该文所写的长篇意见书尚存，这属庆幸事（“文革”中丢失极多书信）。又如《中国历代度量衡之变迁及其时代特征》《中国历代户口、田地、田赋统计原论》撰写时，曾向许多专家学者寄过征求意见稿，除中国科学院经济研究所的老同事严中平、李文治、彭泽益、汪敬虞、章有义等外，尚有陈振汉、孙毓棠、彭雨新、杨宽、万国鼎、夏鼐、张培刚、韦庆远等各方面的专家，《十三种〈食货志〉介绍》一文草稿还请吴晗、袁震夫妇提过意见，《马克思主义关于资本主义萌芽的论点》一文，得到张培刚之长函意见书。如此等等，不一一列出。要指出一点，有时他明知自己稿子中陈述的某些看法可能会引起争议，他本着学术切磋愈争愈明的精神，仍然寄给有关人士提出意见。

有关他虚心求教、集思广益的做法，可再举一例以作辅证。罗尔纲在《忆梁方仲教授》中曾提到1938年他写《湘军新志》时，引清道光时人桐城派大家梅曾亮《上方尚书》信中的一段话，请父亲看：

> 方仲看了，指出“其符檄下所属吏，递相役使，书吏一纸揉制若子孙，非从中复者，虽小吏毫发事，无所奉行”这句话标点有问题。我问他问题在什么地方，请他改，他却说不出来。当时心理研究所也同迁阳朔，唐擘黄（钺）先生在心理研究所，他是位心理学专家，又精通国学，曾有国学专著出版，他还是方仲在清华大学时的老师，于是我们两人就同往求教。他看了我的稿，放了下来，想了一想，又拿起来再看一遍，他说：“这个句子所

① 梁方仲：《明代粮长制度》，上海：上海人民出版社，1957年，第147页。

以看起来不很清楚，那是因为在‘书吏一纸揉制若子孙’下用了逗号，如果改用分号就清楚了。”我们照他的指点去改，果然如此。这个故事，表明方仲做学问一丝不苟，连一个逗号与分号之间的小小差池都不肯放过，他自己要求严，对朋友也同样要求严。①

这个故事也说明罗尔纲、父亲这些传统学人的虚心及认真好学的态度。

笔者为寻找资料曾再次粗查赠给中山大学图书馆的父亲书稿，发现一批友人赠予他之论文和专著。现将赠论文者及其论文数（括号内数字）详列如下：

陈序经（2）　陈寅恪（4）　徐中舒（9）　何格恩（3）
郑友揆（1）　梁家勉（1）　星斌夫（2）　全汉昇（11）
赵俪生（6）　周达甫（2）　韩素萱（1）　王正宪（1）
仁井田陞（4）　贺麟（1）　江应梁（2）　彭雨新（2）
刘涤源（2）　肖步才（5）　陈槃（8）　丁声树（2）
谢国桢（1）　贺昌群（2）　袁震（1）　朱庆永（2）
徐毓枬（3）　樊弘（1）　赵泉澄（1）　熊德基（1）
傅乐焕（6）　缪钺（6）　侯仁之（1）　吴晗（7）
冯友兰（1）　张荫麟（2）　王崇武（7）　岑仲勉（16）
周连宽（1）　劳榦（11）　汤象龙（2）　李文治（4）
陈诗启（1）　逯钦立（5）　彭泽益（3）　罗尔纲（2）
刘节（2）　冼玉清（2）　谭彼岸（5）　叶君健（1）
徐俊鸣（3）　陈乐素（1）　谷霁光（3）　唐长孺（2）
李剑农（1）　汪敬虞（1）　萧致治（1）　孙毓棠（1）
容庚（6）　王子健（1）　吴承禧（1）　岛田翰（1）
谭其骧（1）　蒋湘泽（1）　黎锦熙（1）　邬庆时（1）
罗香林（2）　杨向奎（1）　商承祚（1）　陈梦家（2）

---

① 罗尔纲：《忆梁方仲教授》、《中国经济史研究》1989 年第 1 期，第 12 页。

江友章（1）	戴裔煊（1）	余肇池（1）	祝南（1）
萧公权（1）	赵人隽（1）	原三七（1）	吴于廑（2）
狄超白（1）	杨开道（1）	何维凝（3）	陈啸江（1）
郑雄厚（1）	傅衣凌（3）	巫宝三（1）	汪子嵩（1）
千家驹（1）	余用心（1）	日本文部省（1）	李埏（1）
何国文（1）	曹国祉（2）	张培刚（1）	周秀鸾（1）

梁溥、曹廷藩、杨克毅、钟衍威（1）

以上所列赠论文者及其论文数肯定不全，因在抗日战争、解放战争和“文革”中丢失不少。至于友人赠送其专著的情况，由于中山大学图书馆对父亲的赠书暂未正式编目摆放，加之限于时间，笔者难以在大量捐赠品中一一查找，疏漏情况定会发生。现列出一初步名单如下（姓名有括号者乃指赠书同时又致送论文给父亲）：

严中平、（吴晗）、（陈垣）、王力、吴达元、（罗尔纲）、何炳棣、曹葆华、（谷霁光）、（陈序经）、向达、（贺昌群）、徐义生、陈振汉、（孙毓棠）、（缪钺）、（李文治）、（商承祚）、商衍鎏、（全汉昇）、（王崇武）、（劳榦）、（陈槃）、（傅衣凌）、杨荣国、（刘节）、（赵俪生）、叶启芳、王起、邓广铭、王越、周寿恺、严仁赓、麦华三、冼德霖、萧一山、吉川幸次郎、胡厚宣、（岑仲勉）、詹安泰、（陈诗启）、蔡可选、郑伯彬、竺可桢、萧涤非、（巫宝三）、张之毅、（谢国桢）、张维持、（罗香林）、（樊弘）、（江应梁）、清水泰次、（仁井田陞）、罗振玉、叶恭绰、岑家梧、杨宪益、朱杰勤、（彭雨新）、（唐长孺）、方孝岳、（戴裔煊）、韩国磐、（彭泽益）、（侯仁之）、（吴于廑）、王毓铨、姚薇元、蔡美彪、何竹淇。

赠专著者合计约70人，其所赠的数目大都在2本以上，合计共100—200本之谱。

以上两份名单，从另一侧面展示了父亲以“交友为乐”的具体情状，更可看出，这是他乐于请教各方专家的态度所带来之结果。赠论文、专著者中，既有治经济史、历史学、经济学的学者，更有为数众多与父亲不同专业的研究者，诸如哲学、文学、语言、考古、外语、社会、外交、地理、历史地理以及气象、医学方面的学者。有一点似可补充指出，从所赠论著之数量或其题记，有时亦可看出赠者与被赠者交往之密切程度。张荫麟在其《甲午中国海军战迹考》（《清华学报》第10卷第1期，1935年1月）的赠本上写道："迂公跪读，女作者掷赏。"题记如此顽皮、亲热，反映了两人间的深厚友谊。听父亲说过，当年他们史学研究会一班朋友，十分友好亲密，互起绰号，于是便有文（太）史公（吴晗）、文迂公（梁方仲）、文昏公，等等。张氏自称"女作者"，不知得到过什么"公"之称呢？

二、锲而不舍，精益求精

父亲写文章总是要求言之有据，发前人所未发。同时他也认为研究要做到深入透彻，文章能真正经得起时间的考验，往往不是一次探讨撰写就可达到的。因此，当某专题研究完成、某篇论文杀青后，尽管当时已获同行的好评乃至喝彩，他总冷静地审视并寻找其不足之处，随时注意积累有关的新资料，仔细检查论文存在的毛病。当认为有必要和有可能在纵横方面拓展或深入探究时，他又会坚定地迈开步伐，作精益求精的新撰写。为帮读者直观地了解父亲对自己作品不断修补拓展的精神与结果，笔者专门列了一表（表3—1）。

表3—1　梁方仲若干研究专题写作不断追求完善的例子

论文题目及发表年份	再次发表相关论著的题目及年份	首篇论文与后来发表论著相距年数（年）
《易知由单的起源》（1936）	《易知由单的研究》（1951）	15
《明代的黄册》（1936）	《明代黄册考》（1950）	14
《跋〈洞阳子集〉——兼论明隆万间江西一条鞭法推行之经过》（1939）	《明代江西一条鞭法推行之经过》（1942）	3

（续表）

论文题目及发表年份	再次发表相关论著的题目及年份	首篇论文与后来发表论著相距年数（年）
《田赋输纳的方式与道路远近的关系》（1936）	《田赋史上起运存留的划分与道路远近的关系》（1942）	6
《明代粮长制度》（1935）	《明代粮长制度》（1946）	11
《明代粮长制度》（1935）	《明代粮长制度》（书）（1957）	22
《明代户口田地及田赋统计》（1935）	《中国历代户口、田地、田赋统计》（1980，实1959）	45（实24）
《一条鞭法》（1936）	《释一条鞭法》（1944）、《明代一条鞭法年表》（1952）	8、16
《一条鞭法的争论》（1936）	《明代一条鞭法的论战》（1951）	15

从表3—1可看到父亲许多专题研究所花时间前后都较长，每个专题首篇论文发表后，仍不断修改补充，或是若干年后，再写一篇内容更充实的论文或多篇论文，更全面深入以拓展同样的专题研究。一条鞭法和户口、田地、田赋研究的情况，在本书其他地方有较详的介绍，无须多言。而易知由单、一条鞭法在江西推行以及田赋输纳方式与道路远近之关系等专题也明显看到精益求精的取向。明代粮长制度的研究应属其中特别典型的例子之一，不妨让我们先看父亲在《明代粮长制度》（书）的“后记”中是怎样说的：

> 这本小册子的原稿是我第五次的改写稿。第一次稿子，用同样标题——《明代粮长制度》，在天津《益世报·史学双周刊》第三期（1935年5月28日）刊出，约八千字。第二次稿，于1943年年底写成，但一直等到1946年7月才在前中央研究院社

> 会研究所的《中国社会经济史集刊》第七卷第二期刊出，全文约二万六千余字。
>
> 1955 年年初，我根据第二次稿子重新全部改写，计得二万一千余字。这是第三次改写稿，收入天津师范学院李光壁同志主编的《明清史论丛》中，不日即可由湖北人民出版社出版。
>
> 1955 年秋天，我又把第三次稿增订，约计共六万余字。……这就是第四次改写稿。
>
> ……于是又添写了三万余字……这就是本书——第五次改写稿——的写作经过。①

《明代粮长制度》这本书从初稿到完成，五易其稿，可谓锲而不舍、精益求精的典型例子，其学术质量甚高，有重要参考值（详见第五章）。

要特别指出，对于这本现今已被称作经典、精品的著作，父亲似乎仍不满意，有将之再写一遍的打算。因为他留有一本标为“自存校正本”，并写有“别人不得乱拿”的字句的本子，更重要的是全书 147 页中，大多数页里都密密麻麻写满了新增的资料和批改字句②，书内还夹有中山大学教授、统计学专家王正宪对该书某表格改制的建议，父亲已用铅笔标出“改制”的字样。

有些研究专题父亲仅写了一篇论文，后来未见专门的有关论文发表，不过，仍可看出他关注并计划或拟开展进一步的探讨，这类例子也不少。明代鱼鳞图册研究就是其中一例。1933 年他在《明代鱼鳞图册考》中对于武淳等被派遣至浙江等地丈量土地的年份问题，指出史料上有三说，即洪武二年说、洪武十三年说、洪武二十年说，但对此三说未加详评。这就是何炳棣所说：“武淳等人究竟是哪一年派遣

① 梁方仲：《明代粮长制度》，上海：上海人民出版社，1957 年，第 147 页。

② 经中山大学历史系黄启臣、刘志伟、陈春声、黄国信、吴滔诸先生及其弟子们的努力，已将此校补本编校出来，即梁方仲：《明代粮长制度（校补本）》（北京：中华书局，2008 年）。对此，笔者铭感不已。

的，前此中、日学人无法确知。”[①] 1964 年，父亲在其遗作《〈明史·食货志〉第一卷笺证》中，终于对三说有一倾向性的意见。他说道：

关于武淳之遣出之年份，据前引《圣君初政记》所载，是在洪武十三年后。按，洪武十九年，明廷曾遣派国子生往浙东府县各乡丈地、画册，见《天下郡国利病书》卷 87 “浙江五义乌县·田赋书”。时太学生吕震亦奉命参与两浙丈地之举，《明史》卷 151 本传云：“洪武十九年，以乡举入太学。时命太学生出稽郡邑壤地，以均贡赋。震承檄之两浙。”

又有古朴，“陈州（今河南淮阳县治）人，洪武中以太学生清理郡县田赋图籍。”（见《明史》卷 150 本传，亦见张萱：《西园闻见录》卷 31 “外编”，吏部二、考察、往行，古朴传。）

则武淳之派遣，约在此同时亦未可知。《明史·食货志》谓：“二十年，命武淳等分行州县”者，盖误以册成之年为奉使之年耳。《皇明太学志》卷 2 “赐予”所载可以为证：“洪武二十年，国子生武淳等鱼鳞图册成，进呈。上喜，赐淳等钞锭有差。”（梅鷟著：《南雍志》所载同。）[②]

何炳棣在探讨鱼鳞图册问题时亦持相同看法，或者说看了父亲《〈明史·食货志〉第一卷笺证》一文（尽管何氏在其文中未提及此事）后接受了此看法，认为最确切可信的是金华地区的资料，“可见武淳等人是洪武十九年派遣的”。[③]

第六节　独立思考，识见高远

作为一位真正的学人，治学时不盲从大流，不媚时俗，更不阿

① 何炳棣：《南宋至今土地数字的考释和评价（上）》，《中国社会科学》1985 年第 2 期，第 156 页。

② 梁方仲遗作：《〈明史·食货志〉第一卷笺证（续三）》，《北京师院学报》1981 年第 2 期，第 83 页。

③ 何炳棣：《南宋至今土地数字的考释和评价（上）》，《中国社会科学》1985 年第 2 期，第 157 页。

世曲学。其研究始能眼光超前，成果创新，这才是“独立之精神，自由之思想”学术精神的真谛。在政治气氛特别凝重乃至“政治压倒一切”的某些年代里，委实不易做到这一点。可以认为，父亲一生治学生涯里，都在努力坚持这种精神，闪出不熄之光芒，为后人留下可追寻并愈感深刻的印记。刘志伟、陈春声所归纳与描述的颇贴切中肯：

> 熟悉现代中国学术史的人都知道，当代中国社会经济史研究最热门的课题以及研究成果，是在政治色彩极浓厚的两场大讨论中引发出来的，这就是社会史大论战和资本主义萌芽的讨论。梁方仲先生的学术生涯，在时间上几乎是和这两场讨论相始终的。在这两场讨论主导下兴起的中国社会经济史研究，由于受讨论的主题牵制，难免在许多方面偏离了学术研究的规范。梁方仲先生的研究，就问题意识来说，不能说与这两场讨论没有任何关系，但是，在研究的方法，在遵守学术规范的自觉方面，梁方仲先生坚持了学术的独立和研究的科学性。
>
> 当大家闹哄哄地争论中国社会性质问题的时候，梁方仲先生认为，要认识中国社会，必须从研究农村社会入手，而田赋制度在中国农村经济中具有重要的位置，因而他选择从明代田赋史入手去探索中国社会的性质，并从对田赋以及相关制度的实证研究中，得出对明清以后中国社会性质的独到认识。
>
> 当经济史学界一窝蜂地为资本主义萌芽问题争论不休时，他却相信中国经济史的研究，必须从整理基本的资料，尤其是基本的数据开始。早在20世纪30年代，他就和汤象龙先生一起领导了从清宫档案中整理经济史料和经济统计数据（包括粮价、银钱比价、海关税收等等）的工作，到五六十年代资本主义萌芽研究几乎成为明清经济史研究惟一课题的时候，他更把自己的主要精力花在了当时没有任何人重视的户口、田地、田赋统计上去，为中国经济史的计量研究作出了奠基性的贡献。
>
> 当经济史研究者热衷于通过对大土地兼并的谴责和讨论地租

剥削形态去图解中国封建社会经济结构时，他却着力于透过对明代粮长、里长制度的深入研究去说明明代乡村社会的复杂结构和演变轨迹，并把对传统中国社会经济结构的理解，置于国家政治行政体制与乡村基层组织机制的关系中去把握，走出了一条解释中国传统社会经济结构的独特路径。

在研究方法上，当大多数研究者受了包括马克思主义在内的种种西方社会科学的影响，享受着简单地运用外来的概念分析中国历史现象的便利，也不免停留在围绕着这些概念的“义理”争执时，他坚持从史料的考释和事实的分析性研究去解释历史的真相；他是在中国社会经济史研究中较早大量利用地方文献和民间文书进行研究的开拓者，他特别强调了地方和民间文献资料的运用，特别是强调利用经济活动中形成的实物资料的重要性，并在自己的研究中付诸实践。①

应指出父亲对资本主义萌芽讨论并非没有看法，只不过对此问题的讨论颇不看重，而不愿撰文专门讨论之。他在《明代粮长制度》中对明代社会经济的大段概述，以及指导汤明檖、李龙潜、张维熊三人批评邓拓的有关论文等，都简单地评论了明清时期所谓资本主义萌芽现象。他写于 1952 年的《中国经济史演讲笔记》的第五编第八章第三节中评述中国 16 世纪至 17 世纪中叶的社会经济情况时，有一句话亦反映他的基本看法：“谁都晓得，在当时封建的生产关系仍然占着巩固的主导地位，它并谈不上有了‘本质’的变化。”②

从学术史发展角度而言，经济史研究中有关制度及其变迁之研究，20 世纪中似乎经历过由冷转热的历程。今日学人已有很明确的认识，即如“传统中国的社会制度和社会生活，一直在王朝典章制度规范下，虽然社会现实与制度规范常有相当大的距离，但王朝制度常通

① 刘志伟、陈春声：《梁方仲先生的中国社会经济史研究》，《中山大学学报（社会科学版）》2008 年第 6 期，第 80—81 页。

② 梁方仲：《中国经济史讲稿》，北京：中华书局，2008 年，第 287 页。

过不同的机制直接或间接影响或制约社会生活形态和社会关系的结构”①。或者说：“任何经济都是在一定的制度保障下运行才能持久。制度约制着经济的有序运行，要有稳定性；但历史上也常有变迁，尤其像田制、赋役制度、劳动制度等。……一般说，生产和（或）交换的发展要求制度的革新，而在一定的生产力水平下，制度的良窳决定经济的盛衰。……经济发展和制度变革，必然引起社会结构、群体组织和行为的变迁……在最高层次上都要受文化思想的制衡。”② 由此可知制度史之研究在经济史研究中是不可或缺的一环。事实上，国外经济史发展也有类似趋向，“近年来，以诺斯为首的新制度学派经济史理论在中国颇为流行，大约因为我们正在进行体制改革之故。诺斯的经济史理论兴于20世纪80年代，由国家理论、产权理论、意识形态理论三部分组成，而以产权理论为核心”③。父亲的一条鞭法、十段锦法、粮长制、里甲法、均徭法等一系列制度及其变迁的研究，正是按照制度与经济（背景）、社会（国家及基层结构）以及思想意识密切相结合的宗旨开展的（详见本书的有关介绍），与诺斯等的新制度学派经济史理论的基本取向可谓不谋而合。

就父亲科学研究方法（态度）之特点及其作用（贡献）而言，赵德馨、杨祖义进行专门的研究，或许这是有关父亲此方面最概括而甚具高度、深度的评价。他们认为：“每一门独立学科都有它特定的思维方式。这种思维方式是由该学科的研究对象及相应的研究方法决定的。研究什么，要用什么方法去解决所要研究的问题，这要求研究者有与之相适应的思维方式。”他们认为父亲实现了“历史学、经济学知识与思维方式的互补与转换”，是“中国经济史学研究统计学方法与计量思维方式的开拓者”，他“注重引入社会学、方志学、人口

① 刘志伟编：《梁方仲文集》，广州：中山大学出版社，2004年，“导言”，第12—13页。

② 吴承明：《经济发展、制度变迁和社会与文化思想变迁的关系》，载氏著：《吴承明集》，北京：中国社会科学出版社，2002年，第351—352页。

③ 吴承明：《经济史：历史观与方法论》，载氏著：《吴承明集》，第400—401页。

学等相邻学科的理论与方法，形成多层次的经济史学思维方式”和“贯通历史与现实，形成关注现实的经济史学思维方式”。在从这四个方面分析经济史学思维方式特征后，从而得出结论：

> 与任何一门独立学科一样，经济史工作者只有具备本学科特有的、为揭示本学科研究对象本质所必需的思维方式，才能达到研究的最佳境界。梁方仲是中国第一代经济史学家达到本学科研究最佳境界的代表人物，对经济史学思维方式的形成有着开拓之功。正是梁方仲在研究实践中逐渐形成的独特的经济史学思维方式，为中国经济史研究建立了一种学术规范，而这种学术规范正是中国经济史学发展的根基与源泉。梁方仲是经济史学思维方式的开创者与奠基人。①

人们谈到父亲之学术贡献，常将之与明清社会经济史（特别是以一条鞭法为中心的田赋史）和计量史学联系在一起，尽管他研究涉猎之时代、范围和做出之贡献并不局限于此。叶显恩认为：“《一条鞭法》《明代粮长制度》和《中国历代户口、田地、田赋统计》三部可称方仲师的代表作，堪为中国社会经济史学的丰碑。”②

---

① 杨祖义、赵德馨：《梁方仲经济史学思维方式的特征》，《中国经济史研究》2009年第2期，第89—96页。他们认为经济史学思维方式的确立是现代经济史学学科形成的重要标志之一。赵德馨认为周秀鸾所提现代经济史学科形成的四个标准“讲的不全面，需要补充”，他俩此文便是补谈另一个十分重要的标准。周秀鸾文为《梁方仲——中国经济史学的开拓者》，载汤明檖、黄启臣主编：《纪念梁方仲教授学术讨论会文集》，广州：中山大学出版社，1990年。

② 叶显恩：“序言：中国社会经济史学的重要奠基者”，梁承邺：《无悔是书生——父亲梁方仲实录》，北京：中华书局，2006年，第6—7页。

第四章　以一条鞭法为中心的赋税制度史研究

——主要学术贡献之一

第一节　一条鞭法研究

一、研究之缘由

父亲青年时代便关心中国农村社会经济问题，大学报考的是农学系，后转读经济系，都与此有关。当研究生时他便开始钻研中国农村经济问题，并将其毕业论文题目定为《明代田赋史述要》。之所以如此，他已敏感地觉察到，要了解当代中国农村社会经济问题，田赋制度的研究甚为关键，深知“田赋一向被认为是国家的‘维正之供’——它是封建社会里国家财政的最主要的来源”①，而民国所实行的田赋制度基本沿袭明清，与明代一条鞭法的形成关系密切。他把明代以后中国田赋制度的演变历史，设定为自己研究中国农村社会经济的切入点，其研究重点放在一条鞭法为中心的明代赋役制度上。经过他锲而不舍的努力，人们对明代赋役制度在制度层面、历史层面和社会经济背景层面上的认识都有了突破性的发展。父亲曾说：

> 我国过去的公私典籍和著作，对于这个占有近代财政经济史一页重要位置的一条鞭法，不论在制度或历史方面，向来缺乏系统的介绍。如《明实录》《明会典》《明史稿》《明史》诸书，皆

① 梁方仲：《明代粮长制度》，上海：上海人民出版社，1957 年，第 1 页。

语焉不详。只有顾亭林编的《天下郡国利病书》保存的资料比较丰赡，然卷帙繁重，记载散漫零星，不便查阅。……日本人对于本问题的研究，甚为积极。……据我所知，他们已发表的专文不下廿篇，执笔的亦有七、八人之多，其中以清水泰次教授用力最深，成绩较丰。①

为此，父亲从1936年至1952年先后发表了5篇长文：(1)《一条鞭法》(1936)；(2)《明代江西一条鞭法推行之经过》(1942)；(3)《释一条鞭法》(1944)；(4)《明代一条鞭法的论战》(1951)；(5)《明代一条鞭法年表》(1952)。

二、研究内容及特点

1936年父亲写出《一条鞭法》长文，这虽是一条鞭法研究中他的首篇论文，但却是最基础、影响最大的一篇。在此文中，他对一条鞭法制度的内容以及产生的历史原因都有详细的剖析，发前人之未发。下面录出其写作大纲，可见其研究内容大略：

甲、导论

Ⅰ. 一条鞭法以前明代的赋法与役法

Ⅱ. 赋役制度的崩溃

Ⅲ. 赋役的改革

乙、一条鞭法本论

Ⅰ. 合并编派

一、各项差役的合并

1. 合并编派的方法（及其实例、原则）

2. 合并的程度

a. 部分的合并

b. 全部的合并

二、各项税粮的合并

① 梁方仲：《明代一条鞭法年表》，《岭南学报》第12卷第1期（1952年6月），第15页。

1. 田地种类及其科则的合并

2. 税粮的合并

a. 每一项税粮内各条款的合并

b. 各项税粮的合并

三、役与赋的合并

1. 役与赋合并编派的实例

2. 合并编派的方法

a. 随田地面积摊派役银

b. 随粮额摊派役银

c. 随粮银摊派役银

3. 合并编派的程度

a. 役部分的摊入赋内

(1) 先以丁承受一部分固定的役额，余额由田承受

(2) 丁田依一定的比率分配役额

(一) 以丁为主，以田助之

(二) 以田为主，以丁助之

(三) 丁田平均分配

b. 役全部的摊入赋内

(1) 某一项役全部的摊入赋内

(2) 一切的役全部摊入赋内

4. 一条鞭的会计方法

Ⅱ. 合并征收

一、征收期限的合并

1. 役的合并征收

2. 赋的合并征收

3. 役与赋的合并征收

a. 合并征收的原因及其实例

b. 一条鞭法所立的征收期限

二、征收上管理的合并

Ⅲ. 用银缴纳（实施状况及其对征收期限的影响）

Ⅳ. 征收解运制度上的变迁

一、民收民解的制度及其流弊

二、官收官解制度的成立

1. 人民直接输纳与官收

2. 官解（用银与官解的关系）

三、官收官解的手续的说明（附库藏及倾熔银两事宜）

Ⅴ. 各种征收单据册籍的设立①

诚如对一条鞭法甚有研究的刘志伟所看到的，关于一条鞭法的规制，在《明史》等明清时期的典籍（如《明史》卷七八《食货志二》）"本来就有着非常清楚的概括性表述"，"以一般研究王朝制度的方法，根据这一概述，已经足以对有关一条鞭法规制获得清晰的了解。事实上，很多学者在他们撰写的历史著作中，对一条鞭法赋税制度的理解，基本上就是由这一段文字所表达的意义推衍出来的"。"这些（按：指推衍出来的）认识固然不错，但不能避免望文生义，想当然地推论的危险，对一条鞭法改革的历史、内容及其社会经济意义的理解，难免局限在现象的表层，要由此深入揭示社会实际运作的机制，还需要作更深入的探讨。"刘氏指出：

> 梁方仲先生的一条鞭法研究则另辟蹊径，他以社会科学方法上的良好训练和诠释传统文献的深厚功力为基础，在研究一条鞭法时，通过大量历史文献的考释和比勘，仔细弄清楚文本的意义，究明实际施行过程的种种细节，并比较不同时间和不同地方实行一条鞭法的异同和关系，掌握一条鞭法赋税编排的种种办法，达致对一条鞭法的赋税制度获得系统的理解。②

刘氏接着举出具体例子来阐述他的看法：

---

① 梁方仲：《一条鞭法》，《中国近代经济史研究集刊》第4卷第1期（1936年5月），第1—2页。

② 刘志伟编：《梁方仲文集》，广州：中山大学出版社，2004年，"导言"，第6—7页。

谨举一例，一条鞭法在字面上的意义，是赋与役的合并，这种合并，究竟对于赋税制度在结构上的改变是什么意义呢？一般的理解只看到人丁税改为土地税这个层面的意义，但经过梁方仲先生的分析，我们知道其中包含了相当复杂的内容。他在后来发表的《明代一条鞭法的论战》一文中，根据早期的《一条鞭法》一文的分析，作了如下概括：

> 所谓役与赋的合并，有种种方面：或为种类与名目上的统一，或为税则的简单化，或为征收与解运的期限的划一，或为征解人员与机关的裁并。而尤其值得注意的，是编派方法的统一。此点可从课税的客体及其根据的原则的统一两方面去说明之。

在这里提到的从课税客体及其根据的原则去分析赋役合并编派的方法，对于了解一条鞭法在制度上改变的原理是十分重要的。其中例如在差役的合并上，梁方仲先生经过细致的分析，得出这样的认识：

> 原本是对户所课的里甲，今并入本意课于人丁的均徭；又均徭中必须论户编佥的力差，改为不必论户编佥的银差；又旧日银差是按户征银，今改为地丁兼派，都证明了役法的编佥，以“丁”替代了昔日“户”的地位。

一条鞭法的这一改变，有着非常重要的意义，我自己研究一条鞭法后户籍制度的变化与广东地区乡村社会结构变化的关系时，就是从梁方仲先生这一分析得到启发。①

父亲对一条鞭法不仅在制度内容、实质和实际运作的历史情况方面进行了全面深入的剖析，对其历史意义和其背后的社会经济背景的论述也是发前人所未发，展示出识见高远。早在其1936年发表的《一条鞭法》一文，父亲就开宗明义地写了一段带有结论性而极富启迪意义的话：

---

① 刘志伟前揭书，“导言”，第8页。

从公元十六世纪，我国明代嘉靖万历间开始施行的一条鞭法，为田赋史上一绝大枢纽。它的设立，可以说是现代田赋制度的开始。自从一条鞭法施行以后，田赋的缴纳才以银子为主体，打破二三千年来的实物田赋制度。这里包含的意义，不仅限于田赋制度的本身，其实乃代表一般社会经济状况的各方面。明代自十六世纪初年正德以后，国内的农工业的生产方法及生产关系，虽然没有重大的变化，但因历史上的机缘，如西洋航海术的进步等，使中国与外国的贸易却逐渐兴盛起来，国内的社会经济情形亦逐渐从自然经济时代发展到货币经济阶级〔段〕上去。一条鞭法用银缴纳不过是当时大潮流中的一条旁支。但除去用银一点足令我们注意以外，一条鞭法还有种种在赋法与役法上的变迁，与一向的田赋制度不同。从此便形成了近代以至现代田赋制度上主要的结构。①

这段话充分显示了父亲犀利的历史眼光，包含“非常丰富而深刻的认识”（刘志伟语）。父亲对一条鞭法的这一看法在其 1952 年发表的《明代一条鞭法年表》中得到进一步的发挥。他把一条鞭法的社会经济意义与明清时期商业和商业资本发展状况联系起来，指出：

总之商业资本的发展，只是增加了封建社会的内在矛盾。它只标志着封建主义底解体过程，它本身并不可能就产生资本主义底生产方式。一条鞭法就是为了适应这变动环境而设的赋役制度。②

刘志伟这样解读此段话：“既看到一条鞭法并不意味着传统中国社会结构的根本改变，又指出一条鞭法体现了原有社会结构的解体过程。”刘氏在读父亲对一条鞭法社会意义的许多陈述后，感受启发良多，其中主要的有：

第一，一条鞭法改变赋役摊派的对象和征收办法，主要的意义不在于调整赋税负担的轻重，而在于将既成的社会事实整齐划

① 梁方仲：《一条鞭法》，第 2—3 页。

② 梁方仲：《明代一条鞭法年表》，第 44 页。

一起来。这个既成的社会事实，就是朱元璋建立的通过里甲制度实现的“画地为牢”的社会秩序的解体。

第二，赋役的缴纳一律折收银两，固然是货币经济抬头的表征，但在一条鞭法下，白银货币流通的范围，主要在贡赋经济的领域。……

第三，一条鞭法以折银取代亲身应役制度，改变了人民与政府之间的关系，在编户齐民与王朝政府之间，更多通过货币方式来联系。但同时，一条鞭法也意味着中央集权与官僚政治的加强。……①

据此，刘氏深有感触地说：

无论如何，在半个多世纪以前，梁方仲先生对一条鞭法的认识，不但超出了他同时代的人，甚至还可以说，即使他后来的研究者，就认识的深度来说，大多也没有达到这样的层次。②

三、后人之评价

正因为父亲对一条鞭法的研究在方法上科学、创新，分析系统而深入，结论中肯令人信服，持论发前人所未发③，甚具启迪意义，一直以来，在国内外皆获高度评价。该项研究被认为“最为全面和深邃”④；“是运用社会科学方法对王朝制度进行了分析性研究的一个范例，在中国历史研究，尤其是中国社会经济史研究领域，具有开创性的意义”⑤；“在学术界只要提到明代一条鞭问题，很自然地就联想到梁先生，这正反映了他在这项课题研究方面的巨大贡献。这是一项开

① 刘志伟前揭书，“导言”，第4—5页。
② 刘志伟前揭书，“导言”，第5页。
③ 罗尔纲：《忆梁方仲教授》，《中国经济史研究》1989年第1期，第10页。
④ 黄冕堂：《明史管见》，济南：齐鲁书社，1985年，第373页。
⑤ 刘志伟前揭书，“导言”，第9页。

创性工作”①；“梁方仲的文章《中国税务的一条鞭法》十分出名”②。应该指出，早在1956年，费正清为《一条鞭法》的英译本所写的序言里，就有一很全面、中肯而深刻的评价：

> 由于这篇专著是论及明代后期赋税和劳役系统地改换为以银折纳制度迄今最深入的研究，它对中国近代货币经济发展的任何研究都提供了背景作用。这是一篇有关发生在中国十六世纪税制改革极其细致的研究。在西方甚至绝大多数中国人的经济史研究中这个改革并没引起注意。梁先生搜集了几乎所有地方志的资料并以正确的眼光来探索。在研究发生于中国北方、南方许多不同县份这个改制的有关文献基础上，他显示出具有很强的搜集能力并揭示了这一税制改革复杂过程发生发展的本质。依据一些零散的资料，他也指出了明朝税制改革和银两使用日益活跃之间的某些联系。
>
> 在同一刊物（第7卷第1期，1944年6月）（按：指《中国社会经济史集刊》）梁先生写了另一篇补充性的论文（按：指《释一条鞭法》），他将一条鞭法的特征归结为如下四点：
>
> 一、赋役合并
>
> 二、里甲十年一轮改为每年编派一次
>
> 三、赋役征收解运由人民自理改为官府办理
>
> 四、赋役各项普遍的用银折纳
>
> 本译文包括了上述几点概括性的详细内容，提出了许多值得今后进一步研究的建议。③

也正因为父亲对一条鞭法的极出色研究，几十年后，他的有关论文被选作20世纪我国的经典史学论文之一，收入彭卫、张彤、张金

---

① 李文治：《辛勤耕耘，卓越贡献——追忆梁先生的思想情操和学术成就》，《中国经济史研究》1989年第1期，第7页。

② 马紫梅著，曾越麟等译：《时代之子吴晗》，北京：中国社会科学出版社，1996年，第204页。

③ John K. Fairbank, “Foreword”, in Liang Fang Chung, *The Single-Whip Method of Taxation in China*, Harvard University Press, 1956. 费氏序言摘录中文稿由笔者自译。

龙主编的《20 世纪中华学术经典文库 · 历史学　中国古代史卷》（兰州：兰州大学出版社，2000 年）。该卷分上、中、下三卷，共收入 73 位史家的 78 篇论文。父亲被选之论文为《释一条鞭法》，是《一条鞭法》的姐妹篇，属于明清史部分之一。该部分有关明代论文选了 5 篇，其他几篇是吴晗的《胡惟庸党案考》、黄彰健的《论〈明史〉所记四辅官事——附论明初殿阁大学士之设置及东宫官属之平驳诸司启事》、何炳棣的《明清土地数字的性质》等。

正如香港中文大学教授科大卫（David Faure）所指出的那样，它仍是当今国内外社会经济史学者必参读之书，科氏云：

> 我非常高兴得知梁方仲教授的藏书捐赠给中山大学图书馆。
>
> 我对中国社会史的了解，是从本科时代读了哈佛大学出版社出版的梁方仲教授《一条鞭法》的英译本以后才开始的。到现在，我们上课讲了一条鞭法时，还是在读梁方仲的书。
>
> 梁方仲教授和他那一代的学者，奠定了我们这一代研究者学术工作的基础。现在有机会看到他的手稿，希望可以进一步明白，我们正在从事的工作，确实是站在以前巨人的肩膀上的。[①]

居蜜在其《梁方仲治学管窥——以〈明代十段锦法〉和〈一条鞭法〉为例》一文中揭示，《一条鞭法》英译本“是哈佛大学中国制度史课程指定必读专著”。[②]

对于父亲一条鞭法为中心的明代田赋制度史研究之贡献，明史研究专家栾成显在其一篇论文中曾专门辟有一节——“梁方仲教授一条鞭法研究的贡献”。他认为父亲的贡献表现在三个方面：

> 第一，梁方仲先生是近代以来系统而深入研究一条鞭法的第一人。梁先生对有关明代一条鞭法研究的各个方面搜集了大量的原始资料，既有典籍文献，又有文书档案，在当时的条件下堪称

---

① 按：此为科氏为父亲藏书捐赠中山大学图书馆仪式所发的电传（2002 年 11 月 22 日）。

② 陈春声、刘志伟主编：《遗大投艰集——纪念梁方仲教授诞辰一百周年》，广州：广东人民出版社，2012 年，第 128 页。

搜罗殆尽，如仅《明代一条鞭法年表》中所录原始资料就有287条之多。在全面而系统地占有资料的基础上，加以科学分析，对一条鞭法出现背景、形成原因、实行过程与阶段以及其所涉及的诸多方面，从时间和空间等不同视角，都作了翔实的考论。梁先生对一条鞭法的研究至今仍是经济史研究者的必读之作。第二，首次阐明了一条鞭法改革的伟大历史意义。梁先生在《一条鞭法》一文中开宗明义指出，一条鞭法是一种结构上的重大变革，是“现代田赋制度的开始”，它“与一向的田赋制度不同”，“打破三千年来的实物田赋制度”，“为田赋史上一绝大枢纽”。作为几千年来的重大变革，一条鞭法的改革有：田赋的缴纳从实物变为以白银为主；役与赋合而为一，使实行数千年之久的徭役制度逐渐归于消亡等等，其中也包括了赋税的征收从科则制变成了税亩制。第三，梁先生以一条鞭法为代表的赋役制度史研究，为明清社会经济变迁的探索树立了一个正确方向。明清社会经济变迁一向是经济史研究中的一个大课题。近一个世纪以来，中外学者对此倾注了大量心血。……从经济领域来说，实际发生的影响明清社会变迁的大的潮流，不是别的，恐怕是这样两个方面：一是市场的开拓与发展；另一个即是赋役制度的变革。梁先生深刻地指出：一条鞭法改革的意义，“不仅限于田赋制度的本身，其实乃代表一般社会经济状况的各方面”，“一条鞭法用银缴纳，不过是当时大潮流中的一条旁支”。梁先生所开拓的这种制度史研究，为明清社会经济变迁探索开辟了一个大的方向。①

明史研究专家徐泓亦持类似看法：

梁先生研究一条鞭法，不只研究制度本身的演变，更注意其社会经济结构变迁的背景，把制度史放在历史演变大趋势的脉络中讨论。在台湾，史学界正流行研究食衣住行情色等社会生活文

① 栾成显：《中国古代土地数字税亩说考辨——兼论梁方仲教授一条鞭法研究的贡献（附洪武丈量考论）》，载陈春声、刘志伟主编：《遗大投艰集——纪念梁方仲教授诞辰一百周年》，第173—174页。

化史，有走向琐碎化和忽视决定社会生活现象之社会经济结构与历史演变大趋势、大问题的偏向。值此之际，我们应该认真仔细地重读梁先生的大作，跟随先生注重大问题的卓见与方法，把研究风气导向笃实，提出大问题，把研究格局放大。这是个人认为我们在台湾纪念梁先生的意识，谨以此向吾兄及与会各位史学先进、朋友请教。①

四、计划写一专著

自发表《明代一条鞭法年表》（1952）后，人们认为父亲已基本上完成了一条鞭法的研究，其实他还计划写一部有关专著，对一条鞭法中的许多重要问题作更深入全面的论述，诸如一条鞭法产生的历史渊源、社会经济背景，一条鞭法对于清代、民国财政制度的影响，从一条鞭法所看见的明代中叶以后的社会经济的变动，及明末是否有资本主义萌芽？东林党、复社等社团活动是否可以认为代表市民阶层的政治、经济上的要求？以及汉民族形成等问题。他曾对他人、对笔者都表示过，准备少引原文，力求以通论方式来撰写，做到深入浅出将一条鞭法明晰的全貌勾勒出来。1955 年 1 月 6 日他曾拟过一编写提纲：

“明代的前后与一条鞭法”编写提纲

梁方仲

甲　前论（字数）

1. 一条鞭法以前的两税法（10,000）

2. 两税法怎样地不适应于社会经济发展以至于破坏的情况（15,000）

3. 几种财政改革方案的提出——一条鞭法的先驱（5,000）

乙　本论

1. 一条鞭法的要点及建立的目的（30,000）

---

① 《东吴大学历史学系徐泓教授的贺信》（2008 年 11 月 15 日），载陈春声、刘志伟主编：《遗大投艰集——纪念梁方仲教授诞辰一百周年》，第 17 页。

2. 一条鞭法建置时引起的社会各阶层的争论（10, 000）

3. 一条鞭法通行全国的历程（10, 000）

4. 一条鞭法破坏后出现了三饷加派（10, 000）

5. 农民起义：种族战争，以至明封建政府的崩溃（10, 000）

6. 一条鞭法对于清代、民国财政制度的影响（5, 000）

丙 余论

1. 从一条鞭法所看见的明代中叶以后的社会经济的变动——以“封建主义的生产关系怎样地束缚了社会生产力更进一步地发展?”为中心（25, 000）

2. 明末的社会经济究竟有没有资本主义的萌芽?（10, 000）

3. 东林党、复社等社团活动是否可以认为代表市民阶层的政治、经济上的要求等?（10, 000）

4. 试论汉民族形成问题（10, 000）

附表

1. 明代历朝户口垦田统计简表

2. 洪武、万历两朝中央政府的财政收支对照简表

3. 弘治十五年全国分区官田与民田的面积及其百分比

4. 三饷各省分摊额数表

这份写作提纲是他应允三联书店约稿时拟的（后来签了合同），但从 1956 年开始，在响应向科学进军的号角吹响之情形下，他将主要精力放在了编写《中国历代户口、田地、田赋统计》一书上，只好将此计划搁置延后，事实上直至他辞世前仍有撰写一条鞭法专著（在其《案头日历记事》记有此类活动的字样，如某日、某月“修改一条鞭法”等字样）。在此，也应指出，使我们甚感兴趣的是，他的写作提纲中的余论部分所拟讨论的问题，都是历史学中的大问题，可知他对这些问题已有一定的看法，同时，他在所拟讨论的四个问题中的第二、第三个都用了问号，似乎已表达了他有倾向性看法之迹象，可堪注意。

第二节　明代赋役制度及有关问题的研究

正如刘志伟、陈春声所指出的那样：

> 要对一条鞭法改革的具体过程、内容和社会意义有深刻的理解，不仅仅依赖于对一条鞭法本身的深入分析，也有赖于对一条鞭法改革的前因后果与相关制度沿革递嬗，以及一条鞭法得以实行的社会经济状况有多方面的了解。为了深入透彻地弄清一条鞭法的历史意义，梁方仲先生把视野扩展到与一条鞭法相关的多个领域，从不同的角度展现了这一改革的社会经济脉络。①

父亲开展的有关研究包括了多方面的重要课题。

一、明代白银生产、输出入和钞法衰败问题

为了弄清一条鞭法的社会经济背景，阐明一条鞭法得以用银普遍缴纳的缘故，他对明代银矿生产和明代国际贸易中银的输出入进行了专门的探索性研究，初步估算出白银生产和输出入的规模、数量，为一条鞭法得以采用以银普遍缴纳提供了合理的解释。有关此研究的具体内容和结论，将于第六章中予以介绍。

父亲有一篇遗作，名为《明代钞法（大纲）》，写于《一条鞭法》发表后的20世纪30年代末或40年代初，生前未发表②，但人们阅读之后，自然会想到此与研究一条鞭法以银缴纳有必然的关系。刘志伟、陈春声颇为敏锐并给予较详细的评论：

> 一条鞭法是以赋税征收统一用银计算且用银缴纳为基础的，但白银本来并非明朝法定流通的货币，白银流通的普遍化固然是商业发展，尤其是在海外贸易中美洲白银大量流入的结果，但其

---

① 刘志伟、陈春声：《梁方仲先生的中国社会经济史研究》，《中山大学学报（社会科学版）》2008年第6期，第70页。

② 梁方仲：《明代钞法（大纲）》，载氏著：《中国经济史讲稿》，北京：中华书局，2008年，第499—517页。

中一个最直接的制度性原因，是钞法的废坏。在梁方仲先生的遗稿中，有一份早年草拟的关于明代钞法的研究提纲。这份提纲虽然只是一个草稿，但从中可以看出梁方仲先生的一条鞭法研究，是建立在他对明代货币经济的系统深入研究基础之上的。他把明代宝钞和白银的流通，置于明代市场体系和王朝贡赋体制的互动中来研究，从货币的市场流通和明代国家运作机制的关系去说明钞法崩溃的必然性和由用钞到用银转变的内在原因。①

在《明代钞法（大纲）》中，父亲有以下论述，表达了他对于明代货币流通的独到见解：

在这段时期中（指景泰到成弘年间，这是宝钞的地位被白银取代的关键转折时期——引者），宝钞渐渐变成了非货币，仅成为某些税目的纳税工具和计算单位（都是与沿习有关），这是对民间来说的。其在政府，则使用宝钞纯然变成掠夺之手段，凡各种折出折入均以损人利国为原则，所定各种比价全属任意的。总之，此时宝钞之使用几全在国家与官吏商民的经济关系上，而且是强制的。

因此，这一时期的官定宝钞与其他品物（包括银钱）之比价是极不可靠的（特别是弘治朝），钞价之涨落，很难说是货币流通的运动现象。然而，这时宝钞还不是绝对地与商品流通断绝联系，根据市价还可多少看出一点贬值的痕迹。

刘、陈两氏认为：

这些见解，在明代货币制度演变的历史研究中是非常深刻的。在这份提纲手稿中讨论到其他各种具体的历史现象，都有从这一角度阐发的精彩论述。例如讨论到盐钞和商税征收与钞法崩溃关系时，梁方仲先生指出，本来明朝政府为了调控通货流通而采取的措施，都因为成了政府获得更多贡赋收入的途径，而令明朝政府失去了建立起货币调控机制的机会。通过这些研究，我们

① 刘志伟、陈春声：《梁方仲先生的中国社会经济史研究》，《中山大学学报（社会科学版）》2008 年第 6 期，第 70—71 页。

可以了解到，梁方仲先生以一条鞭法为中心对明代社会经济的研究，其中一个非常独到的角度，就是把国家财政赋税体制与市场商品货币流通体系打通，从而深刻地揭示了明代社会经济的内在运作机制。[①]

二、剖析一条鞭法论战之原因

另一个相关的角度，是父亲关于明代一条鞭法论战的研究。有关这方面的研究所用研究方法之特点及其取得的结果，在本书第三章第一节中已有介绍，此处不赘。要补充的是，刘志伟、陈春声评价明代一条鞭法争论研究有重要意义，他们指出：

> 在明代一条鞭法争论背后，梁方仲先生揭示了理解一条鞭法的社会经济意义的两个重要的方面：一是南北社会经济背景的差异，特别从中可以明白，明代中期以后，由于在国际贸易中大量银元的流入引起的南方社会经济变动，是一条鞭法得以在南方迅速推广的社会背景；二是透过一条鞭法的赋役征收制度所体现出来的社会各层的关系及其利益冲突，从中可以了解政府与人民、富户与贫民之间关系的许多真相。把这两个方面结合起来解读一条鞭法，我们就可以更深入地探讨明代市场与货币经济的发达，如何在既定的社会经济结构下引起明代社会经济结构本身的改变。[②]

三、细探明代赋役制度全貌及有关问题

为了明了明代赋役制度的全貌及其演变过程，他联系中国田赋历史渊源，全面而深入探索明代赋税制度及相关问题，如明代田赋的项目、赋税负担的实体、赋税编审佥派的办法、赋税预算收入的会计方法、税率轻重（包括地域间轻重的比较等），以及户帖、黄册、鱼鳞图册、易知由单、地契文书这类作为赋税征收的册籍等，他都作了专

① 刘志伟、陈春声前揭文，第71页。

② 刘志伟、陈春声前揭文，第71—72页。

门的研究分析，创获甚丰，嘉惠学林殊多。所以，后人有这样总结性的评语：

他的《梁方仲经济史论文集》和《梁方仲经济史论文集补编》两部力作，在一条鞭法、粮长制度、赋役黄册、鱼鳞图册、里甲制度、易知由单、贸易银两、预备仓等明代十分重要的经济史领域做了大量奠基性和开拓性的工作，获得了一系列原创性的成就，从而构筑了明代经济史研究的坚实基础。①

同样，许多学者都有类似评价：

已故梁方仲教授是明代赋役制度的世界权威。②

陈明光、郑学檬曾对新中国成立前父亲所做的赋役制度研究作出这样的评价：

梁方仲则以明代田赋的征收解运制度以及一条鞭法为研究重点，细微深入，识见高远。其《明代鱼鳞图册考》（《地政月刊》1卷8期，1933）、《明代粮长制度》（首刊天津《益世报》1935年5月28日《史学双周刊》3期；修改稿刊于中央研究院社会研究所《中国社会经济史集刊》7卷2期，1944年）、《明代户口田地及田赋统计》（《中国近代经济史研究集刊》3卷1期，1935）、《一条鞭法》（同上刊，4卷1期，1936）、《明代江西一条鞭法推行之经过》（《地方建设》2卷1、2期，1941）、《明代的户帖》（《人文科学学报》2卷1期，1943）、《释一条鞭法》和《明十段锦法》（均载《中国社会经济史集刊》7卷1期，1944）等一系列具有开创性的专题论文，影响久远。③

还有学者从治学方法着手，对父亲有关贡献得出了类似的看法：

---

① 南京大学历史系暨明清史研究室：《贺信》，2002年11月20日。此信是为祝贺2002年11月23日中山大学举行的梁方仲教授藏书捐赠仪式而发至中山大学的。

② 何炳棣：《南宋至今土地数字的考释和评价（上）》，《中国社会科学》1985年第2期，第156页。同样的评价用语见苏云峰：《从清华学堂到清华大学，1928—1937：近代中国高等教育研究》，北京：三联书店，2001年，第238页。

③ 陈明光、郑学檬：《中国古代赋役制度史研究的回顾与展望》，《历史研究》2001年第1期，第153页。

> 梁方仲在明代财政、赋役制度方面的系列成果却让人耳目一新。梁方仲继承和发扬了传统史学注重实证、实学的优良学风，一方面对正史和典籍中的史料条分缕析，详加考证，另一方面注重地方文献的利用……梁方仲以其严谨的治学态度和扎实的学风，取得了一批令人信服的成果，不仅使明代财政史的研究有了一个良好的开端，而且对20世纪这一领域的研究产生了深远的影响。①

以上是对父亲明代赋役制度研究整体之评价，就各个有关专题研究而言，可称基本上属开创性的，对后来的研究者起到了启迪乃至奠基作用。其中许多例子已在《无悔是书生》中有所述及。例如在黄册研究上是"第一位学者"（栾成显语），栾氏指出"本世纪以来有关研究明代黄册制度的各种论文和专著在百篇（部）以上。黄册制度的研究已成为明代社会经济史的一个重要方面"（见《无悔是书生》第202页）。又如，在赋役制度区域（江西）史研究个案上，在父亲1939年一篇有关论文发表后50年，李长弓继续开展了明代一条鞭法在江西推行之情况研究，他指出"本文根据梁方仲先生所钩稽的……"（见《无悔是书生》第124页）。现再举几例来说明父亲明代田赋制度有关专题研究在开拓性、奠基性作用上的表现。

例子之一是明代预备仓这个课题。父亲1937年写文后50多年，终于引起了研究者们的注意，有人指出：

> 预备仓是明代独有的一种仓储制度，但除了三十年代梁方仲有文论及外，此后一直无专文论及，本年度有二文探讨了这一制度。[按：指顾颖的《明代预备仓积粮问题初探》（《史学集刊》1993年第1期）和钟永宁的《明代预备仓述论》（《学术研究》1993年第1期）]。②

---

① 叶振鹏主编：《20世纪中国财政史研究概要》，长沙：湖南人民出版社，2005年，第290页。

② 云泉：《1993年中国经济史研究述评（明代）》，《中国经济史研究》1994年第2期，第140页。

张兆裕指出：

> 对明代荒政的研究，始自20世纪30年代。梁方仲发表于30年代的论文《明代的预备仓》，是关于明代救荒仓储的第一篇研究论文，也是目前可见的关于明代荒政的第一篇论文。梁方仲在文中着重探讨了预备仓废坏的原因，他认为一是缘于所定标准太高，不易达到，二是豪猾侵盗亏欠，这些看法是很中肯的。①

例子之二是明代东南重赋问题研究。先让我们回顾一下父亲《近代田赋史中的一种奇异制度及其原因》（1935）发表后有关研究的一些情况。该文发表后陆续有不少研究者参与了此项研究。最早的有王仲荦《明代苏松嘉湖四府租额和江南纺织业》（《文史哲》1951年第2期），他以江南纺织业发达来解释江南重赋产生的原因，认为重赋是变相的布缕之征。继后，周良霄《明代苏松地区的官田与重赋问题》（《历史研究》1957年第5期）认为苏松重赋根本不成立，是一种假象，因为官租是官田地租的全部，民田税粮仅是封建者对地租分配的一小部分和少数自耕农的土地税。因而使赋税数字同其他地区相比显得要高，实际负担并非如此。吴缉华《论〈明史·食货志〉载太祖迁怒与苏松重赋》（台湾《中国学报》1967年6辑）、《论明代税粮重心之地域及其重税之由来——明代前期税粮研究》（台湾《“中央研究院”历史语言研究所集刊》第38本，1968年1月）否定“太祖迁怒”的传统看法，认为重赋是唐宋以来历代延续下来的问题。林金树《试论明代苏松二府的重赋问题》一文的结论是：“在明代，无论是从田亩的税粮负担，还是从农民的实际负担而论，苏松二府都是名副其实的重赋之乡”②，不同意造成重赋乃太祖迁怒苏松二府（曾为张士诚所据）之说。李龙潜在其《明清经济史》一书中与林金树的看法基本一致，认为“东南地区官田按私租起科以及重赋由来已久，明

① 万明主编：《晚明社会变迁：问题与研究》，北京：商务印书馆，2005年，第305页。

② 中国社会科学院历史研究所明史研究室编：《明史研究论丛》第一辑，南京：江苏人民出版社，1982年，第104—105页。

因宋元之旧没有改，而随着官田的发展，租赋越来越苛重而已”[①]。韦庆远“进一步放宽视角，从明王朝建国前后的形势，朱元璋与陈友谅、张士诚三方的矛盾斗争关系，江南赋税制度的历史渊源等方面，说明明初江南赋税畸重乃是当时特定历史条件下的产物”[②]。简而言之，多数人认为朱元璋迁怒其政敌而采取惩罚重税之说没有根据。可是，东南地区重赋研究并没因此而结束。例如，郑克晟对明代苏松地区、江西、陕西宁州的赋税及相关情况作了考察分析，得出结论："通盘考察明代的几个重赋区，可以看到，其重赋的根源都是出于朱元璋惩罚敌对势力的政治原因。”[③]

现在让我们回头检看一下父亲《近代田赋史中的一种奇异制度及其原因》一文有什么看法。父亲针对“东南（亦称江南）田赋之重”的历史说法，以苏松为例，对其赋率、赋额进行了具体的分析研究，得出“苏松的赋率，其高度远过于他处，那是毫无问题的”。“其言或过甚，但东南赋税之重，却不难见了”的结论。进而从政治、历史、经济层面就苏松赋重的原因进行剖析，认为政治上愤东吴人张士诚死守城而赋其重赋，历史上东南地区的官田从宋元时代就多，而经济上该地区比较优越富裕这三种理由，而认为经济方面的理由属“更基本的理由”。该文还以“苏松赋重的影响及其实际”和“户部不用苏松浙江人”为两节名称谈及赋重对百姓、大户、官员和经济、政治的若干影响问题。

如果将父亲的文章与上面所介绍的有关研究在思路、结论上以及明清史书的说法联系起来比较分析，不难得出这样的印象：

第一，父亲对明清史书上所载东南重赋之说进行了科学研究，透

① 李龙潜：《明清经济史》，广州：广东高等教育出版社，1988 年，第 27 页。

② 韦庆远：《明初“江南赋税畸重”原因辨析》，载中国社会科学院历史研究所经济史研究组编：《中国古代社会经济史诸问题》，福州：福建人民出版社，1990 年。按：自父亲《近代田赋史中的一种奇异制度及其原因》发表后，笔者对有关研究者所作研究的综述（从王仲荦到吴缉华、韦庆远）一段，乃参考陈明光、郑学檬：《中国古代赋役制度史研究的回顾与展望》，《历史研究》2001 年第 1 期，第 165—166 页。

③ 郑克晟：《明代重赋出于政治原因说》，《南开学报》2001 年第 6 期，第 64—72 页。

过对原来记录不详且零散的史料分析，得出系统而有见地的现代认识。

第二，父亲之后的研究者的研究思路与父亲相似。如，为何出现“江南重赋”的原因探讨上所得的结论，基本上属父亲所指出的政治、历史、经济层面“三说”内，只是不同作者大多强调其中某一层面。父亲没有特别强调哪一说，或许是当时他认为由于资料关系，不宜特别强调其中一点，或许他认为历史事实就是三个原因并存的。

第三，从田赋制度研究学术史来衡量，父亲此文既是“江南重赋”这个课题现代研究的先行者，还是田赋制度研究一个重要领域——田赋制度区域性研究的开创者，所以陈明光、郑学檬在《中国古代赋役制度史研究的回顾与展望》的“赋役制度的区域性研究”一节中，将父亲该文列为首篇介绍。当然，父亲另两篇文章，即《跋〈洞阳子集〉——兼论明隆万间江西一条鞭法推行之经过》（昆明《中央日报·学林》第2、3期，1939年6月1、15日）和《明代江西一条鞭法推行之经过》（《地方建设》第2卷第1、2期，1942年4月1日），亦是这类研究的作品。有人私下议论这类区域性研究与后来出现的区域经济史研究是有关联的，不知有无其道理？

例子之三是明代鱼鳞图册之研究。自1933年父亲的文章发表后，国内外始有学者陆续关注。国外有日本的清水泰次（1934）、仁井田陞（1935、1936）、村松祐次（1963）及鹤见尚弘和美国的何炳棣（1988）、赵冈（1982、2001）等；国内则有韦庆远（1961）和20世纪80年代后的10余篇论文的作者（唐文基、刘敏、周积明、栾成显、王剑英、章有义、冯丽蓉、曹余濂等）。[①] 梁氏在介绍这些学者的成果时总结为：“统观已有研究成果，主要包括：图册的本题研究，如鱼鳞图册的缘起与延续，鱼鳞图册制度在明代的普遍实施；图册编造过程、成册年代、图实相符与否等问题的考实；围绕田土存在形式、土地所有状况、户籍变迁情况等的初步研究。”梁氏指出：

---

① 见梁敬明：《鱼鳞图册研究综述——兼评兰溪鱼鳞图册的重要价值》，《中国经济史研究》2004年第1期，第135—136页。这是梁敬明在其综述里提供的名单。

有关鱼鳞图册的研究当以1933年8月梁方仲发表于《地政月刊》第1卷第8期的《明代鱼鳞图册考》为最早。全文分鱼鳞图册之内容、鱼鳞图册与黄册之关系、鱼鳞图册名称之由来、鱼鳞图册之来源、明代攒造鱼鳞图册之经过、杂论六部分，初步考释了鱼鳞图册的基本情况。文章凝练，包括注释合计5000余字。①

短短的5000余字涵盖的内容颇丰且全面，所探讨的问题以至所得的结论，确实在后人之有关研究中起了指路作用，甚至其不少结论已得到了今人的认同。梁敬明指出：

关于图册缘起与延续，梁方仲《明代鱼鳞图册考》早已明了，即“南宋已甚通行”，“元时亦有”。后之研究者存有分歧，实属未曾接触梁文，或因史料发掘上的问题。现明确鱼鳞图册源于南宋的土地经界法，明时广泛推广，清袭明制，并沿用至民国。关于明代的实施情况，始于何年有不同的见解，有洪武二十年说，有洪武十三年说，有洪武二年说②，有洪武元年说，还有宋龙凤时期说。……关于鱼鳞图册名称的来历，梁文列举“以其比次若鱼鳞状得称”“以所绘若鱼鳞状得称”“以排列先后之序常得变动得称”三种说法，认为三者“可并存不悖”。一般认为图册因绘田块图形排列似鱼鳞而得名。③

---

① 梁敬明前揭文，第135—137页。

② 按：这三说乃父亲在《明代鱼鳞图册考》中所曾提，然后来他在《〈明史·食货志〉第一卷笺证》中提出了洪武十九年说的新看法，何炳棣亦持同样看法。书此以补梁敬明之综述。

③ 梁敬明前揭文，第137页。

第五章　明代粮长制度研究

——主要学术贡献之二

第一节　内容梗概

父亲在基本完成一条鞭法研究后，在 1946 年发表的论文《明代粮长制度》基础上，对明代粮长制研究继续拓展深化，经数易其稿，终成一部专著，即出版于 1957 年的《明代粮长制度》一书。该书的主要内容在其“引言”中实有一简述。不过，青年学者范鹏鹏的书评对《明代粮长制度》一书列有一较全面的“全书梗概”，现特转录如下，以供读者参读：

> 《明代粮长制度》一书分为四章。该书虽以粮长这一群体的兴衰发展贯穿于全书，但背后却蕴含了明代经济的发展变化。内容丰富，史料翔实。
>
> 一、全书梗概
>
> 第一章，粮长制的历史渊源及其设立目的。有关粮长制的历史渊源，作者认为可追溯到秦代。从秦代的公职人员“乡官”到两宋的保正、户长以及元代的村社编制，这些人身上多少都有着粮长的部分职能，但不成体系。至元末明初，粮长制的雏形才真正形成。最早推行粮长制度的地方是浙东金华县。而此时的里长也就是后来粮长的前身。明初，朱元璋听从郑沂的建议，由民户佥取税粮较多者，主持供应官物递运的船只。这种方式即后来粮长解运职责。其后粮税征收的任务也分派给了这群供应船只的粮

多之户，这样一来粮长的最主要任务征收、解运就已经形成。至洪武四年（1371 年）九月，粮长设立。关于设立粮长的目的，方仲先生主要从四个方面进行说明。第一，免除吏胥的侵吞。朱元璋自小深受吏胥之害，建立明朝后更是加强了对于地方官吏的管制，设置粮长一职则可视为其治吏之法。第二，取缔揽纳户。揽纳户多为投机的无赖，对于征粮的亏空中饱，朝廷多无法追赔损失。粮长的设置，虽亦有从中取利之人，但是他们便于政府的控制。第三，利便官民。这方面特指征收手续的简便。第四，争取地主阶级的支持。朱元璋对待富人有软硬两种手段，一是高压防范政策，如迁富民于濠州，打压富首沈万三等。二是笼络政策，如授予富民官职，大开士族入仕之途。粮长在解运的过程中可以面谕皇帝，而且如果回答得体，见解独到，就会直接被皇帝指派为官。

第二章，粮长的职务和特权。明代的田赋分为夏麦和秋米两部分。粮长的首要任务就是负责征收秋粮。就其工作而言则分为催征、经收和解运。作者对粮长征运粮税过程论述的十分详细。概括而言，即每年七月二十日以里赴京面听皇上宣谕，领取勘合回乡催办税粮。征收完毕，由粮长带领，里长督并甲首，甲首催征人户，运载粮米。然后粮长清点数量是否足够，最后由里长带领运粮人户起运。等粮食运到指定的地点之后，由仓库在勘合上填写并盖印证明其粮数已交足——这就是“通关”。最后，粮长便缴上内府户科代表，再赴户部注销。在此过程中，初期粮长还可以进京活动，谋得一官半职，参加官僚集团。其次，作者还论述了粮长的附带的任务和法外特权。粮长附有劝导教化百姓及检举不法官吏和“顽民”的任务。这样的附带权利，使得粮长俨然成了地方一个隐形的“权威人物”，对于百官的监督，更是让他们成为了皇帝的“眼线”。身负皇命，检民察官，粮长几乎可以和地方官员分庭抗礼了。有些地方的粮长有听理讼狱的司法权力。第三，对于粮长所享有的法定特权，最主要的就是粮长杂犯自死刑以至流、徙，皆得纳款赎罪。由此看出，握有处理地方事务的“隐权力”又兼具法外特权的粮长俨然成为地方社会不容忽视的一部分。

第三章，粮长的演变。在这一章中，首先，作者对于以往史料中两点错误做出了辨正。第一，粮长制度并不是通行全国。而是最多还不到全国总数的2/3，且都是田赋收入最多的省份，贫瘠或边远的省份，如两广和云南仅占全国总额6.48%的地区是不设立粮长的。第二，“每粮一万石设粮长一名”的记载有误。他认为这仅仅是一个大概的约计的数目，并且这个数字似乎仅适合于像苏、松、常、嘉、湖等一类税粮特丰的府县，一般的府是远不逮此数的。其次，就是针对编佥粮长的选用演变，书中也做了说明。从明初多由乡里推选，再由州县政府加以委任，到朋充盛行，推选的意味完全消失后，便纯粹由州县派定。总的说来，粮长的任期是从长到短，粮长的职务也逐渐分散，人数的增加导致的是粮长逐渐的“失宠”直至最后，竟成为痛苦的差役。质言之，权力削弱，在官僚体系中被逐渐排斥，由皇帝给“大面子”到后来成为吏部官员的“小面子”，粮长不禁要感叹“今时不同往日了”。

第四章，粮长的危害及明朝资本主义发展。粮长危害主要有两个方面：其一，徇私舞弊，征多解少。自永乐之后，粮长手中控制了更多的粮食，商品经济的发展，粮长便运用这批粮食作资本，经商取利。其二，粮长买通地方长官及胥吏以后，便可以包打官司，捏报小户欠赋，为所欲为了。后者是特权衍生出的弊端。作者对于明代资本主义经济的论述，梁著中写道：“正德初年以后，中国的封建主义经济已发展到了一个更为成熟的阶段。发生的种种情况，是以前历史上所没有的。”从手工业者到农民再到市民和商人，货币在经济生活中的影响越来越大，商业和商业资本有了“一马当先”的迅速发展。他认为，此时的资本主义经济是“虚有其表、外强中干的，是一种畸形的发展。因为它并未建筑在农业和手工业相适应的基础上”。究其原因，盖有两端：统治阶层的消费刺激了经济的虚假繁荣和银两、银元势力的抬头及国际贸易之不等价交换。对于明代资本主义经济的论断，也当可看作是先生对其著《一条鞭法》中对于明代如何在既定的社会经济结构下引起结构本身变化问题的答复。[①]

看了范鹏鹏的评介后，再看看李文治所写的评介，当可更清楚了解《明代粮长制度》之主要贡献何在。李氏说：

粮长制的研究是一个比较复杂的课题。为钻研这个问题，梁先生参考了大量文献资料，从互相歧异的记载中掌握了它的发生发展过程。如关于粮长制由永充、轮充到朋充制的演变，这种演变各个地区在时间上参差不齐，互相交错；如关于裁粮归里、粮里合并的发展过程，这种变化由开始发生到结束，延续了两百多年。粮长制的这种发展演变过程本身就极其复杂难辨，而且还夹杂着其他种种因素，这就更增加了研究工作的困难。梁先生针对分歧复杂的记载，条分缕析，不但予读者以清晰的印象，并且纠正了过去由于记载含混而在人们头脑中长期存在的某些误解。

梁先生对明代中后期粮长性质变化的研究也很值得注意。朱明开国后的六十年间，粮长这一职务，主要由当地首富——大地主担任，当时粮长权势炫赫，横霸一方，带有“半官”性质。有的还得承皇帝诏见，授予官职，因此当时地主多以充当粮长为荣。明代中后期，由于社会经济条件的变化，粮长由永充制改为轮充制和朋充制，一般农民皆得充当，这是一个大变化。粮长充当者既由地主改为一般农民，与此相适应，粮长职位的性质也在发生变化，由“半官”性质变成为对农民的封建徭役。梁先生在这方面的剖析极为深刻。

梁先生关于明代中叶前粮长职责的分析也超越了前人。这时粮长除要完成一个粮区的秋粮（主要是漕粮和白粮）的催征、经

① 范鹏鹏：《〈明代粮长制度〉评介》，《新西部》2016年第23期，第95页。

收和解运这一主要任务之外，还参与丈量土地、编造鱼鳞册籍、劝诫农民耕种、监督粮户纳粮当差等等。洪武年间，甚至指令粮长检举地方上不法官吏和横霸顽民。在有些地区，粮长还兼有听讼理狱的权力。这时的粮长制，就其职责性质而言，如梁先生所论证的，超出了单纯征收税粮的任务，而在起着维护封建统治的基层政治组织的作用。①

李文治先生这一评介写于近30年前，后来不少的研究者似乎多是有意无意地参考了他的意见，可谓点评到位，甚具启迪作用。

第二节　后人参考引用情况

从本书表1—1、表1—2的不完全数据可知，20多年来《明代粮长制度》常被有关研究者参考引用，年均被引至少3次。若进一步察看该书被引内容，可基本将之归为三类，即：粮长制度、它与基层社会组织和国家权力之关系，以及明代社会经济有关问题。

一、粮长制方面

由于《明代粮长制度》细致而深入地剖析这个制度的产生、演变和破坏过程，并分析了粮长的职务、特权和经济掠夺方式，阐明了粮长制和里甲制的关系，以及它的历史作用（包括祸害），为人们对粮长制的全貌以及有关历史真相的了解提供了坚实的基础。因此，研究者若研究明代粮长制及相关问题时将无法绕过此书。例如，明代粮长制是否为全国性推广的制度，人们都接受父亲之研究结果——粮长制并非通行全国，最多还不到全国省地的2/3，且都是田赋收入最多的省份，如浙江、南直隶等地，贫穷或边远的省份地区所占比例很少。何炳棣说："梁方仲教授功力最深，治史亦最严谨。在其《明代粮长制度》第三章（上海人民出版社1965年版），曾以大量坚实的方志资

① 李文治：《严谨的学风　卓越的贡献——〈梁方仲经济史论文集〉序言》，载梁方仲：《梁方仲经济史论文集》，北京：中华书局，1989年，第3—4页。

料辨正粮长制度并非通行于全国的制度。这一结论对研究鱼鳞图册极富参考价值。事实上，粮长制度在明代实行于全国三分之二的省份，虽不是实行于全部大明帝国，究竟比鱼鳞图册的编造要正规化得多。”[①] 又如，汪庆元曾指出：“明代粮长制度的研究，自20世纪30年代以来中外学者已有论述，特别是梁方仲先生《明代粮长制度》一书，较系统地考察了粮长制度的产生、演变过程。由于有大量的文书遗存和丰富的文献史料，这就有利于我们对明清时期徽州地区的社会生活诸方面作生动、具体的揭示。本文就明代粮长制度在徽州的实施过程进行考察。”[②] 父亲《明代粮长制度》指出，浙江、南直隶等地区属实施过此制度者，显然有必要也有可能开展区域性的粮长制研究，可以认为汪氏此项颇有特色之研究受父亲《明代粮长制度》启发和影响痕迹多可寻见。另一例子，是杨国安研究册书问题的一篇论文。册书脱胎于明代里甲组织中管理赋役册籍、负责推收过割的一种职役。杨氏认为，由于册书只是基层赋税征收中的“小人物”，而且有关册书一类人物的史料极其零星分散，故而目前学界对于它的研究尚着笔不多，但也决非空白。诸凡有关明清时期赋役制度史的著作多有涉及，如韦庆远《明代黄册制度》、栾成显《明代黄册研究》中都曾提及在编造黄册之时的里书（按：即册书作弊的种种不法行为）。杨氏更指出，父亲在《明代粮长制度》中也曾提到过这些专吃钱粮饭的所谓“粮书”“册手”等人的世袭化倾向：“他们世代相传，俨然具有专业化的性质，他们把田赋征册收藏起来，视为枕中密宝，不肯示人，州县政府催征田赋时非依靠他们不可。他们盘踞征收机关，虽驱之不去。”而世袭化与专业化（包役化）此两点成了杨氏研究的主

---

① 何炳棣：《南宋至今土地数字的考释和评价（上）》，《中国社会科学》1985年第2期，第165页。又见夏维中：《洪武初期江南农村基层组织的演进》，《江苏社会科学》2005年第6期，第147页；余清良：《中国乡里制度研究的路径——评〈中国乡里制度〉》，《史学月刊》2002年第8期，第24页。

② 汪庆元：《明代粮长制度在徽州的实施》，《中国经济史研究》2005年第2期，第77页。

要结论之一。[1] 还有一例子，夏维中在其《洪武初期江南农村基层组织的演进》一文中对明代粮长制度之设立、演进等多个问题的考察参考了《明代粮长制度》，内云：

据梁方仲先生考证，洪武四年的粮长之役，仅限于浙江和南直隶的苏松等处。即使到后来，粮长也没有在全国普遍实行……另外，在洪武时期，粮长制度也有前后两个明显不同的时期。洪武四年始设粮长，至洪武十五年曾一度暂停，究其原因，除了粮长制度本身的问题以外，还有一点，那就是太祖朱元璋认为洪武十四年全国普设的里甲体系，足以替代粮长之责。大概是现实中的情形尚不是像朱元璋想象的那么简单，粮长在里甲实施之后，也有继续存在的必要，因此在洪武十八年，仍命恢复粮长之设，并进行了一些必要的改造。[2]

梁方仲先生认为"以万石为率，设粮长一名"，"分明是指大致平均数而言，且仅为洪武四年九月初设于浙江行省等处的办法"。湖州的材料给我们提供了一个实例。正如前述，湖州府属六县中有四县是依万石一粮长的标准进行的，但也有两个例外，那就是武康、安吉两个山区县份。此二县税粮都只有万石左右，却各设7名粮长，原因是地处山区，"难于集事"。[3]

二、与基层社会组织和国家权力关系方面

应该说，20余年来《明代粮长制度》一书被人参考引用，更多是着眼于研究明清基层社会组织和国家权力变动诸方面的研究上。试举若干例。

夏维中在研究明洪武朝农村基层组织尤其是里甲制度时，多次援

① 杨国安：《册书与明清以来两湖乡村基层赋税征收》，《中国经济史研究》2005年第3期，第42—43页。

② 夏维中：《洪武初期江南农村基层组织的演进》，《江苏社会科学》2005年第6期，第147页。

③ 夏维中前揭文，第148页。

引《明代粮长制度》之成果，除前举其《洪武初期江南农村基层组织的演进》一文外，更在《洪武中后期江南里甲制度的调整》一文的研究主旨上有所反映。夏氏认为洪武十四年（1381）在全国范围内进行的第一次里甲（黄册）编制，存在不少问题。里甲制度本身的设计存在着诸多缺陷，可操作性出现了问题。为此，朝廷采取了一系列的措施予以改进。其中最重要的是，佥役标准的进一步确定；地域性的重新强调（以“都”为里甲编制的基本单位）；粮长的恢复及“区”的划定。正是这些调整，才使洪武二十四年（1391）的第二次里甲（黄册）编制得以顺利进行。[①] 夏氏文中专门辟有题名为“粮长的恢复及‘区’的划定”一节来说明洪武十八年（1385）粮长的复设和“区”的划定，也是洪武中期江南里甲制度调整的重要内容，其目的就是为进一步完善以里甲为主体的农村基层统治组织体系。[②] 其注云：

> 梁方仲先生的《明代粮长制度》（上海人民出版社 1957 年版）一书，为粮长研究的奠基之作。小山正明先生的《明代的粮长》（刘俊文主编：《日本学者研究中国史论著选译》第六卷《明清》，中华书局 1993 年版）一文，更进一步推动了这一专题研究的深入。此处的论述便是在他们的基础上所作的进一步探讨。[③]

夏氏研究之结论为：“总之，粮长的重新恢复及‘区’的划定，进一步完善了明初农村基层组织体系。……综上，以里甲组织为基础，粮长、里甲共同构成了明初江南地区完整的基层组织体系。”[④]

有些学人从法治（法制）史高度来观察研究我国古代基层社会的治理问题。冯志伟、刘志松认为：“学界对于中国古代乡村社会治理的一致观点是自治，这一点是客观事实，但公权力同时也在通过其代

---

① 夏维中：《洪武中后期江南里甲制度的调整》，《江海学刊》2006 年第 1 期，第 149 页。

② 夏维中前揭文，第 153 页。

③ 夏维中前揭文，第 156 页。

④ 夏维中前揭文，第 155 页。

表对基层社会进行间接统治。而公权力的代表就表现为各式各样的乡土权威，他们以不同角色和不同模式发挥着对基层社会进行治理的功能。”① 他们写道：

在明代，还设置了特有的一类权威——粮长，洪武四年，朱元璋在江浙一带设立粮长制度。凡每纳粮一万石或数千石的地方划为一区，每区设粮长一名，是为了避免胥役直接向民间征收赋税所带来的种种弊端而设置的，由政府指派区内田地最多的大户充当。粮长的主要任务为主持区内田粮的征收和解运事宜。其职权广泛，包括拟订田赋科则，编制鱼鳞图册，申报灾荒蠲免成数，检举逃避赋役人户和劝导农民努力耕种并按期纳粮当差等。最初的粮长是直接向皇帝负责的，直到永乐后期才改为对户部负责。粮长押解税粮至京师，常常会蒙皇帝召见，皇帝向其询问民间情况，回答得好往往能得到皇帝的赏赐，甚至加官进禄。正是因为粮长拥有很多特权，而且其有机会接近最高权力，所以在乡土社会中，往往是昂扬阔首，威风八面。②

有学人在研究中国农村公共品供给制度历史时，亦参考《明代粮长制度》中的有关论述。李燕凌写道：

梁方仲将中国农村的乡村治理结构概括地划分为两个时期，大体上讲，从秦汉至唐代中叶（大致以“安史之乱”为转折点），主持乡和乡以下各级（如村、社）地方事务管理的人员，他们的地位基本上属于“乡官”的类型，是具有官秩和俸给的正规公务人员；自唐末至元末，这些人员的地位逐渐下降为近于衙门的“差役”了，是无给制的。至明、清以下，人已多不愿任乡职，所谓“乡官”不过是由公家佥点的职役。③

① 冯志伟、刘志松：《我国古代乡土权威的基层社会治理功能》，《天府新论》2012年第6期，第128页。

② 冯志伟、刘志松前揭文，第132页。按：该大段话及其后面所说的内容其实就是父亲《明代粮长制度》中所提及的。

③ 李燕凌：《我国农村公共品供给制度历史考察》，《农业经济问题》2008年第8期，第41页。

谢湜曾在《历史研究》发表过一篇长文。[①] 他发现："15—16 世纪，江南高乡地带出现了以姓氏命名的新兴市镇，创市者有不少是明前期永充粮长制下的世袭粮长。"[②] 他交代是由于这样的原因而开展此方面研究的：

> 安彦泰所述提供了诸多信息，赵德巽的祖父，也即赵璧的高祖赵孟吉，洪武初年已任粮长，赵氏的创市史显露了世袭粮长的动向。梁方仲、小山正明、星斌夫等前辈学者已对明代粮长制度进行了深入的研究，此不赘述。在梳理制度沿革的同时，梁方仲非常关注在特殊的制度改易中折射出的社会变迁，例如他从万历时期修纂的《武进县志》和《嘉定县志》中发现，嘉靖以后粮长的编审标准开始将丁田与家赀两项合并计算，甚至"不论丁粮而论家赀"。他认为，这一新标准说明了当时商业资本已经相当抬头，可以按家赀而不必专按田产多寡来签派粮长。这一论述与他一直思考的一个问题有关，即"由洪武以至景泰年间，亦即直至永充法废止不久这个时期，农业、手工业、商业都是步步上升的。在这个经济发展时期里粮长干些什么呢?"
>
> 对此问题，梁先生主要论述了永乐时期粮长靠倒卖漕粮牟利，以及后来不少粮长家庭博取功名、躲避粮役的现象。璜泾赵市的史料，则触发了笔者将明代粮长、市镇历程以及家族发展这三个以往常被分别考察的方面联系到一起，去探寻明中期以前江南社会的变迁。[③]

谢氏在其文结语部分又写道：

> 在这个意义上，我们又可以重新品味梁方仲先生的粮长制研究。梁方仲"把赋役制度演变和乡村社会关系的研究结合起来，将视角深入到活跃在乡村中的各种地方势力的关系变化上，并且

---

① 谢湜：《十五至十六世纪江南粮长的动向与高乡市镇的兴起——以太仓璜泾赵市为例》，《历史研究》2008 年第 5 期，第 35—57 页。

② 谢湜前揭文，第 35 页。

③ 谢湜前揭文，第 40 页。

把这种变化置于商业发展、王朝制度及政治环境变动的脉络中考察”。梁先生同样没有回避资本主义萌芽问题，他深刻地指出，明中叶以后赋税货币化的动力其实仍是来自政府的财政体系运作的需要，因此货币流通虽然引起了商业和商业资本的“一马当先”，但并不是建筑在农业和手工业同步发展的真实基础之上，实际上是虚假的繁荣。这一重要论断，是他在《明代粮长制度》最后一节对粮长的阶级分化的考察中带出的，他希望以此解释粮长制在正德以后所起的变化，以及这一变化所造成的影响。假若拙文真能如愿对梁先生的研究有所继承和推进，那笔者便是企望通过对15至16世纪世袭粮长创市过程的追述，尽量细致地考察从明初至明中叶江南社会结构演变的轨迹，并尝试解释不同时期的转变动力和机制。①

对于《明代粮长制度》一书之价值问题，刘志伟、陈春声有一看法，值得注意：

《明代粮长制度》是梁方仲先生在世时正式出版的惟一一部专著，而这部著作表现出来的学术取向，与50—70年代中国史学的主流有点格格不入，因而，在相当长的一段时间里，在中国史学研究中影响甚微。直到近年来，中国社会经济史学界开始重视对明清以后市场发展、王朝制度与乡村社会之间的互动的研究，梁方仲先生的《明代粮长制度》以及作为这一研究的基础的一条鞭法研究的论著，才越来越为学界所重视。这部著作的价值，经历了半个世纪以后能够重新得到认识，说明其代表的，是中国史学发展的一个具有前瞻性的方向。今天很多年青学者热衷于开展明清乡村基层组织研究，这部著作应该成为这一研究方向

① 谢湜前揭文，第57页。

最重要的基石之一。①

第三节 对《明代粮长制度》的一些评价

《明代粮长制度》是父亲生前唯一正式出版的专著，对此书的整体评价在本章第二节里已有一些，尚难称已全部集中。本节再集中补充一些有关评价信息。

从目前搜集到的资料来看，有两篇文章对《明代粮长制度》有较详细的专门评说：一篇是1998年赵秀玲的文章；另一篇则是2016年范鹏鹏的书评。赵秀玲在《中国乡里制度研究及展望》一文中提到新中国成立后至“文革”前的有关研究，曾指出：

> 代表本时期研究水准的是梁方仲《明代粮长制度》和韦庆远《明代黄册制度》。一是研究视角多变，而非孤立地看问题。……二是论证逻辑严密，比如梁著中有《设立粮长的目的》，为说明此问题，作者先写明初粮长设立的原因、时间，然后点出“其总目的是为保证充分提供给国家最主要财源——田赋，以巩固封建统治政权，但也带有照顾纳粮小户的用意在内”。接着，作者分析了粮长设立的目的，进而说明粮长的出路往往多成为达官显宦。最后，作者还分析了粮长被录用为官的历史原因。就粮长设立目的而言，作者也是从“免除吏胥的侵吞”“取缔揽纳户”“利便官民”及“争取地主阶级支持封建皇权”四个互为关联的方面进行探讨的，层次分明、逻辑严密，显示了深厚的学术思辨力。三是引注详尽。以往的研究者注释都较为笼统，许多地方不注，即使加注也比较简单，只注书名，而出版社、出版时间及页码往往省略不注……再次，作者注重运用马克思主义阶级分析方

---

① 刘志伟、陈春声：《梁方仲先生的中国社会经济史研究》，《中山大学学报（社会科学版）》2008年第6期，第72页。按：刘、陈两氏文中所说该书一段时间内“影响甚微”，这确是事实。不过，一些真正做学问的学者，在该书出版后不久，对它评价甚佳（梁方仲自语）（见《无悔是书生》，第253页）。

法看问题，也是此时的乡里制度研究的一个特点。……显然，这些都打上了那个时代的烙印。[①]

范鹏鹏则是在总结有关学者的意见后对该书的特点系统提出自己的看法：

首先，史料翔实。《明代粮长制度》一书，是既有细密的考证，又有宏观的概括。这与先生“视野宏阔，细密扎实”的治史风格有着密切的关系。从书中每章后注释中可以看出先生对于史料的重视。再细化之，该书所引用的史料不仅有学界常用到的《明实录》《明会典》以及《大诰》等法律条例，还有皇帝诏令、地方志、个人文集、笔记等珍贵的史料。书中对于史料的见解，可见功力。

其次，大胆引用历史学以外学科的方法。这一点体现的最明显的就是先生书中的四个数据表。如第一个表，作者根据《明会典》所作而成，对于表的分析中，先生论证了粮长并未全国通行，多是纳粮数多的地区设立。其后数表则主要针对明代田赋收入及土地数量而作。其目的是为了论证明代土地虽多但相对集中于地主手中。以此来论证明代后期商业超过农业实为空穴来风。这和先生具有经济学知识的功底是分不开的。

第三，视野宏大。这一方面主要体现在方仲先生对于明代资本主义经济虚假繁荣的论断。对于明清经济的发展，至今仍然是学者们讨论的热门话题。明代粮长制度，现今也是学者们研究明清地方基层组织中所避不开的研究题目。这本著作的价值，经历了半个世纪以后能够重新得到认识，说明其代表的，是中国史学发展的一个具有前瞻性的方向。[②]

由于《明代粮长制度》是一部优秀的制度史著作，又阐述了对一些有关问题的独特见解，该书问世后，在学界备受好评。被评为研究

① 赵秀玲：《中国乡里制度研究及展望》，《历史研究》1998 年第 4 期，第 176 页。

② 范鹏鹏：《〈明代粮长制度〉评介》，《新西部》2016 年第 23 期，第 95 页。

明代社会经济史值得重视的重要论著，虽然是小书，仍值得一读[1]；是中国社会经济史研究的经典之作[2]；黄仁宇认为，迄今为止粮长研究之方家当为梁方仲。[3] 凡此种种原因，该书出版后 44 年（2001），被上海世纪出版集团选为上海出版界新中国出版物中经得起时间考验的精品“世纪文库”的第一辑第一种予以重印。“世纪文库”定位于出版高质量的优秀学术图书，特别是已获定评的中外学术经典。为严格保证学术质量，在较长的一段时间内，“世纪文库”将主要重版集团内外已经出版的、经时间检验属学术精品的图书。“世纪文库”已建立起一套严格的专家评审机制，所有入选图书都在有关专家论证、审定的基础上，由编委会讨论确定。[4]

最后应指出，父亲明代粮长制度的研究中除了 1957 年所写《明代粮长制度》一书外，之前尚有几篇论文发表。从表 1—1、表 1—2 可知这些论文皆有人参考引用，特别是 1946 年发表的《明代粮长制度》后来还被选作中国新史学代表作之一，翻译成英文，收入 1956 年在美国出版的《中国社会史》（*Chinese Social History*）一书中（见《无悔是书生》第 126—127 页）。由此亦可知国内外学界一致看重并推崇父亲明代粮长制的研究成果。

---

① 顾准：《资本的原始积累和资本主义发展》，《社会科学》1981 年第 5 期，第 50 页。

② 《纪念梁方仲教授专辑编者的话》，《中国经济史研究》1989 年第 1 期，第 1 页。

③ 黄仁宇著，阿风等译：《十六世纪明代中国之财政与税收》，北京：三联书店，2001 年，第 40 页。

④ “世纪文库”出版说明。按：“世纪文库”分成两大类，即著作类与译作类。“世纪文库”第一辑书目中著作类收了四种，即梁方仲《明代粮长制度》，陈望道《修辞学发凡》，吕叔湘、王海棻编《〈马氏文通〉读本》，陈垣《中国佛教史籍概论》。

第六章　中国经济史计量研究

——主要学术贡献之三

第一节　早期的有关研究

一、《明代户口田地及田赋统计》

父亲与汤象龙等人是将统计学方法最早应用于经济史研究的中国学者。自从19世纪中叶英国罗杰斯运用统计学方法研究历史之后，欧美的一些学者在人口史、农业史、工业史、商业史等领域的研究中，也初步运用这种方法。20世纪初，统计学研究历史的方法开始传入中国，梁启超首先表示接受这种方法，但并未真正付诸实践。到了1917年黄炎培、庞淞合作编写《中国四十年海关商务统计图表》开始运用统计方法。父亲1935年发表的《明代户口田地及田赋统计》6万字的论文，就是经数年劳动而成的作品，开以统计学方法研究中国历史有影响的先河。在《无悔是书生》第三章第二节里介绍了该文的内容，指出它绝非简单的资料汇编，而是一篇研究性质的论文，其中对有关对史书记载的田地和人口数字的性质之看法十分重要，这里补谈两点：一、该作实乃父亲后来萌生其《中国历代户口、田地、田赋统计》撰写计划的发端；二、他在进行统计研究时，对利用史籍中的数字资料要注意的几个问题，他发表了概括性的意见：第一，是选择（包括综合）利用史籍版本，及如何处理所载数字异同问题，他在引用《明会典》部分共参考了7个本子；第二，是如何处理项目（名称）与计算单位的歧异问题，因为“各书所用税项的名称不统一”，“而且还在同一项目之下，各区所用的计算单位也不一致”；第三，是如何处理记载数字本身的准确性和真实性问题，这由于“（记载）数目本身的自相矛盾，或则某一项数量与前后各项相悬殊，或则原载总数与原载各分之计之总和不符”。所以，“在这些问题上，梁方仲先生的处理办法，对于今天企图利用传统史籍作计量研究的学者来说，仍然是非常有价值的经验”。①

因此，后来何炳棣、黄仁宇、山根幸夫、彭雨新、叶振鹏、张春树等专家学者的论著中皆参考引用了此文（见本书表1—2）。

在父亲经济史计量化研究早期阶段，除《明代户口田地及田赋统计》外，还有《明代银矿考》和《明代国际贸易与银的输出入》两文。

二、《明代银矿考》

估算明代银生产的规模、数量，了解全国银矿的数目自有其必要，“关于这方面的统计，尤其感觉缺乏”，记载零散，各朝代又不一致。父亲在研究分析后，说道：“以上一鳞半爪的记载，虽不足以代表全国银场的总数，但从此看来，全国的总数至少也在一百处以上吧！”

“关于全国银矿的每年生产额，史料上的记载简直没有”，而明政府的银课收入数字是史籍上唯一最具系统性的数据，“可惜我们在史书里找不到银课的税率，所以不能用银课的收数去推算银的生产量”，而且还存在明制下课银往往是以摊派的方式科敛的，可能与银产量不好直接挂钩的问题。尽管如此，父亲认为银课数字应是估算银生产量的最有价值依据，因此他花大力气把《明实录》中自成祖朝至武宗末年共111年的记载加以收集整理成表格。表格的制成，使后人在对明代银课收入的数量和其变动情况的了解上收到一目了然的功效。在此

---

① 刘志伟、陈春声：《梁方仲先生的中国社会经济史研究》，《中山大学学报（社会科学版）》2008年第6期，第74页。

基础上，他得出初步结论："可知在上开一百一十一年中银课的收入，定必远超出一千万两以上。"然后，他对不同年代记载的数目、数字背后的意义进行了分析讨论，指出"由于银课的收入已带有经常性一点，足以证明银课的制度已比较确定"。同时，也就如何理解银课数字提出了一些看法，诸如银课中数目不全部出自生产领域；银课数字往往来自前某一定制定的定额即要注意额征与实证之问题：虽然有些年代是"金银货共"的，但据父亲分析，金课在其中只占很少份额。

虽然在《明代银矿考》中父亲并未直接点出明代银生产的估计累计量，而该项研究的结果已为这个估算奠定了扎实基础，因此，1957年父亲在《明代粮长制度》一书中说出这样一段话：

> 我根据明代历朝实录作过统计，知道由洪武二十三年至成化二十二年间（1390—1486年，只以有记录之年为限），"采纳银数"总计达九百七十八万六千四百六十二两。明代银课的税率是"十取其三"，由此可推算银的产量，其历年累积数至少必在三千万两以上。成化以后，银课收入往往与金矿（或其他矿）和税课银的收入混合记载，所以无法确定哪些是银课方面的单纯收入。但只从万历二十五年至三十三年（1597—1605年），九年之中，诸监、使所进矿、税银几及三百万两一事来观察，亦可推知明代中叶以后全国银产量是不会减少的——虽则银课收入在记录上有时表示着有缩减的趋势；然而这是由于私采者日益增多所致，与实际产量无关。①

父亲这段话明确告诉了读者，他对明代银生产量的估算乃来自对《明实录》所记载数字进行统计后和采用"十取其三"税率之说两大依据而来的。这也表明在《明代银矿考》后，他仍关注与继续明代银生产问题的探讨，从而得出了明确的初步结论。

三、《明代国际贸易与银的输出入》

明代由国外流入中国的白银之来源及其数量究竟有多大，在父亲

① 梁方仲：《明代粮长制度》，上海：上海人民出版社，1957年，第127页。

之前一直没有一大概的估算研究报道。可以说这问题的研究较研究国内银生产问题更为困难，其原因是国内有关资料极少，而国外有的资料在当时历史条件下又不易找到；所找到的又颇零散，且记载往往不详。为此，父亲充分利用国内外已有的有关史料以了解明代国际贸易历史发展状况入手，并考察了贡市时期和海舶贸易时白银的进出口情况，从关税制度、税率，贸易船只的数量和规模，贸易物品的构成以及世界银生产和流向，特别是欧洲—美洲、菲律宾、日本—中国之间的贸易关系等方面的资料进行综合考察分析，得出其中一个主要结论：

> 在前一时期中，即郑和下西洋的前后，南洋各国输来中国的银钱及银货的数量，已很难有比较完全的估计，但可知者，纵有输入，亦必不甚多。但在后一期中，即欧洲东航以后，银钱及银货大量地由欧洲人自南北美洲运至南洋又转运来中国。关于这方面的数字，虽然亦缺乏不堪，但根据前面所说（按：所指一说乃“但由此可以断定只就葡、西和日本三国输入的数目而言，必已超过一亿元以上”。父亲在同篇论文中所陈），由万历元年至崇祯十七年（1573—1644）的七十二年间合计各国输入中国的银元由于贸易关系的至少超过一万万元以上。此时中国为银的入超国家，已毫无疑问；关于中国出口银元的数量，无法知道，但决不会多的。……由此我们亦可以知道一条鞭法得以用银普遍地缴纳的缘故。[①]

刘志伟、陈春声评曰：“这种在没有直接可以利用的数据的情况下，通过考释比较不同的史料，推算出可以作量化把握的数据的办法，在中国古代经济史的计量研究中，是一种富有开拓性的探索。”[②]正因为这种开拓性的探索及其所取得的成果，启发与促使了后继研究的出现，直至近期，父亲在半个多世纪前的结论看法仍被有关学者引

---

① 梁方仲：《明清赋税与社会经济》，北京：中华书局，2008 年，第 561—562 页。

② 刘志伟、陈春声：《梁方仲先生的中国社会经济史研究》，《中山大学学报（社会科学版）》2008 年第 6 期，第 76 页。

用。试举数例：

中国学者也注意到了明代的白银进口和16世纪中叶以后白银进口的戏剧性上升。梁方仲早在30年代就撰写过有关的论文，全汉昇把这一领域的研究水平推向一个新的高度。中国学者已经揭示了明末中国对美洲白银和日本白银的依赖程度；有关白银进口的讨论至今仍在继续。①

考察明代银产量者已有梁方仲、全汉昇、白寿彝诸名家。②

流入中国的白银数量也很可观，吴承明、梁方仲、全汉昇、王业键、孙毓棠诸公均有统计。吴承明先生列表统计后说，白银流入总数达二亿两，但认为“实属过高”。“白银净增也许不过一亿两。”梁方仲的估计差不多，说“由此可以断定只就葡、西和日本三国输入的数目而言，必已远超过一亿元以上”。英国、荷兰与中国贸易也支付银元的，数量不可考。梁先生还指出：“所以假如自万历元年（1573）起……每年平均有三十万比收（即Peso）流入中国，则至万历十年（1582）即一条鞭法推行已甚普

---

① 倪来恩、夏维中：《外国白银与明帝国的崩溃——关于明末外国白银的输入及其作用的重新检讨》，《中国社会经济史研究》1990年第3期，第47页。按：全汉昇于20世纪50—70年代曾撰写有关明代银生产、贸易流通及物价关系等一系列论文，诸如《美洲白银与十八世纪中国物价革命的关系》（1957）、《明代的银课与银产额》（1967）、《明清间美洲白银的输入中国》（1969）、《自宋至明政府岁出入中钱银比例的变动》（1971）、《明季中国与菲律宾间的贸易》（1968）、《明清时代云南的银课与银产额》（1974）等。不仅银进口（输入）的研究得助于父亲论文的启发，在明代和明清时代云南的银课与银产额研究上亦如此，显然也得到了父亲《明代银矿考》《云南银矿之史的考察》的启迪。全氏在其《明代的银课与银产额》（1967）中就写有这段文字：“友人梁方仲先生在他的大作《明代银矿考》中，曾经加以整理（按：指明代年银课收入数字）。不过，在二十余年前，梁先生研究明代银课的收入，只能根据北平图书馆所藏《明实录》本，并没有见到最近才陆续印行的‘中央研究院’历史语言研究所（以下简称史语所）校印本《明实录》，而后者记载每年银课收入的数字，却较为完备。因此，我们现在根据史语所校印本《明实录》的记载，把明代政府每年银课或金、银课收入的数字，作成第一、二两表。”全汉昇：《中国经济史研究》，台北：稻乡出版社，1991年，第602页。

② 吴承明：《市场·近代化·经济史论》，昆明：云南大学出版社，1996年，第268页。

遍的时期，便应有三百万比收的输入……”①

第二节　后期的有关研究

——《中国历代户口、田地、田赋统计》

《中国历代户口、田地、田赋统计》（以下简称《统计》）应是父亲经济史计量研究的集大成著作。这是一部有关我国自西汉到清末2100多年历代户口、田地和田赋的大型历史统计书。黄启臣对该书的内容、特点以及有关人士的评价，作过一很全面颇有见地的介绍，该介绍先发表于《光明日报》1982年8月12日上，后收入《梁方仲传略》② 中。笔者将以他的思路与论述为基础，稍加补充，并讨论若干问题。

一、《统计》的主要内容

《统计》一书的内容包括“总序”“正编”“附编”“别编”和“附录”五大部分。

“总序”原题为《中国历代户口、田地、田赋统计原论》，它简述世界古代社会关于统计人口、土地和编造户籍、地籍发展的历史过程，然后详细论述我国历代户籍、地籍、赋役册编造的历史及其特点，并与世界各国进行比较。写此“总序”之主要目的，按照父亲的表述，是“对中国历代封建皇朝关于人口、土地调查登记的特点作一简概的绍介，希望读者与本书正、附编‘编者注’及别编各‘表说’参看”。在这一简概的介绍和“编者注”“表说”中，父亲梳理清楚

---

① 郑学檬：《16—18世纪中国市场和市场经济门外谈》，载叶显恩、卞恩才主编：《中国传统社会经济与现代化——从不同的角度探索中国传统社会的底蕴及其与现代化的关系》，广州：广东人民出版社，2001年，第77—78页。

② 《梁方仲传略》，载黄启臣、梁承邺编著：《梁经国天宝行史迹》，广州：广东高等教育出版社，2003年，第87—94页。

不少有关史实，提出许多重要的学术见解（详后）。

“正编”分为“甲编”和“乙编”，共178个统计表。“甲编”主要是关于历代户口、田地的总情况和历代户口在地域上的分布，包括根据这些数字而制成的各项统计指标，如历代户口数的升降百分比，各地区人口密度、各县平均户数，各户平均口数和每户的平均亩数等。“乙编”汇集了唐、宋、元、明、清五朝田地、田赋总数和各分区的统计数。此编所统计的田地数字，以各分区的分计为主；所统计的田赋数字，以民粮或民赋银为主。各统计表均按朝代的先后，结合内容的性质加以排列。各分区统计表数字，一般至府、州一级为止。

“附编”共37个统计表，是对我国南北方两大区域中的9个在中国历代社会经济发展史上有重要地位的府州所进行的细致统计分析。其中属于黄河流域的有开封府、济南府、顺天府；属于长江流域的有苏州府、松江府、常州府、杭州府、嘉兴府；属于珠江流域的有广州府。统计到县一级为止。此篇从户口、田地、田赋的角度分析我国封建社会中后期各地区经济发展的不平衡性，对于研究南北地区经济发展的历史富有参考价值。

“别编”有20个表说和6个历代户口、田地升降比较统计图。每个表说分为表和文字说明两个部分。主要系对自西晋迄清代某些较重要或较复杂的土地赋役制度之剖析，“一方面企图通过表格的形式把各种制度的主要法律规定归纳为较明晰而有联系之系统；另方面，对制度的内容、意义和作用以至专名等加以文字说明，作为表的补充，统名之曰表说”（见《统计》一书“凡例”之“内容发凡”第三点）。统计图6幅中，明清两代3幅“用曲线来表示，因为不但各年度之数据比较完整，而且项目和内容也是划一的”（见“内容发凡”第四点）。

“附录”包括《中国历代度量衡之变迁及及其时代特征》长篇论文、《中国历代度量衡变迁表》，以供读者理解特定时代以比较（以至换算）不同历史时代记载度量衡单位数据时参考使用，因为“我国度量衡制，既因时而异，更随地区不同，如将本书所载的全部皆按统一的标准折算，不只工作量过大，得不偿失，且从方法论角度考虑亦觉得大可不必”（“内容发凡”第五点）。

二、《统计》的特点

《统计》一书，在资料的收集和利用上，甚显功力和科学性；在对问题的分析研究上，很多见解独特而重要。

第一，资料丰富翔实，处理方法科学。

父亲认为：“本书为参考工具书性质，宜尽量提供材料，但求详备，不嫌毛举。”该书直接引用的有“二十五史”、《通典》《文献通考》、会典、会要、实录等大部头史书 270 种，省府州县志书 20 多部，论文 30 多篇，他从这些浩如烟海的史籍中搜集出历代户口、田地、田赋的千万百个数字，进行精心校勘，考核测算后，分门别类，综合编辑以至在此基础上加工处理，制成全书的 242 个大型统计表和 6 个统计图，把中国 2100 多年记载在历代历史文献中分散零乱的数据系统化规范化。换言之，该书以现代科学方法把大量零散数据变为统计表、图形式的崭新形式出现，收到“一目了然”的效果，极大地方便了广大读者查找与使用有关数据，父亲这种做法可谓“竭泽而渔”，功德甚大，学林受惠。除此之外，人们更可从统计表（特别是那些有特定目的而制作的表和图中）获得大量而有参考价值的信息，例如，从“正编”各表中，我们就能清楚地看到中国历代的户口总数、总垦田数、总田赋数及其增减对比的基本情况，当然也包括不同朝代不同地区的有关情况等等。

第二，寓论断见解于注疏之中。

除“总序”、附录之论文《中国历代度量衡之变迁及其时代特征》是综论外，《统计》绝大部分的篇幅是统计表及数据，文字论述不多，但父亲在“表说”和统计表中的“编者注”“说明”“附记”“按语”中，则表述了自己对于中国历代户口、田地、田赋和有关问题的看法。父亲在书中交代得很明白：

> 关于史籍上所载历代户口、田地及田赋等记录的性质和内

容，可靠性的程度，所反映的历史实际，及其所包含的种种意义，如阶级结构和剥削情形等，以至历代户地籍、税册之编制制度等事项……其大略俱见各表注中。[①]

这些注释说明，有短有长，长者在数千至万言以上，实际是一篇学术论文。例如，表说 8“北魏迄唐均田制下平民受田额数”的说明，长达 12000 多字，内容分为：（1）定制年代，（2）田目，（3）易田、倍田与宽乡、狭乡的关系，（4）各项户口及其受田额数，从这四节进行分析讨论。他仔细审读史籍有关的记载并参考近现代一些研究论文，就上述四节提出的命题陈述自己的系统看法，其中不少研究心得颇为独到，姑勿论它们能否成为研究者的“共识”，至少成为一家之言。现仅举表说 8 为例，就可见一斑。

关于唐代均田定制的年代问题，父亲虽采用杜佑《通典》所记“开元二十五年”之说。但指出“然其实乃是自武德七年后历次颁布至《六典》成书时（开元二十六年）仍有时效的诸敕令之结集，并非同时定于开元二十五年的”。

关于“露田”，父亲也认为杜佑的“不栽树者谓之露田”的说法是正确的，指出它与西欧中古时代庄园制中的“open field”性质相似。[②]

关于“麻田”，他以《隋书·食货志》和《魏书·食货志》的资料为依据，指出“北齐麻田和桑田为永业，不须还官”的说法不成立，认为“魏制麻田是必须还受的”。[③]

关于“易田”“倍田”的数目，他认为是 120 亩，而不是一些史家通常所说的 160 亩。[④]

关于“各项户口及其受田额数”中“丁牛”的意义，父亲指出

---

① 梁方仲编著：《中国历代户口、田地、田赋统计》，上海：上海人民出版社，1980 年，“凡例”，第 19 页。

② 梁方仲前揭书，第 476—485 页。

③ 梁方仲前揭书，第 478—479 页。

④ 梁方仲前揭书，第 479 页。

岑仲勉在其《隋唐史》一书所说“于文，丁字应作一逗，成丁之人方可役牛，故规定属于成丁者之牛乃能受田，如未成丁，虽有牛亦不受也”的解释是可商榷的。因为“农民十二三岁多已能使牛，毋须等至成丁之年。且魏制年十一岁以上的男子已受半夫田，又全家老、小、癃、残及守节寡妇亦各授田不等，如此等人户有‘丁牛’，独禁不予田，于事理似更多窒碍。盖我国古代财产制度，本以家庭为主，而不属于个人，岑氏之说，似未谛”。①

第三，运用统计科学的分析来探索揭示我国封建社会社会经济发展的大致趋势。

父亲认为，在社会经济史研究中，量的概念在某种程度上最能表明历史上某种社会经济现象的状态，如或增或减，或上升或下降，或发展或萎缩，都可以通过绝对值或相对值的数字来比较科学地予以说明，从而找出社会经济发展的大致趋势及规律。父亲在《统计》的“内容发凡”中的多处如此说：

> 附编各表的数字至“县”一级为止，这一编是从南北两大区域甄选出若干重要的府州来进行较细的分析而制成的。对于我国封建社会后期各地区经济发展的不平衡性这个问题或许可以从人口、田地、田赋方面提供一些参考资料。……
>
> 在制订各项统计指标时，本拟多提供些关于阶级关系的参考资料，如本书所作的主客户、官民田、正口与奴婢、课户和不课户的对比诸指标，似亦可能有助于这一问题的探索。……至于表示升降趋势、分区比重及各种平均数诸指标，也可以作为分析当时当地某种特定状况的推论根据：如册报户口减少与农民逃亡，人口密度与经济发展诸关系。如果结合其他史料来考察，那就用处更大了。……
>
> 比较同一地区在不同时代的户口、田粮数的变动，是一件很有意义的工作。但是，由于历代行政区划屡改，各区疆界变化频

① 梁方仲前揭书，第485页。

大，很多问题还有待于历史地理工作者的努力解决。关于异代的地区户口比较，本书所有数字（甲编表9—11，及附编各表），仅系示例而已。①

从以上的引文可知，父亲试图通过数字分析来研究社会经济现象的思路十分明显，在《统计》中已安排许多初步的实践，同时也看出他实事求是的科学态度，在遣词用字上很有分寸，既肯定统计方法的价值，又指出它要与其他方法联合使用，要掌握更多的史料等等，谦虚地交代这种实践尚是初步或“仅系示例而已”。有关这些实践的具体例子在《统计》中可称甚夥。例如，“甲表76”及表后“附记”所统计的明、清两朝中央政府所掌握的米谷数越来越少的情况，说明“这不外是货币经济成分在封建社会末期日形发达的客观反映”；而“乙表18、19、20、21”所统计南宋赋税收入以钱、银、绢、布为中心的数据，则说明南宋时期“货币势力之开始抬头及纺织手工业之相当发展”。②

第四，坚持历史方法进行数字统计分析。

父亲认为要正确理解判断历代史籍上记载的真正含义以至真伪问题，必须要坚持历史方法，即对历代户口、田地、田赋制度的具体内容及其演变要有通识，否则很易犯错。《统计》中的“总序”“附录”和“表说”以及原来还拟放入的历代各种册契据等图片及说明中，有很多这方面的陈述，目的就是给研究者和使用者提个醒。

三、后人对《统计》的若干评说

正是因为《统计》一书内容丰富，资料翔实，富于创见，所以出版后广为国内外经济学界、历史学界甚至实际工作部门的工作人员广为参阅乃至引用，并得到国内外学术界的高度评价。在此，先转引汤明檖、黄启臣所收集到的若干反馈信息。

① 梁方仲前揭书，“凡例”，第18—19页。

② 汤明檖、黄启臣：《梁方仲传略》，载梁方仲：《梁方仲经济史论文集集遗》，广州：广东人民出版社，1990年，第364—365页。

日本史学家佐竹靖彦指出，这是一部世界仅有的大型历史统计书，他说：

> 最近，出版了梁方仲先生编的一部大的遗著（按：指《统计》）。我们能够看到长达两千年的各时期的中央统计记录。除了中国以外，世界上没有哪个国家能给我们提供这种材料。①

蜚声海内外的中国经济史专家、美国哈佛大学教授杨联陞指出：

> 本书可见他的谨严而观其大，“眼光上下五千年”。同行用历代传下来的资料，非经过此书不可。明清方志、档案等可能有资料修正，不过以全书而论，寿命应不下于《通考》。换句话说，数百年后还有人要参考的。②

中国经济史专家全汉昇也说：“梁方仲先生编著的《中国历代户口、田地、田赋统计》是一部不朽的著作。”③

史学家李侃、田居俭在第16届国际历史科学大会（1985年8月25日在联邦德国斯图加特市举行）上向大会作报告时，向世界历史学家介绍了《统计》一书：

> 这里要特别提到是梁方仲的《中国历代户口、田地、田赋统计》一书，作者根据“二十五史”、历代政书、部分地方志、文集以及近人所编有关统计资料，将西汉至清末二千一百多年间历代户口、田地、田赋统计数字，经过考核测算，统合分列为二百

---

① 佐竹靖彦：《日本学术界关于汉唐时期“共同体”问题研究概况》，《中国史研究动态》1983年第6期，第15页。

② 1984年6月15日杨联陞致笔者函。按：“眼光上下五千年”来自父亲的一首诗，全诗为：

书楼春望

小楼暗晦疑非世，破晓推窗始见天。

柔日*恰逢应读史，眼光上下五千年。

*原注：古人一旬十日，分五奇五偶，即单日、双日，五奇称刚日，五偶称柔日。

③ 此为全氏向汤明檖所言。汤氏记全氏之言确然，全氏1981年3月19日致笔者函中亦表示同样的意见。函云：“最近又收到寄下的尊翁大著《中国历代户口、田地、田赋统计》，非常感谢，尊翁花许多时间、精神编著这本巨著，为中国经济史研究奠定一个良好基础，其功非小！没有疑问此巨著将永垂不朽。”

多份表格，为中国经济史提供了许多重要数据。这是一部具有重要学术价值和资料价值的着力之作。①

史学家宁可也说：

《中国历代户口、田地、田赋统计》……不是一般的资料或数字的汇编，而是有重要学术价值的著作。……这部书的出版，将会给中国古代社会经济史的研究带来很大的便利，并有助于研究的开展。②

除汤、黄两氏收集的这些信息外，尚可举出其他一些有关议论。中国经济史专家彭泽益说：

梁方仲先生生前据此编著《中国历代户口、田地、田赋统计》，是一本集大成的和开创性的巨著，为中国经济史的计量研究作出了贡献。③

中国经济史专家陈支平有此评价：

一些勇于创造的学人，把经济学、统计学、社会学、人类学、地理学等多学科的研究理论和方法，运用到中国古老历史的研究中，取得了引人注目的成就。梁方仲先生便是把统计学的方法运用到历史学研究的开创者之一。……

是书（按：指《统计》）的编成，为研究我国经济、土地、人口以及历代王朝的兴衰历史，提供了重要数据，洵为不可多得的开山之作。④

魏晋南北朝史专家、日本学者池田温也高度评价此书：

关于人口的年代变化和地域分布，最好参考 H. 伦斯坦《公元 2—742 年中国的人口统计》（BMFEA19，1947）和梁方仲《中国历代户口、田地、田赋统计》（上海人民出版社，1980）

① 李侃、田居俭：《近五年（1980—1984）中国历史学概述》，载中国史学会编：《第十六届国际历史科学大会中国学者论文集》，北京：中华书局，1985 年，第 414 页。

② 《中国历史学年鉴（1981 年版）》，北京：人民出版社，1981 年，第 138 页。

③ 彭泽益：《中国经济史研究中的计量问题》，《历史研究》1985 年第 3 期，第 25 页。

④ 陈支平：《中国古代官方统计数字的价值——兼评〈中国历代户口、田地、田赋统计〉》，《中国经济史研究》1989 年第 1 期，第 45 页。

等著作。后者自汉代至明清，是一本用统计内容丰富的表格编纂的非常有用的书。甲表13—20是关于魏晋南北朝户口数的详尽统计表。[①]

四、补说《统计》

前面已将《统计》一书的主要内容、特点以及后人的总体评价作了简介，实际上其中已将父亲的有关主要贡献点了出来。此处仅就学界中的议论以至看法有些分歧的两个问题试作补说。

（一）中国古代官方统计数字价值的评价问题

综观国内外学者对中国古代官方统计数字价值的看法，可以将之大体上归为两派。一派认为由于中国封建社会经济、政治和文化、科学等原因所限，中国古代户口、田地、田赋统计数字不够准确，其真实性难以定夺。其中持比较激烈的乃至完全否定看法的人，也不乏存在。王亚南就说过："因此把中国历史文献为我们留下的历代户口数字，看成是一笔糊涂账，并没有夸张。"甚至断言："不能希望从那些具体数字中去发现中国人口问题。"[②] 另一派，应说人数更多的人，则对历史留下来的数字资料基本上持肯定态度，强调应研究与利用这份宝贵遗产。陈支平为持后一种观点的学者之一，曾有专文论述此问题，他表达了这样的观点：

> 所谓中国古代官方统计的户口、田地的数字不准确，也只是相对的。[③]
>
> 美国的何炳棣教授和帕金斯教授等，他们都在中国历代官方统计的土地数字上，作出了有自己独到见解的研究成果。到目前

---

① 池田温：《魏晋南北朝时代》，载山根幸夫主编，田人隆、黄正建等译：《中国史研究入门（增订本）》，北京：社会科学文献出版社，2000年，第297页。

② 王亚南：《马克思主义的人口理论与中国人口问题》，北京：科学出版社，1956年，第24页。

③ 陈支平：《中国古代官方统计数字的价值——兼评〈中国历代户口、田地、田赋统计〉》，《中国经济史研究》1989年第1期，第47页。

为止，似乎还没有一家能够抛弃这些官方的统计数字而另辟蹊径去研究中国古代的人口、土地变化情况，至于在这些官方统计的数字上作些怎样的修正，各家就见仁见智，各抒己见了。实际上，现代学者修正中国古代的人口、土地数字，尽管费了很大的力气，但所得出的结论，依然是推测性的，其与当时的实际情况，恐怕还是差距不小。那么我们今天又怎么能够抹杀中国历代这些统计数字的价值呢?①

综上所述，中国历代官方统计的户口、田地、田赋数计，不仅是我们研究古代人口、土地历史的基础，更是研究历代政府兴衰以及各项经济政策的不可多得的可信资料，梁方仲先生对于中国历代户口、田地、田赋统计数字的精心整理和严谨考订，无疑给我们后辈学子留下了一笔珍贵的学术财富。②

中国近代史专家姜涛也发表了类似的观点：

言辞激烈的批评（按：指否定我国史籍中人口数字的价值），确实能起到一种警醒的作用；但全盘否定历史上的人口统计，无疑又走到了事情的反面。不过自那以后，对原始数字照搬照用者少了，严肃的研究者们差不多对历代的人口统计都进行过认真的辨析。而其中最为突出的便是梁方仲了。③

值得重视的是，英国伦敦政治经济学院的邓钢教授写有一数万言之长文，专门研讨中国古代官方人口统计数据可靠性问题。他以父亲《统计》一书所录数字与现代一些主要有关学者所得估计或猜想的数字相比较，以多种因素考量，如以清代为例，主要从税收制度与人口普查的关系入手，对中国官员的统计技能、人口统计激励制、基层人口控制等诸多因素亦有所涉，通过周密分析，得出中国历代官方统计数字实际比所有现代的粗略估计或猜想更准确、更可靠的结论。他所

① 陈支平前揭文，第46页。

② 陈支平前揭文，第48页。

③ 姜涛：《人口与历史——中国传统人口结构研究》，北京：人民出版社，1998年，第14页。

举现代主要有关学者包括 Colin McEvedy 和 Richard Jones（1978）、赵冈（1986）、Angus Maddison（1998）、何炳棣（1970）、Mark Elvin（1973）、William Lavely 和王国斌（1998）、李中清和王丰（1999）、Dwight Perkins（1969）、Kenneth Pomeranz（2000）等。[①]

这里还应特别指出一点，《统计》搜集整理资料虽发端于新中国成立前，而大规模开展撰写工作却是新中国成立后至"文革"前，其时统计学方法在史学上的应用正备受冷落，几乎无人问津；而"文革"后计量史学骤然升温，乃至现在有人认为已有些矫枉过正了，这是史学研究内在需求之故，可能也与《统计》一书的出版所带来的方便与启发不无关系。

（二）《统计》仅仅是资料汇编吗?

《统计》在其"凡例"中的"内容发凡"第十一点写明："本书为参考工具书性质，宜尽量提供材料，但求详备，不嫌毛举。诸凡数字的核对、史实的考异，以及专名诠释、版本校勘等，均于附注中记明。材料的不同出处，亦于'资料来源'栏中备列。"[②] 简而言之，父亲希望《统计》是一本资料与研究并重的著作。事实上，看来父亲已达到了此目的，因为后来几乎绝大多数学人都给予了这个肯定（前面评价部分已列了一批学者的看法为证）。即使专攻人口、土地、田赋的学者中持同感者可能亦属多数，前文姜涛之言为一例；袁祖亮、延胜说："还需提及的是梁方仲的《中国历代户口、田地、田赋统计》一书，名为统计，实为研究。每表之后有资料来源及各种注释，这些注释是经过作者考证后所得出的，是一部具有很高学术价值的著作。"[③] 朱国宏也说："对于中国官方调查或统计的历代户口数、土地

① 详见 Kent G. Deng，"China's Long-term Population Statistics Re-tested"（《中国历代人口统计重测》），载陈春声、刘志伟主编：《遗大投艰集——纪念梁方仲教授诞辰一百周年》，广州：广东人民出版社，2012 年，第 321—374 页。

② 梁方仲编著：《中国历代户口、田地、田赋统计》，"凡例"，第 19 页。

③ 袁祖亮、延胜：《中国古代人口史研究回顾与展望》，《历史研究》1996 年第 5 期，第 159 页。

数的搜集、整理和考订，梁方仲的《中国历代户口、田地、田赋统计》一书是集大成之作，也是权威之作。本书征引的中国官方人口、土地资料大多源自此书。”① 虽然如此，个别学者却强调《统计》为一资料汇编，下面一段话可能最具代表性：

> 梁方仲先生是一位对中国经济史素有研究的大师级学者，一生著述甚丰。他对于中国人口史的贡献是他逝世后出版的《中国历代户口、田地、田赋统计》。这部著作将历史时期官修史书上的主要户口统计数字几乎搜罗殆尽，排比成篇，给治史者带来了很大的便利。只是作者不明了明代中期至乾隆中期官修史书上口数的真实含义，将这一时期的口数与其他时期的口数仅作简单的排列，就容易使一般的治史者在引用这些数字时产生误解。然而，这部著作是梁方仲先生的未全部完成的遗稿，尽管他对编纂的数据作过深入研究，但他还是将这部书定为资料汇编，一些学者将书中所列数据当成研究历史人口的现成数据，不加分析地直接引用，责任并不在梁先生，而在引用者自己。②

此段引文同一页的按语就以“梁方仲先生的有关著作是一个资料汇编，所录数据不能不加分析地直接引用”一句来画龙点睛标出其看法之核心意思。言外之意，即父亲在中国人口史上的贡献，是将有关资料辑录排比成篇，“给治史者带来了很大的便利”而已，当然他提出“不加分析地直接引用，责任在引用者”的意见，大体上是正确的。鉴于此种看法与多数学者的评价基调颇有差别，与父亲的编著宗旨自我定性亦有所不同，笔者只好再认真查阅《统计》和其他人士的有关论述，现作一转介以供参考。

1. 人口史研究方面

父亲早在1935年发表的《明代户口田地及田赋统计》一文中有

---

① 朱国宏：《人地关系论——中国人口与土地关系问题的系统研究》，上海：复旦大学出版社，1996年，第327页。

② 曹树基：《中国人口史》第四卷《明时期》，上海：复旦大学出版社，2000年，第7页。

一段话：

例如田地之数实指纳税之垦田，并不是指全国的实际田地面积。这是历代都如此。至于户口，有时亦是如此，所以在万历三十年和天启五年都有“半口”的记录……可以作为是指纳税户口之明证。

1955年，对于曹魏、两晋的户口数及其平均口数，他指出：

从笔者所作的《中国历代户口统计表》来分析……这些数字在历朝的平均数字的排列次序上是占着甚高的位置的，就算比起位次已相当高的两汉及北宋初年的每户平均的口数约为“五”一个数字，仍是较为高出。我们并不认为这些数字就是户口的真实记录，只是把它们认作政府收税册上的登记数字，在这种认识上用来作比较以说明历史的大致趋向是可以允许的。①

由以上这两段引文、《统计》的“总序”和其他一些地方的叙述（见后），可知父亲对历史上的田地以及户口数字的性质早已有十分明确而准确的判断，可能曹氏等没读过这些字句或虽已读但未注意到这些话，从而造成误解，否则不会有“作者不明了明代中期至乾隆中期官修史书上口数的真实含义”的说法。

父亲深知要真正理解史书所载数字的真正含义以及判断他们的真实情况必须做许多深入的研究，他认为首要是应认真研究历代户籍、地籍的制度，以及两者之间的关系。所以他在“总序”以及“表说”里着重探讨这个问题。他的这种研究取向及其所得结论和在人口史等研究上的贡献，姜涛有一较详的论述：

梁方仲在指出中国古代人口调查制度的先进性的同时，还极为透彻地剖析了它的实质，那就是：中国历代王朝的户口登记或调查，都是为统治政权服务，首先是为税收的需要服务的。事实上，有登记就必有反登记，纳税者逃避登记的手法可以说是五花八门，无奇不有。因此，从这层意义上也可以说中国历代的户口

① 梁方仲：《梁方仲经济史论文集集遗》，广州：广东人民出版社，1990年，第9页。

> 统计又都不是那么可靠的了。剖析问题的关键，在于掌握历代赋税征收对象的演变。这也正如梁方仲所指出的：汉代的人口调查皆为口数和户数并列。当时，口赋（“算钱”）是国家的主要收入，户赋则被指定为列侯、封君的收入。及曹魏至唐，政府收入始以户调为主，所以户数的调查成为政府最关心的事，口数反居于次要的地位。北魏及唐，口数的记录缺乏，可为明证。总之，自汉迄唐，八九百年间，政府最着重的是户籍的编制。户籍是当时的基本册籍。自唐代中叶以后，作为户调制物质基础的均田制已渐趋废止。尤其是宋代以后，私有土地日益发达，土地分配日益不均，因而土地这个因素对于编排户等高下的作用愈形重要。即如宋代主户、客户的划分，就主要根据各户占有土地的多寡、有无来决定的。于是，各种单行的地籍相继设立起来了。同时，由于原有的户籍多半失实，所以又纷纷增设各种新型的户籍，如户帖、甲帖、结甲册、丁口簿，等等。地籍已逐渐取得了和户籍平行的地位。自明代中叶“一条鞭法”实行摊丁入地以后，鱼鳞图册（地籍）便成为征派赋役的主要根据，而仍依向例编造的赋役黄册（户籍）实际上已退居次要的位置。明清两代，地方政府所最关心的只能是税册的整顿及其使用而已，户籍和地籍符合实际情况与否都可以满不在乎了。由明末起，直至辛亥革命以后都是如此。
>
> 以上我们之所以不厌其烦地大段引用梁方仲的结论，是因为他经过艰苦的探索，确实为历代人口的考察指出了一条可行之路；而经过其他学者们的不懈努力，中国历代户口的统计也不再是什么“糊涂账”，也已变得有规律可循了。正是在前人成就的基础之上，我们开始了对传统人口规模结构的考察之旅。①

刘志伟亦表达了类似的见解：

> 这部著作中渗透了梁方仲先生大量的研究心得，一些在最近十几年来被视为新进展的研究课题，其实在书中早已经提了出

① 姜涛：《人口与历史——中国传统人口结构研究》，第14—15页。

来。例如明初土地数字问题，宋代客户问题，北魏迄唐的均田制中的一些问题等。梁方仲先生的解释虽然只是一家之言，不见得完全正确，但他力图在通解历代制度演变的基础上去解读数字资料的方法，应该成为中国经济史研究运用计量方法的基本原则。[①]

在《统计》出版以后，许多人口历史研究论文出现，其中很多都引用了《统计》的数据与见解。[②] 与此同时，多部人口史专著相继问世，且这些专著所论及的内容不少属《统计》已有所涉及或展开的，诸如人口调查制度的起源、演变与发展，不同朝代的人口数量及其升降、人口地理分布及其密度，人口性别、历史人口资料的性质与评价等这些现代人口史的基本构成（当然不是全部构成），其中有些专著参考《统计》的思路与研究结果的痕迹明显。[③] 当然姜涛《人口与历史——中国传统人口结构研究》也有所反映。姜涛撰写的一篇数万字的长文[④]，再次明确指出父亲在中国人口史上研究的相关贡献和某些具体方面，即：

一、两次详录其《人口与历史——中国传统人口结构研究》第14—15页里所写的评价父亲的有关贡献之一段话。而姜氏在《中国人口史研究中的几个问题——兼论梁方仲先生的相关贡献》一文中所写的，则见《遗大投艰集》第214—215页。

---

① 刘志伟编：《梁方仲文集》，广州：中山大学出版社，2004年，“导言”，第18页。

② 例如，陈高华《元朝的土地登记和土地籍册》（《历史研究》1998年第1期）、宋家钰《唐代的手实、户籍与计帐》（《历史研究》1981年第6期）、王育民《〈明初全国人口考〉质疑》（《历史研究》1990年第3期）、王其榘《明初全国人口考》（《历史研究》1988年第1期），更多的例子可见本书第一章第一节之各表。

③ 据袁祖亮对“文革”结束后10多年（截至1994年）的不完全统计，“在近10余年中已发表专题论文200多篇，出版专著10多部”。（《中国古代人口史专题研究》，郑州：中州古籍出版社，1994年。）这些专著中大量参考引用《统计》的有葛剑雄的两部，即《亿兆斯民——中国人口史再认识》（香港：中华书局，1989年）和《中国人口发展史》（福州：福建人民出版社，1991年），以及行龙的《人口问题与近代社会》（北京：人民出版社，1992年），不难发现此三书的思路、内容构成与研究结果参考父亲《统计》的痕迹相当明显。

④ 姜涛：《中国人口史研究中的几个问题——兼论梁方仲先生的相关贡献》，载陈春声、刘志伟主编：《遗大投艰集——纪念梁方仲教授诞辰一百周年》，第210—262页。

二、在“人口周期与王朝周期”问题研究上，作者指出历代人口的发展，首先表现为基本与王朝兴衰同步的波动周期。在梁方仲先生的基础上，通过对中国历代人口变动的进一步考察，得出结论。

三、在“五口之家”辨问题上，作者指出：“历代平均户量，同样是梁方仲先生力图予以反映的人口现象。《中国历代户口、田地、田赋统计》甲编中有大量的户口统计，并有每户平均口数的计算值。”①

四、在中国传统人口年龄结构问题上，作者指出：“成丁的统计，是梁方仲先生另一予以关心的问题。《中国历代户口、田地、田赋统计》别编的表说 1，即为‘历代男女法定年龄与赋役课免的规定’。在此基础上，我们进一步展开了对传统人口年龄结构的分析。”②

五、作者在其文结束语中写道：“以上只是提出几个大家可能感兴趣的问题。仍有很多问题有待进一步解决，如：传统人口的性别结构问题。如何更有效地利用中国传统的基于男性世系的家谱资料的问题，等等。梁方仲先生的工作为我们指明了透过现象看本质的研究之路，应该继续走下去。”③

除此之外，父亲在《统计》已完成的 1962 年曾在广东作过一场有关中国人口问题的学术报告，会后《光明日报》记者谷风以短讯形式摘报了父亲对中国古代人口发展规律的看法。④ 此看法乃针对王亚南在《马克思主义的人口理论与中国人口问题》中所表述的看法：中国自秦汉以后，每个朝代初期差不多都发生土地找不着人耕种的问题，而在每个朝代末期，又差不多发生劳动人口无法继续在农村待下去的问题，个个朝代如此，就像有节奏地表现为人口有时不足有时过剩的规律。父亲对此提出异议，认为每个朝代初期并不存在相对人口不足的问题，每个朝代末期也不表现为有节奏的人口过剩规律。因

---

① 姜涛前揭文，第 229 页。

② 姜涛前揭文，第 250 页。

③ 姜涛前揭文，第 262 页。

④ 谷风：《梁方仲谈中国封建人口规律问题》，《光明日报》1962 年 5 月 13 日头版《学术简讯》。

此，袁祖亮、延胜在其综述中将范文澜、王亚南和父亲列为新中国成立后至“文革”前这一段研究中国古代人口发展规律的三位主要研究者。[①] 以上种种情况，都显示了《统计》对我国人口史研究有着不容忽视的推动乃至打下部分基础之作用。

2. 田地以及田赋研究方面

在《统计》里，父亲继续延续了他在1935年已提出的看法，即史籍上户口和田地存有纳税概念，强调说：

> 另一方面，两汉按收获量起征的田赋此时也改为按亩或按户来征收，由税率制改为定额租制。州县政府为了完成中央交下来的徭役租税的任务，一般是据册上编定的户口数来摊派；有时为了整顿地方财政，有些州县也进行境内全部户口和田地的实际调查，但它呈报给中央的不一定就是这个调查的数字，它仍然用旧日那个纳税的数字，中央也是无法查出来的。这样一来，中央所能掌握的只是各地的纳税户口和纳税田地的数字，并不是全国的实际数字。历代“正史”“官书”中，从《三国志》《晋书》以至《清史稿》中的记录，多半是属于这类性质。[②]

这段话很重要，它明确告诉读者，自《三国志》到《清史稿》所载户口和田地的数字大多离不开纳税性质，提醒我们理解史书上的这两个数字背后的真正含义，一定要考虑到这一点。[③] 父亲并且结合

---

① 袁祖亮、延胜：《中国古代人口史研究回顾与展望》，《历史研究》1996年第5期，第148页。

② 梁方仲编著：《中国历代户口、田地、田赋统计》，“总序”，第16页。

③ 何炳棣在其《中国历代土地数字考实》（台北：联经出版事业公司，1993年）一书序言第ix中曾说：“他（按：梁方仲）虽在其巨著（按：《统计》）长序之中并未明白警告读者历代户口、田地数字的实际性质，他本人对此问题具有深切了解是绝对不容怀疑的，因为他在三十年代《地政月刊》某期里曾表示对梅特兰史学成就的景仰。照理，梁先生应该是第一位有资格向专治中国经济、社会史的中外学人作一必要的警告的。他生前既不愿做这最低必要的警告工作，不得已只好迟迟由我来作了。”然而从笔者上面抄出父亲《统计》“总序”中这两段话来看，这应该是明白不过的“警告”了，不知何氏为何如此说？汪士信、吴慧《关于折亩问题的通信》就充分体现了他们已深深认同父亲所作“警告”（见后）。

田赋制度及社会、政治等原因的分析，概括了历代田地和田赋数字记载上的特点，说道：

> 土地方面，虽两汉时已有，然仅为历朝顷亩之数，尚无分区数字。隋、唐情况亦然。隋代垦田数字特高，当不可信。唐代天宝末年田数系据每户应受田一顷六十余亩推算出来的，并非陈报或丈量的数字。至如三国至南北朝，和辽、金、南宋及元，就连历朝的田亩数也无可考：前一段时期缺载，似或与户调制或均田制各有定额这点有关，因政府据税收总数或户口总数均可推算出田地的大概数量，它自己却没有向人民公开田亩数目的必要；后一段时期缺载，则显然是受了社会各阶层的反抗的阻力，由于辽、金的田制和赋役制度是阶级压迫和民族压迫相结合的产物，所以辽代的“检括”，金代的“通检”“推排”，引起被压迫者的强烈反抗，史不绝书。南宋李椿年、朱熹等先后举办的“经界”，则遭富户豪家的反抗，不能贯彻。元延祐初年（1314—1315 年）的“经理”，受了农民武装力量的打击，结果只将河南、江西、江浙三行省的官民荒熟田额清查出来。全国分区田地数字，北宋时始可稽考，然资料尚寥寥无几。直至明洪武和万历初年两次大规模的清丈以后，各地区田亩的记载才丰富起来。①

这段话很简略地概括了历代登录田赋以及田地数字的特点和存在问题，有助于读者从宏观角度理解与运用这些数字。

目前而言，人们谈得比较多的是父亲有关古代田地数字性质、田地登记失实、明初田地数目的估算等这些具体问题。父亲就明初田地数字问题在《统计》第 335—338 页中表达了这样的见解：“造成明代册籍登记数字分歧的主要原因之一是各地亩法不同的关系，这一点今后应值得更多的注意。”“州县编造黄册，便用经过折合后的数字（即大亩）上报‘朝廷’，但向民间征收赋役则仍用一亩是一亩的小亩来计算。所以填报给朝廷的亩数是远低于实际的亩数的。”“我们检阅明

① 梁方仲编著：《中国历代户口、田地、田赋统计》，“总序”，第 11—12 页。

清各地方志的记载，知道折亩的办法至迟到万历年间已几乎普遍实行。”“折亩的原因甚多，其中主要原因之一是因为土地有肥瘠之分，而历代的田赋制度多数是按亩起征一定的赋额。最初，折亩法之出现，本具有调剂赋役之意；但后来便成为地方官吏、里胥舞弊营私的方便法门了，明清两代的情形大半就是如此。”“总之，自明代以后，各地的亩法不同，对于中央与地方以及各地彼此之间的记录互异所发生的影响愈形广泛和重要，册报亩数与实际面积不符至此已成为普遍存在的情况。至于由豪强欺隐和吏胥舞弊所造成的册籍种种失实的情况更为严重，则又当别论了。”父亲的这些论述很快便引起了有关学者的重视与讨论乃至借鉴。1985 年汪士信就是在读了《统计》后对父亲有关折亩和税地亩概念表示赞同，并函询吴慧。后者在回信中详加讨论，认为：“在明清时期，折亩是土地计量中突出的问题，梁方仲作过深入的研究。……最近何炳棣详细考察了折亩的历史过程，得出结论说：‘折亩的旧习和我国各地亩的大小的差异和亩制的紊乱是一事的两面。’‘折亩必须认为是我国传统土地数字失之过低的主因之一。’”“折亩不是实际的耕地面积。诚如梁方仲所说的‘历代所记的田亩数字，与其认为是开垦田地的面积，毋宁理解为税地单位的数量’”，“史料所能提供的仅是经过折亩以后的‘额田’。梁方仲等学者发现历代田亩数的这一真正的含义，应该说是一个很大的贡献”。吴氏进而发挥了父亲豪强隐瞒吏胥舞弊的“另当别论”的看法，指出“其实历代土地数字之不实，主要原因不在于折亩，而在于隐漏”。并认为折亩在税收工作的方便上有其一定必然理由。①

讨论父亲在计量史学上的贡献时，应该注意到台湾“中央研究院”近代史研究所的王尔敏和清华大学专攻历史统计资料的专家陈争平、常旭对中国计量史学及其史家有过很明确而较详细的评介，从中亦可窥见父亲的贡献。王尔敏写道：

> 数字统计为谱系学之一支，特开先于 20 世纪之初。然后继

① 详见汪士信、吴慧：《关于折亩问题的通信》，载《平准学刊》编辑委员会编：《平准学刊》第四辑上册，北京：光明日报出版社，1989 年，第 338—343 页。

大家辈出，但十之八九为研治中国经济史而制作。其中最具实用而广受学人仰重者为经济史大家梁方仲所编《中国历代户口、田地、田赋统计》，又有近代经济史名家严中平所编《中国近代经济史统计资料选辑》（1955 年）。此外又有经济史家汤象龙所编《中国近代海关税收和分配统计》，亦具深厚功力，具广泛参考价值。凡所示三位名家，俱是老一辈经济史家。数十年来，已成绝响，当世的经济史家，多是缺乏真才实学，只会搬弄洋人理论，眼高手低，不肯再下苦功。①

王尔敏在其另一本书中又说：

在此郑重陈叙，二十世纪同代史家中有开创新路独出心裁之史表，令人惊叹并视为代表同代百年新创典范之作，是即梁方仲之《中国历代户口、田地、田赋统计》，可说是今代开山之作，无愧于历代史家。我手边备有此书。梁氏亦如宋之郑樵，乃是自古至今，贯通历代史实之作，真难能可贵，足为史表大师。

……真是前无古人，全新开创，足以备见其学问、识力、毅力之过人。当为后世史家尸祝。②

陈争平、常旭写道：

梁方仲认为，中国古史研究在数量统计方面长期处于落后状态，古人除财政税收外，数量观念过差，用文字概括时，不是夸张就是缩小，不甚可据。所以他在社会经济史研究中，特别重视从文献典籍中搜集数据，以现代统计学方法整理汇总。

1935 年，梁方仲在其清华大学研究院硕士论文《明代田赋制度考》（按：应为《明代田赋史述要》）的研究基础上，又进一步在《中国社会经济史集刊》（按：应为《中国近代经济史研究集刊》）发表了《明代户口田地及田赋统计》。……梁方仲这

① 王尔敏：《20 世纪非主流史学与史家》，桂林：广西师范大学出版社，2007 年，第 208 页。

② 王尔敏：《新史学圈外史学》，桂林：广西师范大学出版社，2010 年，第 161—162 页。

一长文的发表，“开中国以现代统计学方法研究经济史的先河”，推动了中国历史研究中统计方法的运用。①

陈、常两氏对以《明代户口田地及田赋统计》为蓝本经长期编撰而成的《中国历代户口、田地、田赋统计》一书，评价为“《统计》——中国经济史统计工作的奠基石”，指出：

> 他编著的《中国历代户口、田地、田赋统计》是中国经济史统计的奠基性著作；他在经济史统计中所采取的基本原则，即重视定量的实证研究，重视对数据的校勘求真，重视对数据产生机制的考察，应该为经济史工作者所遵循。②

他们认为：

> 在梁方仲开创性工作的基础上，也可以进一步深化历史统计工作的研究，即将其工作在校勘的基础上电子化和表格化，并将新的研究成果补充进去。……
>
> 笔者认为，《统计》最重要的特点是其通史的眼光，重视历史的连续性。法国年鉴学派的代表人物布罗代尔（Fernand Braudel）等人认为历史发展是在多元时间体系中进行的，他们将历史分为短时段的“事件史”、中时段的“情态史”和长时段的“构造史”，社会经济史应该着重于中长时段的研究，关注社会结构、文化和科技、社会组织、地理环境及其他一些重要因素对社会经济发展的深层次作用。《统计》从纵向而言，从西汉平帝元始二年（公元2年）到清宣统三年（1911）；从横向言，包括户口、田地、税粮等。在如此长的时间跨度和广泛的研究领域内，举凡历代基础的统计资料，无不以专题的形式收集整理起来，发明数据变动背后的涵义，提出许多有价值的创见。诚如许多著名学者所言，《统计》这一巨著实在是中国历史统计工作的奠基石，梁方仲耗数十年心血编纂的中国历代官方统计资料，是任何一个

① 陈争平、常旭：《梁方仲对经济史统计工作的贡献——兼评经济史研究中的统计方法与计量经济学方法》，《清华大学学报（哲学社会科学版）》2011年第2期，第151页。

② 陈争平、常旭前揭文，第151、150页。

研治中国古代经济史的学者所必备的参考工具，它事实上提供中国古代社会经济史研究中最具权威的基础数据。然而，他对社会经济史统计工作的贡献却不限于此，更在于他在“路失因循”的情况下，筚路蓝缕，所开创出来的经济史统计方法与原则。①

陈、常两氏文第二节为“梁方仲经济史统计的基本原则”。在这一节中，他们主要从重视定量研究实事求是、精心校勘探索数据产生的机制，重视度量衡问题等多方面阐述，其中有些综论性的话语：

> 通过《统计》及其他一些论著，梁方仲透露出在社会经济史研究中，必须高度重视数量统计工作，对社会经济现象进行定量分析，实事求是。他认为在经济史研究中定量的研究最能科学地说明历史上各种经济现象，从而找出社会经济发展的趋势和规律。这种科学的社会经济史研究方法，现在已经获得经济史研究者的普遍赞同和遵守。②
>
> 梁方仲之所以取得如此的成就，得益于他深厚的经济学素养和历史研究功力。……而笔者认为，更为重要的是他在科研中精益求精的精神。梁方仲尝言：“雨过地皮湿，风一吹又干了。如果今天搞的科研到明天就没用，那还搞它干什么？我搞科研就是要多少年以后，人还在用。”正是这种精神，才成就了这一社会经济史研究中“古人之所未及就，后世之所不可无”的基础性工作。相比于眼下一些经济史研究对引用数据的来龙去脉乃至数据本身的准确含义都不太清楚的现象，真有云泥之别。③

① 陈争平、常旭前揭文，第152—153页。

② 陈争平、常旭前揭文，第153页。

③ 陈争平、常旭前揭文，第155页。

第七章　明清社会经济状况及其特点研究

——主要学术贡献之四

明清社会经济状况及其特点之系统研究，在新中国成立前基本匮乏。新中国成立后，资本主义萌芽等“五朵金花”的大讨论，在不等程度上引起了众多研究者自觉或不自觉关注此命题，而“文革”结束，国家实行改革开放，提出实现“四个现代化”之宏伟目标，从而引发许多有关历史研究命题的强烈诉求，中国传统社会与现代化问题自然成了其中一个核心命题。[①] 因而，与近代中国历史转折息息相关的明清时期历史的研究显得很重要。父亲没有写过一篇专论明清社会经济状况、特点和国家、社会结构特点及其变化的论著，列出此命题并介绍父亲所作的贡献，可能会使人骤然间感到有点纳闷，然细细检视却可发现，父亲应属最早关注此问题并已提出不少重要见解的学者之一，这些见解大多在今天仍有参考和启迪价值。

第一节　主要看法

一、《明代一条鞭法年表（后记）》等的有关见解

父亲以一条鞭法为中心的明代田赋制度研究所得的成果，实际上已为明代社会经济及其动态变化的了解，揭示了许多具体而重要的内

① 1999年我国曾开过一次大型学术研讨会，会议论文以《中国传统社会经济与现代化——从不同的角度探索中国传统社会的底蕴及其与现代化的关系》为题结集出版，叶显恩、卞恩才主编，广州：广东人民出版社，2001年。

容或细节。其中，正如前举刘志伟、陈春声读父亲《一条鞭法》后的三点体会（如一条鞭法改变了赋役摊派的对象和征收办法；白银货币流通的范围，主要在贡赋经济；一条鞭法以银取代亲身应役制度，改变了人民与政府之间的关系）（见本书第四章第一节）。此处再补上他们读《明代一条鞭法的论战》后体会中的另外两点，即南北社会经济背景的差异和社会各层阶的关系及其利益冲突（见本书第四章第二节第二点）。

关于一条鞭法实行前后明代社会经济的总体变动情况，父亲在其《明代一条鞭法年表（后记）》中有一大段文字（6000 余字）来专门叙述。字数虽不算很多，但内容相当全面，试将其主要点摘要如下。

（一）生产关系

“元朝统治中国以后，对于旧日的经济结构，仍多予以保留；对于金、宋地主阶级的特权，仍然充分保护。农民所受的剥削程度不但丝毫未有降低，且有日益严重的趋向，因之，元末各处农民纷纷大起义，将元室推翻。朱元璋建立了明朝以后，虽然有鉴于元朝灭亡的原因，也做了几件锄抑豪强的事，但不久，便完全背叛了自己出身的阶级立场，企图加强封建的统治。配合着分封诸王的封建政治制度，他在经济方面也有同样的措施。他将全国的户口分为三大类：1. 民户，2. 军户，3. 匠户。在每一大类之下又分为几个小类，如民户以下又分为儒、医、阴阳等户；军户以下又分为校尉、力士、弓兵、铺兵等户；匠户以下又分为厨役、裁缝、马户、船户等。此外，还有盐灶、僧、道等户。户籍的编制是以职业划分的，所谓‘毕以其业著籍’。同时他又编定供应赋役的里甲制度：以一百一十户为一里，选择丁多田多家产殷富的十户为里长，其余一百户分作十甲，每甲十户。每年由里长一人率领一甲十户去供应官厅的差遣与徭役。十年为一周，一周之中，每一个里长与每一甲皆须依编定次序轮流应役一年。十年满后，又轮流应役如故。”

父亲特别指出，上述户籍制度与里甲制度的特点如下：一、户籍编定后，不准轻易更改。换言之，人户皆世其业，军户等也世世代代如此，余亦仿此。二、“在每一地区内，各类户籍的划分，大致以满足当地最简单的经济生活的需要为依据，造成了全国各地无数分散的自给自足的小单位”。三、“人民的移动、迁徙，是受限制的。从一个地方到另一个地方的行动，都要得到政府发给的‘路引’（即通行证）”。四、采取连带责任制办法，企求保证赋役负担及解决出现之问题。五、“主持一里赋、役的里长，和管理一粮区（多数辖有数里）的粮长，例以大户充之。他们对农民建立了一种直接统治和隶属底关系”。

父亲认为：“当时的丁税，并不真正等于现代所说的人头税。它不是按丁科以同一的税率的税，而是按各丁所属之户的财产底大小来订等级的税。它的性质，兼人头税与财产税而为一。所以我们将洪文的理想成分剥去，便知它的主要内容不外是田可卖去而丁则必须仍旧保留，不能过割给新业户。政府企图利用这种赋役政策来束缚农民固定在田地上面；对农民说来，岂不明明是农奴身份、地位的重被确定起来吗?”

总之，不难看出“政府企图利用这种赋役政策来束缚农民固定在田地上面”；可以说户籍、里甲这两种制度明显存在“画地为牢”之封建秩序意识。当然明中叶实施一条鞭法，这种秩序有了较大的松动。父亲以列宁所说的封建生产关系的四个特征①来衡量明代早期的这种情况，其结论是：“可以说是没有一条是不相符合的。”

（二）生产力之发展

父亲认为在明立国后的五六十年中，生产力已恢复与发展起来。

农业生产上，“此后更因为东南、西北水利的讲求、修建，各种田制（如圃田、围田、架田、柜田、梯田、涂田、沙田等）的建立和试验，经济作物的推广，外国种子（如占城米、番薯、花生、棉子、蔬菜、果树等）的输入与试种，牛的蕃殖与牛耕的推广，与若干种农

---

① 按：列宁所讲的四个特征描述，父亲是指《列宁全集》俄文版第三卷第140—141页所述。

具（如用人力推动的管键，特别是为灌溉和磨碾用的筒车、翻车等）的改善，种种因子，都使农业的发展向前迈进了一步”。

“在手工业方面，特别值得称道的是家庭棉纺织业在政府课税政策之下被强制地大力推广起来，奠定了这一业的初基。主要为支应皇室需索而设的各种‘供奉工业’，如丝织、针工、染造、官窑陶瓷[①]、营造，以及采木等业，不仅表现在技术水平底提高上，而且表现在产量的增加和分工的日趋精细。所有这些发展的趋向，在造船、火器、矿冶、铜、玉、竹、石、扇（特别是折扇）、漆（制漆法由日本再流回中国）、雕刻、印刷、玩好，以及饮食制造加工等各部门，都可以观察出来。这一系列的事实说明了手工业与农业的分工逐渐明确和扩大了。（所以明代有不少历史著名的精工。）”

“其实明代手工业的一般情形，大约到了十五世纪中叶，已经发达到不止超过前代；且有好些部门，在生产技术水平上，也超越同时西欧诸国，像宣德炉、景泰蓝[②]、成化窑、苏织、顾绣等，都不愧为世界上首屈一指的。就拿造船业和建筑学（专指理论与技术水平，而不包括营造材料与施工实情）来说，在十六世纪以前，中国的水平似乎也不在各国之下。更就整个封建文化来作比较，中国的发展高度也是各国所未达到的。中国生产力底落后是在十八世纪以后才开始显著的，主要就是因为封建制度的桎梏在中国仍未能打破。到了鸦片战争以后，又先后增加了国际资本主义与帝国主义的锁镣，我国经济发展从此便更相形见绌了。这一落伍过程从发生之日计起，直到全国解放为止，最多不过是在二百二三十年间内陆续形成的，急起直追，并非难事。”

商业亦有相当的发展，主要表现在市场底扩大上。“国内市场底扩大的征象最具体地表现在帮商（如广商、泉商、徽商等）的众多，牙行（如万历间广东三十六行兼管海舶贸易）、工行的增设，驿路的

① 原注：按明时江西景德镇官窑凡十余处。御器厂分二十三作，各有专司。正德嘉靖间官匠三百余人，画工另募。又有民窑二三百区，工匠人夫不下数十万。

② 原注：据说珐琅制法从阿拉伯人传入，但制作的精巧佳丽，没问题地是中国第一。

伸延，西南各边省的开发与汉化，城市数目与城市人口的增加，城市地区的扩大，修筑城垣事件的大量增添，几点事实上面。国外市场底扩大，最显著地表露于航海事业的发达上。自从明初，我国与南海诸国的朝聘、交通、贸易，已有空前频仍的盛况。其后自十六世纪初年，葡萄牙、西班牙、英吉利诸西欧国的半军半商人也先后断续地来到中国从事于探险式和剽掠性的买卖。”由于白银的大量流入和国内白银生产，“到了明末，闽、浙、粤沿海各省市场上最受欢迎的交换媒介就是外国银圆了”。“再者，由于新设立的对生产或交易行为而课征的苛捐杂税纷然百出，及旧税的税率一律提高两点来看，也可以知道一定是社会分工已日趋精细了。以上各点，都不过证明了以买贱卖贵为目的而交换及以出售为目的而生产的简单商品经济已经相当发达，往日自给自足的自然经济已逐渐丧失固有的地盘。”

（三）社会风气

父亲指出：“作为城市剥削农村经济手段的商业资本与高利贷的利率也膨胀高大起来。明初的巨富如金陵沈富（字仲荣，时人多呼为沈万三秀），虽为朱元璋所嫉忌，罪谪辽阳，但其子孙仍甚富绰。”“在嘉靖年间，保定府容城县，借银一两的，每年须付利息六钱。在崇祯初年，西安府借银九两的，每年须付息银八两。这样高的利率，明初法律是不允许的。”

父亲强调指出：“当时商人热爱购买土地的动机，为的是抬高自己社会地位，而并不是为了扩充营业，因之商业资本的累积大为削弱。从手工业方面，资本的累积也没多大可能，因为当时手工业的发展，主要是由于要满足生活日益奢侈的宫庭需要，对于民间工业底影响不大。”①

父亲的以上论述是从政治、社会和经济以至文化多个层面展开

① 以上介绍文字，主要参见梁方仲：《梁方仲经济史论文集》，北京：中华书局，1989 年，第 562—569 页。

的，“这是对晚明社会和经济总的状况高度概括性的讨论”①。这既反映出父亲对明代社会经济状况的评介之提出与其他研究者的论述相比较，可能很全面，且他是最早者之一，更看出这种概括很有见地，甚富参考价值。进一步的有关评述，将在介绍其《明代粮长制度》和《中国国民经济史（14—17世纪）讲义（提纲）》时举例展开。

二、《明代粮长制度》中的有关论述

在《明代一条鞭法年表（后记）》的基础上，父亲在《明代粮长制度》中继续申述自己对明代社会经济状况的看法。他对洪武至景泰年间（1368—1457）明代社会经济状况有如此的概括：

> 我以为当时手工业者劳动生产率的提高，主要是由于若干的民间重要手工业已和农业分离出来——例如陶瓷业、纺织业等，一向是作为农民副业来经营的，至是已逐渐取得了独立经营的地位或较大的独立程度。至其所以能够如此，则又由于明初农业生产已获得了迅速的恢复和发展，提供了更多的剩余农产品，作为对手工业制造品进行扩大交换的基础。随之商业也繁盛起来了，城市和乡村的分离程度也加深了。同时不可忘记，自元以来，中亚等大量技工和技术的输入，对于明代的手工业也起了相当的促进作用。拿瓷器来说，自永乐以后，深受波斯阿拉伯的艺术影响；而明瓷的彩料，亦多采自南洋三佛齐诸国。又如景泰蓝和玻璃的制造，显然也是受了中亚的影响。所有这些制造部门，在图案、模型、款式、上色，以至原料方面，都发生了一定的互相影响，因而在技术上也各有所提高。
>
> 总之，由洪武以至景泰年间，亦即直至永充法废止不久这个时期，农业、手工业、商业都是步步上升的。②

对明代这段时期的社会经济，父亲在《明代粮长制度》一书中提

① 何炳棣著，葛剑雄译：《明初以降人口及其相关问题（1368—1953）》，北京：三联书店，2000年，第13页。

② 梁方仲：《明代粮长制度》，上海：上海人民出版社，2001年，第119—120页。

到两个值得注意和商讨的问题。一是国都北迁后的影响。永乐十九年明国都迁往北京，他认为："自此以后，农民以至粮长对于国家的租税负担无形中加重了不少。这不只因为运输路程大为延长了，而且运输工作也繁重了许多。……这是迁都影响的一方面……但迁都还有更重要的影响，这就是由于沟通南北的运河畅通后，全国的经济生活得到了比以前更密切的联系。同时在明初社会经济普遍高涨的基础上，商品经济得到进一步发展。这些首先表现在沿运河由南至北的一些城市繁荣起来了。……商税屡有增加……这里反映着商业上有了一定的发展"。①

另一问题乃明代手工业之所以发展原因的解释。父亲认为：

关于明代手工业的发展，近来有许多学者，都说是明太祖对于在官府做工的匠户规定了"轮班"的制度，使手工业者得到一些自由劳动的机会，获得部分的解放，因而提高了生产的积极性，是手工业发展的主要原因。但据我浅陋的认识，这一说法的理由是甚不充足的。轮班番役的办法早在南齐明帝建武元年(494年)即已出现。下逮唐代的"番户"（亦称"蕃户"或"官户"），宋代的"当行"，亦无不是轮班番上的。元代多半也实行过轮番的办法，虽则它的施行范围，究竟仅限于一般民户的工匠抑或亦已适用到官局工匠这一个问题尚未能十分确定。再则，明太祖所定的轮班法，从其对工匠的生活待遇看来，并不见得比元代有所提高，这是值得注意的。元朝无论是对于"系官匠户"或临时雇用的民匠，都由官府按期支付粮、盐、钞和衣装等，同时更不可忘记，元代对于西域诸族的技巧工人是特别优待的。而明代的轮班制则规定为无报酬的义务劳役制，虽然在京工作的工匠有时亦能得到皇帝的赏赐，但乃出自"天恩"，并无法令上的根据的。问题还不在这里，更重要的，是班匠赴京受役时，一切旅费开销全归个人自备，路途遥远的往返动须三四个

① 梁方仲前揭书，第117—118页。

月，所以尽管名义上说是三个月一班，实际上往往需要六七个月的时间。明代轮班制的整个历史，是诸多弊病的，在这个制度之下，甚至到京班匠人数过多以致无工可做闲置下来的情形也常常出现。只是到了后来班匠一律以银代役，才有了比较进步的意义。①

而正德初年以后明代社会经济又如何呢？父亲作了这样的概括（笔者敬请读者于此给予更多的注意）：

正德初年以后，即16世纪初期，中国的封建主义经济已发展到了一个更为成熟的阶段。当时发生了的种种新情况，是以前历史上所没有发生过，或虽曾经发生过但并不甚显著的。这些簇新的情况可以归纳为以下几点：第一，在手工业方面，首先是它和农业已日益分离，有若干原为农村副业的手工业已取得了独立经营的地位；又有若干家庭手工业已为作坊或工场所替代。尤其是在城市中，手工业有了更多和更大的发展——这里是包括着企业的种类、数目和规模，也包括着生产设备和生产技术等方面来说的。第二，从小生产者（手工业者和农民）的社会经济地位的变迁来说，他们里面有不少人已被剥夺了生产资料（如土地）或劳动工具，因而变成了雇佣劳动者。第三，商人通过高利贷和贱买贵卖的方法，或采用“定期收购”和“低价预购”等方式，贷给小生产者以现金、原料和材料，使他们的生产活动归附于自己的直接控制之下，因而商业资本有了很大的发展，财富集中在少数商业资本家的手上。第四，农产品和手工制造品的商品化的程度大为提高。农民经济日益卷入交换之中。第五，货币的权力愈来愈大。第六，市民阶层和与此相适应的经济观点、政治主张都出现了。以上几点突出的情形，互相结合起来构成了明代中叶以后社会经济发展的主要面貌。近来有许多史学工作者据此数点认为是我国资本主义的萌芽，大体上是有根据的。②

① 梁方仲前揭书，第118—119页。

② 梁方仲前揭书，第126—127页。

中国社会经济的动向和发展程度在此时不但不落在欧洲各国之后，而且是和它们步武一致的。①

以上两大段引文显示，父亲已提纲挈领式把明代早期和中叶以后社会、经济发展的面貌勾勒了出来，言简意赅，内容丰富、深刻。而明确指出所陈述的六点情形是“以前历史上所没有发生过，或虽曾经发生过但并不甚显著的”。在《明代粮长制度》有关论断中，父亲特别强调指出了明代中叶以后社会经济最值得人们重视的一些情形：

但我还有些极不成熟的意见愿意提出来供同志们参考。我以为应当指出明代中叶以后最突出的情况，就是当时商业和商业资本有了“一马当先”的迅速发展——它远远跑在农业或手工业之前，它的发展速度与后二者的是不相适应的。换言之，商业的繁荣并不是建筑在农业和手工业有了相同比例的增长的真实基础之上，而是虚有其表、外强中干的，它实际上乃是一种畸形的发展。当然这并不是说，自正德以后农业和手工业的生产已停滞不前了；相反地，直到万历中年以前，它们仍然是在继续发展之中，这从它们在生产力各方面的提高，可以得到证实。只有到了万历末年以至清初，才真正是进入了停滞和衰落的状态。然而无论如何，它们的发展速度总是赶不上商业的发展速度的。这因为它们增产的成果，一方面被明政府日益繁重的征发和租税提取而去；另一方面又受着商业资本的支配和盘剥。因之，它们积累资本和进行扩大再生产就比较困难；从而，手工业劳动者和农民也难得有上升为资本家或富农的机会。②

父亲进一步解释商业“一枝独秀”的成因：

为什么商业会出现“一枝独秀”的虚假的繁荣局面呢？这主要是统治阶级（包括商业资本家本人在内）从加紧剥削的过程中不断地提高了消费的胃口。关于正德以后社会风气日趋骄奢侈靡的记载，充满在许多史书里面。“世风日下”之造成，完全是

---

① 梁方仲前揭书，第129页。

② 梁方仲前揭书，第127—128页。

"上流社会"的罪过。明代中叶以后，封建统治阶级集中了大量财富，过着日益奢侈、豪华、挥霍、悠闲和寄生的生活，他们的堕落腐朽的思想意识自不免在社会上起了相当影响。[①]

父亲又指出：

商业资本之高度发展，和银两、银元势力的抬头和国际贸易之不等价交换，都是分不开的。明中叶以后，一方面国内对银矿开采已甚积极……另一更重要的方面则是海外贸易亦有了长足的发展，当时葡萄牙、西班牙等国的银元，通过南洋等地，大批地向闽、粤、浙三省源源流入。我曾经作过估计，自万历元年至崇祯十七年（1573—1664 年），七十二年中，葡萄牙、西班牙、日本诸国由于贸易关系而输入中国的银元，至少在一亿元以上。这样，便给明代的货币制度提供了物质基础。[②]

父亲不同意20世纪50年代一些研究者认为明中叶以后社会上经营商业的风气转盛而热衷于手工业和商业的经营的看法，因此说道：

据我的了解，明清的商业资本家对于"求田问舍"的兴趣总是非常之高的，这在前面已可看到不少例子。并且他们购买土地的动机，政治的、社会的、心理的因素居于很重要的地位，所以尽管土地的报酬较低，他们还是乐于广置田产。再则，他们购得田地以后，在经济上打算，无非是尽量收租，对于土壤的改良，种子的选择，技术的改进，是漠不关心的。换言之，他们只是用钱来收买土地，说不上对土地经营的投资，在这点上他们和英国资本主义初期的农业经营者的作用是大不相同的。我想，这也是我们谈中国资本主义萌芽时所应注意的问题。[③]

所以父亲的结论是：

可是大量的货币集中到商人的手里以后，他们就往往用来作"买田、造宅、置妾"等属于个人享受而非生产性的开支，因此

① 梁方仲前揭书，第 128 页。

② 梁方仲前揭书，第 128—129 页。

③ 梁方仲前揭书，第 150 页。

资本的积累不免受了很大的限制，由商业资本家变成为工业资本家的极为少见。[①]

明代中叶以后，土地集中，农民破产、分化，大量农民离开土地进入城市，因而社会经济起了巨大的变化。在这一农民破产分化的过程中，尽管大量土地被集中在权贵豪绅地主手里，可是这些土地的封建制的经营方式基本上没有改变，因而这种土地集中的现象和英国资本原始积累时期的多次圈地运动是有区别的。[②]

第二节 《中国国民经济史(14—17世纪)讲义（提纲)》所提出的有关研究思路

1959年父亲曾开一门选修课——《中国国民经济史（14—17世纪)》，该课讲义只写了元代部分，但在讲义开头，他将14世纪至17世纪明代中国社会经济史上的主要问题（提纲）写了出来（未发表)，原文如下：

1. 农业生产力之发展——具体表现在土地利用范围之推广，农具之改进，灌溉事业比较普通，选种及作物种类之增加等

2. 封建土地所有制的演变过程

①土地私有制之确立及其巩固——土地买卖日趋“自由”及商品化

②土地所有权集中之趋势——大封建土地所有制之各种形式及其掠夺性（官田、官庄及一般地主之“庄田”)

③经营地主在明末清初江南地区之出现

④集约耕种与小农经济

3. 阶级斗争之尖锐化

①自耕农民之减少与贫佃农、雇农之增加

②地租之加重与农民负担之加重

---

① 梁方仲前揭书，第129页。

② 梁方仲前揭书，第131页。

③农民起义之频繁——斗争目标从减税、减租到“均田”

4. 手工业之长足发展

①生产力之提高——特别从棉纺织业、瓷业、铁、煤等生产部门来说明

②官手工业和私手工业的矛盾

③私营手工场之出现及其逐渐发展

④工匠逐渐获得“自由”身份

⑤农业与家庭手工业之密切结合仍占有最主要的地位

5. 商业之巨大发展

①国内贸易——集散中心及市集之增加，生产、运销地区之分工和专业化

②国外贸易——重点从陆路转移到海洋

③商业资本之兴盛及其局限性

④货币经济之发展——从元代纸币到明清时期之银两

⑤城市之兴盛——城乡经济联系之加强，中国城市之特点

⑥南北交通之改善——从元的海运、运河到明清之河海运，驿站制度之推广及普遍

⑦中国商业资本之封建性

与高利贷资本密相结合

买卖土地是商人资本的一条重要出路

地主、商人、官僚三位一体

商业“利润”之获得主要是通过囤积居奇及买贱卖贵的方法来实现

商业资本之地区局限性——行会制、专商制、包商制，及官商或官专买

6. 经济发展的不平衡，表现在：

①南北人口和财赋之分布

②农村人口占绝对优势，但财富集中于城市少数统治者的手中

③商业之畸形发展（相对于农工业而言）

7. 资本主义萌芽不能得到充分发展是由于：

①封建剥削过重

来自地主方面的，是地租与其他封建剥削；租佃制度之不合理

来自政府官吏方面的，是赋税和徭役的繁重，及对工商业种种限制或取缔

商业资本及高利贷对小生产者之盘剥

②蒙古、满洲统治阶级对农工商之摧残

比较蒙、满之掠夺方式及其后果

民族矛盾转化为阶级矛盾之过程

元之地方分权与清立中央集权之历史基础

③明清之际西欧海盗商人之东来严重地打击了我国资本的原始积累

④商业资本没有能够参加生产，更没有转化为工业资本

从大纲所列主要问题来看，父亲坚持他在《明代一条鞭法年表（后记）》和《明代粮长制度》中对明代（及清代部分时期）社会经济状况的基本判断，即：农业生产力有发展，手工业生产力长足进步，商业巨大发展但显畸形，封建土地所有制演变较显，阶级（阶层）分化（斗争）尖锐化，地域（行业）发展不平衡，等等。更可看出，父亲拟在许多方面计划作出更全面而深入的分析，表现在其所初步提出的七个主要问题都分别有多个小点来加以阐述。今天来看，其中许多小点其实不小，其提出的问题及见解往往可成为一研究或讨论的专题，深具研究意义。例如，在封建土地所有制演变方面，他认为土地买卖日趋“自由”[①] 及商品化，土地所有权有集中之趋向（官田、官庄及“庄田”），指出明末清初江南地区经营地主已出现，集约耕种与小农经济存在矛盾。在社会阶级（阶层）矛盾方面，认为自耕

① 按：请注意他在“自由”两字上是打上引号的，同样在工匠身份自由上亦用引号处理，其将表述的内容与含义值得玩味。

农在减少，贫佃农、雇农有所增加；地租加重，农民起义频繁，其斗争目的从减税、减租到“均田”。在手工业方面，他选取了棉纺织业、瓷业、铁、煤等业来说明其生产力，更指出私营手工场出现，工匠逐渐获得“自由”身份，但官营手工业与私营手工业存在很大矛盾，农业与家庭手工业之密切结合仍占最主要地位。商业有巨大发展，表现在：集散中心及市集之增加，生产、运销地区之分工和专业化；国外贸易从陆路转移到海洋。从元代的纸币到明清明期的银两，表明货币经济显著发展。商业资本和城市也兴盛起来；其时南北交通有改善。尤其值得重视的是，父亲明确指出其时中国商业资本之封建性问题，表现在：与高利贷资本密切相结；买卖土地是商人资本的重要出路；地主、商人、官僚三位一体：商业“利润”主要通过囤积居奇及贱买贵卖的非正常手段而实现；商业资本之地区局限性在行会制、专商制、包商制及官商及官专卖中均有反映。经济发展的不平衡表现在：南北人口和财赋之分布；农村人口占绝对优势，但财富集中在城市少数统治者手中；商业时期发展（相对农工业而言）。父亲对明清时期资本主义萌芽问题的估量显然比许多研究者的估计要低得多，他专门辟出“资本主义萌芽不能得到充分发展”一专门问题来探讨，他认为“不能得到充分发展”的原因是：①封建剥削过重（包括来自地主、政府官吏、商业资本及高利贷诸方面）；②蒙古、满洲统治阶级对农工商的摧残；③明清之际西欧海盗商人之东来严重打击了我国资本的原始积累；④商业资本没能参加生产，更没有转化为工业资本。

第三节　有关见解之启迪作用的若干例子

从以上的叙述里，可以看到父亲是从社会、经济、政治以及文化、思想诸方面来考察明代社会经济的全貌及其不同时期变化的大势，所形成的不少见解颇新颖独特，经过时间的检验，已经或正在显示出其启迪或开拓作用，试举如下若干例子。

一、“求田问舍”“世风日下”“三位一体”和“一枝独秀”命题

“求田问舍”的实质，是对明清商业资本流向土地情状的锐利观察后的生动表述。在父亲强调指出这一问题近20年后，1982年我国经济史学界举行过一次颇有规模的有关“中国封建社会经济结构研究”的学术讨论会，与会学者中的几位都就“求田问舍”、消费奢侈、浪费和由此与此伴生的商业“一枝独秀”提供了研究报告。黄启臣之论文题目是《试论明清商业资本流向土地的问题》[①]，他认为，“明清时期商业资本主要不是流向产业，转化为产业资本，而是流向土地，转化为土地资本”，成为中国封建社会长期续延续的“一个重大的原因”。杨国桢也看到此事实：“求田问舍成了商人追求的理想，本来理应与地主阶级具有相对独立性的商人阶层，其同地主的界限更加模糊不清了。”[②] 张海瀛亦指出：“明中叶以后，通过三位一体的经济关系聚敛了成千上万货币财富的大小封建主，并没有把这些财富投资于商品生产，而是把它或者挥霍浪费，或者窖藏起来。……但都没有起到资本原始积累的作用。”[③] 不难看出这些作者多是看过《明代粮长制度》和《明代一条鞭法年表（后记）》有所悟而作深入探讨的。同样，李龙潜的《试论明清时期商品经济的发展及其局限性》中也可发现与父亲类似的见解，该文认为明清时期商品经济发展存在着明显的局限性，没有转化为资本主义经济。[④]

---

① 黄启臣：《试论明清商业资本流向土地的问题》，载《中国史研究》编辑部编：《中国封建社会经济结构研究》，北京：中国社会科学出版社，1985年，第278—299页。

② 杨国桢：《试论中国封建土地所有权和地主制经济结构的特质》，载前揭书，第135页。

③ 张海瀛：《从地主制经济对交换经济的依存性看明清时期封建经济的长期延续》，载前揭书，第154页。

④ 载前揭书，第329—356页。

二、“洪武型生产关系”

黄仁宇曾写道：“因为盐的管理仅仅是一成不变的财政制度的一个组成部分，这一财政制度也就是梁方仲所称作的‘洪武型’模式。有限的能力和缺乏适应性使得任何彻底的改革在实践中成为不可能。”[①] 继后，黄氏在其他一些著作[②]中皆有提及“洪武型”，并指出此词“乃梁方仲（1908—1970）所创（《岭南学报》第12卷第2期，1952年）”，“即一条鞭法，我们也可以沿用梁方仲的修辞曾未放弃‘洪武型’的财政”。黄氏用之来解释自己“数目字管理”之概念及理论。有学者亦提到父亲所用“洪武型”这词，并将之与“守体重德，诚信不争”的中国传统经济伦理讨论联系起来，指出“若以‘不争’一点观之，则论者以为‘洪武型经济’的均平精神，最能提供印证”。[③]

应该强调指出，父亲原来提出的是“洪武型生产关系”此词，如今不同学者将之用于特定的“财政”“经济”等方面，显然不完全是一回事，只能说父亲启发了他人，或者说黄仁宇有意“借用”来为自己的理论服务，具体言之，父亲并没有说过16世纪的财政制度是“洪武型”的，更没指一条鞭法是“洪武型”的。

三、明中叶社会经济变化与我国现代化问题

傅衣凌晚年提出明清社会经济变迁论，认为16世纪开始，中国在政治、经济、社会、文化等方面发生了一系列变化，表现出一种活泼、开朗、新鲜的时代气息，出现了反传统以至叛逆的思

① 黄仁宇著，阿风等译：《十六世纪明代中国之财政与税收》，北京：三联书店，2001年，第251页。原著为英文本，1974年出版。

② 如黄氏的《资本主义与二十一世纪》（北京：三联书店，1997年，第465—466、490页）、《放宽历史的视界》（北京：三联书店，2001年，第168、189、204页）和《赫逊河畔谈中国历史》（北京：三联书店，2001年，第212页）。

③ 李玉梅：《明代商业机构之启示》，载叶显恩、卞恩才主编：《中国传统社会经济与现代化——从不同的角度探索中国传统社会的底蕴及其与现代化的关系》，第173页。

想。吴承明欣赏傅氏的言论："我以为他所说16世纪以来的变迁，实即我国的现代化因素的出现。"吴氏指出16、17世纪的经济变动，"属于新的、不可逆的变化堪作现代化因素者，约有六端"：一、大商人资本的兴起；二、工场手工业的出现；三、财政的货币化；四、租佃制的演变；五、雇工制的演变；六、白银内流。而16、17世纪的社会变迁表现为：一、就业结构变化和商人地位的提高；二、"宗法制复兴"；三、乡绅势力的膨胀；四、奢侈之风，等等。16、17世纪儒学思想亦有变迁。[①] 如果将这些叙述与父亲在《明代一条鞭法年表（后记）》和《明代粮长制度》等所陈述的内容来比较，应该属所见大同小异，只是父亲早说了几十年。而对16世纪开始发端的明代社会经济变化种种新情况，父亲称之为"以前历史上所没有发生过，或曾发生过但并不甚显著的"，评价没有傅氏、吴氏那样高。换言之，他既指出了新的巨大的变化，但这种变化尚未达到质的飞跃，"它只标志着封建主义的解体过程，本身并不可能就产生资本的生产方式"（父亲语）。

四、明代白银流通及其社会影响问题

父亲是这方面研究的先行者，即其在银生产和银元流入规模的研究为后来的研究铺了路，这点已成共识（见本书第六章），而他对白银的流通主要走向（贡赋）的见解，似乎并未引起人们的足够重视。汤明檖、刘志伟、陈春声则敏感地认识此见解的重要性。刘志伟、陈春声有一很精到的分析：

> 梁方仲先生关于赋税普遍用银缴纳的社会经济意义的独特见解，在我们今天研究明清社会经济转变的学术兴趣下，也仍然有着极为重要的价值。我们知道，17世纪把新大陆和东西两个世界连成一个整体的主要媒介，就是白银的买卖和流通。关于白银流

① 详见吴承明：《现代化与中国16、17世纪的现代化因素》，载叶显恩、卞恩才主编：《中国传统社会经济与现代化——从不同的角度探索中国传统社会的底蕴及其与现代化的关系》，第1—29页。

通在16世纪以后世界经济体系形成和发展过程的意义，一直是研究近代世界形成的历史的中心课题之一，直到最近，仍然在关于近代中国与世界经济发展的研究中备受重视。1998年出版的弗兰克的著作《白银资本》，曾在中国明清经济史界引起注意。该书其中一个比较核心性的讨论，就是白银货币在17世纪的流通格局，说明中国经济发展在当时全球经济形成过程中的地位。王国斌教授在前言中对有关的论点有这样的评价：

> （弗兰克）关于世界经济联系的基本观点是十分简单的。欧洲人渴望获得中国的手工业品、加工后的农产品、丝绸、陶瓷和茶叶，但是没有任何可以向中国出售的手工业品或农产品。而中国在商业经济的扩张中，似乎对白银有一种无限渴求。16世纪和18世纪大量白银流入中国照理会引起通货膨胀，但实际上却没有出现这种情况。这就意味着，中国经济有能力吸收更多的白银，扩大手工业者和农民的就业和生产。

弗兰克的讨论有一个基本的假定，就是16—18世纪白银流入中国之后，在市场流通领域中必定产生广泛影响。但梁方仲先生在半个多世纪以前的研究，启示我们，弗兰克的讨论，存在一个根本性的失误，作为他讨论前提的基本假定其实并不能成立。他似乎没有了解到梁方仲先生在一条鞭法的研究中着重揭示的事实：中国对白银货币的需求很大程度上是由赋税货币化引起的，而这种赋税货币化的动力来自政府的财政体系运作的需要，白银的流通，主要发生在政府赋税分配的领域。这种流通，虽然也可以引起了商品流通的发达，但这种商业“一马当先”的繁荣，并不能引起手工业农业同步发展，梁方仲先生后来在《明代粮长制度》一书中，将这种现象称之为“虚假繁荣”。梁方仲先生的这些重要思想，长期没有得到学术界重视。弗兰克上述凭想象和逻辑推理产生的误见，以及在部分学者中引起的认同，多少是由于他们没有注意到梁方仲先生在半个世纪前已经指出的白银货币在明清中国社会的流通领域的实情和特点。其实，早在50多年前，费正清教授在为《一条鞭法》英文本写的前言中已经指出，梁方仲先生的研究“为任何有关现代中国货币经济发展的研究提供了重要的背景”。或许由此不难明白，为何费正清主编《哈佛东亚研究丛刊》，第一种就收录了梁方仲先生的著作。可惜费正清这个提醒，后来也常常被人们忘记了。①

在刘、陈两氏评论外，王毅也曾尖锐地批评近期被热捧的“加州学派”，认为他们忽视或不明中国传统政治制度对经济形态（制度）的实情，明确宣称：

> 这里我们以梁方仲和王毓铨先生的学术方法为例，说明为什么只有如他们所示范的那样深入把握制度性质，而不是如“加州学派”那样忽视制度对经济形态的决定性作用，才能正确展现经济史的脉络。②

谈到父亲对明代社会经济状况及特点性质所作的贡献，或许从这个事实也可窥见一斑：1979年由存萃学社编集的《明代社会经济史论集》（共三集）中选入49篇论文，作者分别是方楫、王崇武、王毓铨、郭厚安、赖家度、周良霄、杨国宜、傅玉璋、王守义、刘重日、陈鸣钟、何维凝、陈诗启、吴晗、洪焕椿、柯建中、李光璧、白寿彝、史宏达、彭泽益、郑天挺、全汉昇、清水泰次、吴缉华、陈得芝、童书业、贾敬颜、田静、刘炎、赵俪生和梁方仲，共31人，他们分别来自中国的海峡两岸和港澳地区及日本。父亲之论文被选入8

---

① 刘志伟、陈春声：《梁方仲先生的中国社会经济史研究》，《中山大学学报（社会科学版）》2008年第6期，第80页。陈春声、刘志伟就此问题还撰写了专文来详细阐述他们的观点。见陈春声、刘志伟：《贡赋、市场与物质生活——试论十八世纪美洲白银输入与中国社会变迁之关系》，《清华大学学报（哲学社会科学版）》2010年第5期，第65—81页。

② 王毅：《展现经济史真实脉络——写在梁方仲、王毓铨文集出版之际，兼评他们与“加州学派”的区别》，《南方周末》2005年6月16日D30版。按：对于批评“加州学派”不了解中国历史实情而出现判断失误方面，明清史专家王家范在《史林》2000年第3期、《文汇报》2003年2月9日和《史林》2004年第4期上分别有长文披载。详见王家范：《史家与史学》，桂林：广西师范大学出版社，2007年，第185—248页。

篇，远远多于其他作者。由此至少可知他在 20 世纪 70 年代前的明代社会经济史研究方面所处的地位。①

① 例如何炳棣就说过“根据明代财政经济史的主要权威梁方仲的观点……”。见何炳棣著，葛剑雄译:《明初以降人口及其相关问题（1368—1953）》，第 26 页。

第八章　值得重视但尚未被充分关注的若干劳绩

——主要学术贡献之五

第一节　授课与编讲义

父亲正式于高校授课始于1942年在四川李庄同济大学兼任教授时开了“（民国）土地法”课，写有《释〈土地法〉讲义》（作为遗作收录于2008年中华书局出版的《梁方仲文存》）。而于1948—1952年在南京中央大学和广州岭南大学正式讲授中国经济史和西洋经济史课。1952年院系调整后在中山大学继续开中国经济史课和明代经济史专题课。他认为作为一名教师，积极讲课并勉力撰写有关讲义（稿）是其基本职责。2008年中华书局出版的《中国经济史讲稿》即是我们后人从其遗稿中选辑出来的。父亲生前一直不肯将之公开印行，其原因在于，他认为这些为讲课所写的讲稿（初稿）尚不成熟，他计划多次增补修订后拿出来印发给同学参考，最后争取达到他认为的可公开发表的标准。事实上，虽然这些遗稿面世时日不久，似已开始引起人们的注意，反映出其学术价值。

一、《中国经济史讲稿》的主要内容

《中国经济史讲稿》主要包括两大部分内容，即《中国经济史演讲笔记》和《明代社会经济史专题》。另有四个附录：《参考资料》《朱元璋简谱》《明清时期经济史上的几个问题》《明代钞法（大纲）》。

中国经济史演讲笔记

目录

第五节　城邑的勃兴与人口的增加

第四编　专制主义中央集权的封建社会经济

第一章　秦帝国统一的完成和社会经济的发展

第一节　秦统一“天下”的原因

第二节　秦统一中国后的统治措施

（仅以直接或间接与经济有关的为限）

第二章　两汉帝国社会经济的发展

第一节　两汉农业生产之发展

第二节　两汉的手工业

第三节　两汉的商业

第四节　两汉税制

第三章　三国鼎立之经济状况

第一节　魏蜀吴之田地及农业

第二节　三国的工商业

第四章　两晋南北朝经济

第一节　人口流徙与南方的开发

第二节　土地制度与农民生活

第三节　所谓“中古的自然经济”

第四节　寺观经济与社会生产的矛盾

第五编　隋唐宋元明清经济的发展

第一章　隋朝经济

第二章　唐以后农业生产的发展

第一节　户口

第二节　田地

第三节　农业生产的进步

第三章　唐以后手工业之发展

第一节　棉纺织业

第二节　丝纺织业

第三节　矿冶业

第四节　制茶业及制糖业

第五节　瓷器业及玻璃业

第六节　造纸业和印刷术

第七节　造船业及指南针

第八节　火药及火器业

第九节　官手工业和私营手工业的矛盾

第四章　唐以后货币和高利贷

第一节　纸币的使用

第二节　高利贷

第五章　唐以后商业的巨大发展

第一节　国内商业

第二节　国外贸易

第三节　商业资本兴起及其局限性

第六章　唐以后交通运输业之发展及城市之兴盛

第一节　国内交通运输

第二节　海外交通运输

第三节　城市兴盛——城乡经济联系之加强

第七章　国家的财政制度

第一节　唐代两税法

第二节　宋代财政制度

第三节　元代赋役制度

第四节　明代从两税法到一条鞭法

第五节　清朝地丁制的实行

第八章　中国封建社会的主要特征与阻滞因素

第一节　主要特征

第二节　中国社会发展阻滞的历史演变

第三节　中国封建社会经济发展的评估

附录一：参考资料

一、《左传》中关于邑县的记载简表

二、《左传》中关于土地转移与土地纠纷的记载简表

三、《孟子》等有关井田制资料

四、《诗经》中之周代社会

五、历代田亩统计简表

六、春秋战国货币图

七、五胡十六国兴亡表

八、西晋迄隋唐老小中法定年龄，西晋占田、授田及民户、赋役额表

九、三国迄唐代中期田制与赋役制参考资料

十、隋唐宋及今运河图

十一、宋代仁英神哲宗四朝之主客户口统计

十二、元代纸钞发行额及积累数表

十三、鸦片贸易

十四、清末民初中国纱厂一览表

十五、两千年来农民起义大事年表

十六、中国社会史分期诸家意见简表

十七、中国经济史参考书目

十八、解放以来中国经济史论文目录

附录二：朱元璋简谱

明代社会经济史专题

目录

第一讲　导言

第二讲　户帖与黄册

第三讲　户籍的划分及其对社会经济之影响

第四讲　逃户与流民

第五讲　附籍与移徙

第六讲　明代官办救济事业（养济院、漏泽园等）

第七讲　明代历朝户口变迁趋势及其分析

第八讲　王亚南氏中国封建社会的人口规律的介绍及评述

第九讲　田地的分类及其对社会经济之影响

第十讲　田地的分类（续）

第十一讲　鱼鳞图册和赋役的关系

第十二讲　明代屯田制度

第十三讲　明代漕运

第十四讲　明代江南棉纺织手工业

附录一：明清时期经济史上的几个问题

附录二：明代钞法（大纲）

二、对《中国经济史讲稿》之若干反馈讯息

《中国经济史讲稿》面世仅几年，对其评价的讯息可能不多，然而并非空白，一些看法自有其参考价值。例如，在《中国经济史讲稿》刚印行时，刘志伟、陈春声便指出：

> 我们特别想提到的是，他从1950年代初期开始，在岭南大学和中山大学开设中国经济史课程，系统讲授从上古到明清时期的中国古代经济史，这门在新中国大学历史系最早开设的中国经济通史课程，清楚显示出他对贯通理解中国古代经济问题的追求。他留下的中国经济史讲义和另一门为研究生开设的《明代社会经济史专题》的讲稿或演讲笔记，均已残缺不全，但仍可以展现出梁方仲先生在中国社会经济史的许多领域都有自己独到的见识。这些讲稿中涉及到的经济史问题，有些是梁方仲先生自己多年研究的心得，也表达了不少他对当时经济史研究的一些热门课题的独立思考和见解。我们从梁方仲先生在这些课程讲授的内容，可以更全面地了解梁方仲先生在中国社会经济史研究领域的抱负和追求。[①]

陈博翼从《中国经济史讲稿》以及《梁方仲读书札记》的特点

① 刘志伟、陈春声：《梁方仲先生的中国社会经济史研究》，《中山大学学报（社会科学版）》2008年第6期，第77页。

着眼，作了较详细的评说。陈氏指出：

> 梁先生对传统的字义训诂有独到的心得，将这种“汉学”功夫用于上古史研究，其成果也是可以相见的，前辈学者如王毓铨先生的著作《中国古代货币的起源和发展》就是一个很好的例子。在商代社会经济的研究中，先生对“耒”“耜”“方”“犂”就有精彩的考辨。又如农、辱、蓐、耨诸字均从辰字出的论断；还有由打麦用具“麰”（说文作麷）甲骨之原形推知“其原始之义，当为收获麦（米）一段手续的写真，即是象打麦之形”等，皆属此类。当我们对着甲骨原字看时，“右旁之文，乃是手持木枝，或有歧，或无歧，皆为用以打麦之物。麦下加又者，乃以一手提麦根，一手持条击之，使粒下落，为象更肖”，生动的字体形象指示着上古经济史的门径。又如论及周代社会经济，说“甲骨文字中，没有亩字”，“一巜巜巛（川本字），甽（与畎同），甽（甽，古畎字）”，一步、一晦、百晦，进而论断大约魏文侯时进一步产生一顷的概念，屈原时“宛田三十晦（合成一个‘畹’字，田二十亩也）”，极富启发性。

通观讲义和笔记，多处流露着梁先生对上古文献和农业史料的关注。正是在对上古史个别关键字词句独到解释的基础上，方能别出新得，开辟上古经济史研究的新天地，最明显的例子，是他在参考资料“《诗经》中之周代社会”第十部分的精彩按语。“雨我公田，遂及我私”这句话是历来多有争论的讨论点。但以往的讨论多集中于井田制和私有土地方面，于字之训未及深入。梁方仲先生从郭沫若和范文澜先生的争论出发，指出郭氏在《噫嘻》篇训“骏发尔私”之“私”为“各人所有的家私道具”，“私”或为“耜”之误的观点其实可能更近事实，但到了《大田》篇训“私”字却“未能免随众论”。先生认为：“‘私’字训作‘私田’，乃后起之义。公私对立的观念，在西周初年是不存在的。”这一立论以吴其昌先生对《诗经》中“公”字的统计和他自己对“私”的统计为依据，每句话都可以证明“私”用为专名，“而非抽象的名称”。最后，他认为“私”作“禾”可解得通，“我私”于《七月》篇“我嫁既同”的“我嫁”用法相同，结合上下文的“不获穉”“遗秉”“滞穗”等词，“遂及我私”实意“雨中收割无法收拾得十分干净的情形”、“可以从主人得一部分的收获，作为自己的粮食，但田地对于耕作者是没有份的，故尚不能称作私田”。梁方仲先生的这个立论非常严谨，结论甚有创获，足为治上古经济史的后学所取法。此外，在他所藏的《十批判书》中尚有许多关于上古观点的眉批未被整理出来。从这些最基本的文字和考释出发，梁先生推进到早期农业、货币①和经济活动全面关注，成一代经济史研究的气象。他的遗产为学生们继承，在汤明檖先生的《中国古代社会经济史》中，我们可以看到这种思路。

陈氏又指出：

第二个应当注意的方面是梁方仲先生由人的经济活动的经济史研究，自然而然所及对“人”个体的关注。当大家还在讨论封建土地所有制、地主经济和剥削等问题的时候，他的手稿却分明写着“汉代农民一天的生活”，并且还向同学介绍劳榦先生汉简研究的结果，或为论证，或有商榷。劳榦先生后来的居延汉简研究与汉代农民日常生活、许倬云先生后来的《汉代农业》与汉代农民一天生活的虚拟研究，提示我们的或许是某种共同的取向。这些早期的关注方向，在20世纪下半叶更是契合于有新文化史取向的研究风潮（许先生作《汉代家庭的大小》《周代的衣食住行》等文章，反映出这种移动的“轨迹”），为早期中国史注入不少活力。……

陈氏接着说：

第三个值得重视的方面是对物质与域外交通研究的关注。这

① 原注：先生关于中国中古时期的货币观念与亨利·皮朗《中世纪欧洲经济社会史》（乐文译，上海：上海人民出版社，2001年）一书欧洲中古时期的货币观点有异曲同工之妙，“实物货币”也从来不是“自然经济”的同义语。

也是由农业、手工业和商业的关注而所致的必然，与前一点的个体关注、日常生活关注息息相关。在尚未收入的讲稿中，他向学生介绍西域交通与物产，丰富而有趣。他在讲稿和札记中也好几次提及劳弗尔（Berthold Laufer）和他的《中国伊朗编》（*Sino-Iranica*），引用和推崇劳氏的物质研究。梁先生对玻璃、宝石、香料等物产颇为关注，劳氏亦有涉及。如果说西域交通他只是略略涉及、关注点仅及于物产的话，对于南海交通与货币，如南洋诸国与元钞、白银等问题，他显然深有研究。他在元代钞法中所用的 Franciscan Friar Rubruk 的游记纪录（引自 A. M. Davis, *Certain Old Chinese Notes*, Boston, 1915, pp. 248-249），充分显示了其博学。他虽然没有和他的弟弟梁嘉彬先生一样写作《广东十三行考》这类中西交通的名著，但是对于他的家族及其事业、对于南洋交通，他却了然于心。比如，梁嘉彬先生虽然知道 Howqua 初为伍秉鉴号，后伍绍荣袭用，但他在引用亨特（William C. Hunter）怡和行商人财产数时，误伍秉鉴为伍绍荣（后来章文钦先生九十年代校订时已加按语修正）。而五六十年代梁方仲先生在将这则材料写入讲稿时，自动将 Howqua 的中文改成了伍秉鉴，可见他对南海交通的谙熟（金应熙先生即非常推崇）。黄启臣先生后来有一系列研究，也算是沿着这一方向的开拓吧。……

最后一点值得关注的，是梁先生对历史脉络、变化趋势与大的格局的分析，这一点也是承继第三点物产和交通的关注而来的。……①

三、中山大学中国古代经济通史课传承讲授六十余载

20 世纪 50 年代初父亲先后在岭南大学、中山大学开设了中国

① 陈博翼：《要从海涸天荒后，另起波澜作壮图——纪念梁方仲先生百年诞辰》，载陈春声、刘志伟主编：《遗大投艰集——纪念梁方仲教授诞辰一百周年》，广州：广东人民出版社，2012 年，第 86—91 页。

古代经济史（上古至明清）课，据说这是新中国大学历史系中最早开设的中国经济史通史课程。自始以后，此课一直列为中山大学历史系的指定选修课，至今延续了60多年。60年代开始，父亲之学生、助手汤明檖便接手此门课。改革开放伊始，中山大学历史系便恢复了此课，继续由汤明檖主讲。汤明檖退休后，交由父亲研究生黄启臣和汤氏研究生刘志伟合作接替，后者负责明清部分，其余部分由黄氏承担。后黄启臣交由其研究生黄国信接手；再后，刘志伟则请吴滔接其教鞭。形成了如今黄、吴两氏共开此门课的局面。还应指出在改革开放后，中山大学开设中国古代经济史这门课时，陈春声一直负责明清货币、金融专题。可以说从50年代初至今，中国古代经济史课在中山大学历史系课程设置中，一直未停开（"文革"时期除外），且放在很重要的位置上。该课程为指定选修课，为期一年（两学期），学时120小时，学分为6分。就长期坚持设置此课、学时学分之多这点而言，在全国高校历史系中即使不是仅此一家，亦可称极为罕见。还应特别指出，改革开放后，中山大学历史系除继续开中国古代经济史一课外，尚坚持开设了有关以《明史·食货志》为主要讲授教材的专门课，有继承父亲原先开明清史专题做法的明显意愿。由此可看出，中山大学历史系（包括历史人类学研究中心）长期坚持研究和讲授中国经济史的传统薪火相传，代代不断，为该校成为中国经济史研究重镇提供了重要基础之一。同时，还应指出由于中山大学中国经济史课程延续不断地开，授课教师皆学有专长，一些教师常被邀请到校外演讲乃至兼课。例如黄启臣于1998年和2002年分别被日本大阪大学、关西大学聘为客座教授，为硕士、博士研究生讲授明清经济史课程（各一个学期）；刘志伟近十余年里就曾前后获邀在台湾暨南大学、台湾大学开明清经济史课（一学期）和一条鞭法研究专题。黄启臣、刘志伟等拓宽了父亲开设的中国古代经济史课程的讲授场所。

第二节 度量衡制度史研究

一、父亲有关论述简介

作为历史统计学家的父亲，对中国度量衡制度及其有关问题甚为关注。生前发表过《试论我国度量衡的起源与发展》（1961）、遗作《中国历代度量衡之变迁及其时代特征》（1980）以及《中国历代度量衡变迁表》（1980）。这三篇论文，以《中国历代度量衡之变迁及其时代特征》为最主要者，因为早先发表的《试论我国度量衡的起源与发展》一文的主要内容已包括其中。至于《中国历代度量衡变迁表》则属综合各家意见而成的比较表，旨在方便读者研究、查阅用。《中国历代度量衡之变迁及其时代特征》这篇论文的主要内容可见该文的前言部分：

> 近数十年来，学者进行对存世古物的实测，并参考史籍记载，对于我国度量衡史的研究作出了一定的成绩。但是关于一器一物或断代、专门的论著居多，而全面性的综合分析则少；关于度量衡的量的变迁的著述居多，而对于质的变化的阐明则少。一般通论多数只是从官定的度量衡制度和对人民赋税剥削关系来论述，而不是从社会发展阶段和每一种社会经济形态内的两个基本敌对阶级的斗争来探讨问题，因而并没有接触到当时社会经济生活的主要矛盾方面，更没有很好地阐明问题的本质。
>
> 在已有的著述中，吴承洛《中国度量衡史》（商务印书馆1937年版）一书是较为全面的。但是由于他不大注意实测工作，而往往出之于推算，且态度不够严谨，往往满足于引用三四手的史料如《三通考辑要》等书，不能不说是有相当严重的缺点。
>
> 1957年程理濬同志对吴承洛书进行了修订的工作，仍由商务印书馆出版。程同志企图运用新的观点来改正吴著中若干错误之处，这个努力方向是应该肯定的。可惜似乎成书较为仓促，实际

改动不大，而且往往有吴氏原著本来不误的地方，反由程同志搞成错误了。

后来，万国鼎同志根据古遗物的实测结果，并用积黍法来作校验，证明了吴承洛对于秦汉度量衡亩制以至唐尺的考证，都是错误的。万同志实事求是的科学态度是值得我们学习的，他所得到的数值也大致比吴氏的推算较为准确。这些是可以肯定的成绩。但可惜的是过于偏重实物之测定，却忽略了史籍的系统记载，未能把度量衡的变迁和当时的历史发展结合起来深入考察，所以有些结论也是值得商榷的。即如万同志只根据唐兰同志等对商鞅量尺和刘歆铜斛尺两件实物进行实测所得出长短相同的结果，就推论商鞅和王莽对前代的度量衡制并没有做过什么改革。这就不只是将古代许多记载推翻，甚至对两件器物本身在形制上的差异（如鞅量为长方形，莽量为圆柱体等等，余详下Ⅱ.2.）也完全不加理会。他光注重尺度的长短相同这一点，从这种纯数量观点所做出来的论断，对于历史实际的说明自然是不十分切合的。谁都不会否认，南宋末年的斛的形式，由圆柱形改为截顶方锥形，这是我国度量衡史上的一大改革。这一改革对征收田赋的影响也曾经起过一定的作用。

本文分为两部分。纲目如下：

Ⅰ. 历代度量衡之变迁

1. 历代度量衡单位量演变的总趋势
2. 度量衡不断增大的原因
3. 度量衡增率不一致的原因
4. 历代地亩的变迁

Ⅱ. 度量衡的产生和发展过程及其时代特征

1. 度量衡的起源
2. 我国社会由奴隶制转入封建制过程中度量衡的发展
3. 我国封建时代度量衡制度的特征

(1) 官定的制度和民用的度量衡之对立和统一的

关系

(2) 地方度量衡增大的无限制性及其剥削性质

(3) 封建时期度量衡制度和生产、制作、礼制等发展的关系

4. 半封建半殖民地时期度量衡制度的特征

(1) 帝国主义对我国度量衡制度破坏的过程

(2) 时代特征

以上第一部分所讨论的，是以“历代度量衡不断增大”为总题目，但重点不放在增大率的准确数值这个问题上，而在于增大原因的探讨。

第二部分的着重点，是在说明以下一系列的问题：自从阶级社会成立以后，度量衡作为剥削的工具是如何具体运用的？它们有哪些特点？它们和交换及生产的相互关系究竟怎样？在哪些方面，它们的增大率受到了技术性或上层建筑的限制？等等。

由于我对我国度量衡史素乏研究，且理论水平太低，其中一定有许多幼稚和错误的见解，希望同志们多加指正。①

二、后人评说

父亲对中国度量衡问题至为关注，这与他编著《中国历代户口、田地、田赋统计》一书直接相关，陈争平、常旭看到此点。他们认为父亲经济史料统计研究有几条基本原则，对中国度量衡关注与了解便是其中重要的一条，于是指出：

中国历史上度量衡制度极其复杂，历代的单位标准差别很大，即使是同一朝代，各个地区也各不相同，计量习惯也不一样；此外，历代行政区划也屡次改易。因此，中国古代经济史数据可比性往往比较差，很多学者都对此有所强调。梁方仲在《统计》一书的“凡例”中认为“我国度量衡制，既因时而异，更

① 梁方仲编著：《中国历代户口、田地、田赋统计》，北京：中华书局，2008 年，第 711—713 页。

随地区不同”，因此“如果将本书所载的全部皆按统一的标准折算，不只工作量过大，得不偿失，且从方法论角度考虑亦觉得大可不必”。溯梁方仲编著《统计》一书的原旨，即在于穷究中国古代户口、田地和田赋的官方统计材料，经过精心校勘考订后，以图表的形式将之准确汇集出来，以为后人研究中国经济史的工具书，所以从另一方面来讲也不能对数据进行过度加工。因此在“乙编：唐宋元明清田地、田赋概括”中，梁方仲不厌其烦地在“编者注”里指明各种数字的计量单位和标准，并强调不同计量单位的数字加总不具有可比性，只是为了保存文献的原貌才照录。但是，他对度量衡问题是极为关注的，并对度量衡制度进行了细致的研究，写作了《中国历代度量衡之变迁及其时代特征》《中国历代度量衡变迁表》等文章。[①]

写《中国历代度量衡之变迁及其时代特征》等文之目的，其实就是要读者、研究者注意度量衡的时空不同对统计数据真实程度之影响。虽然这几篇文章为父亲晚年所作，但属认真准备和用心撰写之作，发表后其研究结果和看法却陆续引起了一些有关读者和专家之注意，并被参考引用。以下试举一些例子。

（一）唤起对有关民间度量衡研究之重视

王春芳 2011 年和 2016 年曾有两文专门提到此问题研究的重要性：

> 量器问题在 20 世纪 30 年代中后期的数十年间一直未引起学界重视。直至 20 世纪 60 年代初，梁方仲仍指出，当时度量衡史的研究状况是“官定的、中央的制度研究得比较多些，但所谓‘民间制度’和地方制度就研究得很不充分，对前后两者的对立关系和历史继承性更是阐发不足”。[②] 时至半个世纪后的今天，学

① 陈争平、常旭：《梁方仲对经济史统计工作的贡献——兼评经济史研究中的统计方法与计量经济学方法》，《清华大学学报（哲学社会科学版）》2011 年第 2 期，第 153 页。

② 原注：参见梁方仲：《试论我国度量衡的起源与发展》，《梁方仲经济史论文集补编》，郑州：中州古籍出版社，1984 年，第 183—189 页。

术界在民间度量衡问题，特别是有关度量衡规律方面的研究，仍有待取得突破性的进展。[①]

新中国成立后至21世纪之前，仅有零星的研究，如梁方仲于20世纪60年代在研究中国度量衡的历史变迁及其时代特征时，讨论了地方和民间度量衡与官制度量衡的关系，指出地方度量衡单位量值“增大的无限制性及其剥削性质”[②] ……

由上可知，在近代民间度量衡的资料搜集、整理和相关研究方面，尽管近年来研究成果有增多的现象，但总体上依然偏少，还处于零星状态。早在1961年，梁方仲先生就曾指出我国度量衡史研究的弱点——“官定的、中央的制度研究得比较多些，但所谓‘民间制度’和地方制度就研究得很不充分”。[③] 时至今日，这种情况仍未发生较大的改观。从我们掌握的情况来看，在时、空两个维度上，对于民间度量衡问题，特别是近代民间度量衡问题，均有待进行细致扎实、系统全面的研究，同时需要从宏观层面上，更深入地探讨民间度量衡的成因，论述其变迁，寻找其规律，研究其影响。[④]

（二）启发对度量衡与明清时期地方土地数据统计机制之关系研究

傅辉等在其论文小结部分有这么一些话：

梁方仲曾如是评述中国度量衡发展史：“官定的度量衡制以及官制的度量衡器具，实际上只是使用于官民双方间的收支方面，至于民间交易和各行业所用的，却往往另外各有一套，而且

---

① 以上引文见王春芳：《市场层级与“容量梯度”——以近代安徽米谷市场计量问题为例》，《中国社会科学》2011年第1期，第206页。

② 原注：梁方仲：《中国历代度量衡之变迁及其时代特征》，《中山大学学报（哲学社会科学版）》1980年第2期。

③ 原注：梁方仲：《试论我国度量衡的起源与发展》，《梁方仲经济史论文集补编》，郑州：中州古籍出版社，1984年。

④ 以上引文见王春芳：《近代民间度量衡——一个应引起重视的研究领域》，《兰州学刊》2016年第7期，第108页。

后一列的系统比前一个系统在整个社会经济活动上要重要得多。”① 由区域土地数据登记演化轨迹易见，梁氏所言诚为精辟。明清时期中央政府颁定的标准亩制并行或制脱臼，在某种程度上，甚至形同虚设的根本原因则是定额赋税。因为对中央政府而言，饬令地方陈报土地数据的目的在于作为地税征收的依据，只要能收讫每年的土地额税，至于地方田赋数据是通过什么样方式得到的，则没有追究的必要。而对实际掌握登记数据来源，并操纵统计数据的地方政府来说，赋税数据的拟定举足轻重，因为它肩负着完成既定的税额和均平地税、稳定士民的双重任务。……因此，地方土地数据亩制内涵的变迁与多元化特征，是汇总于户部的全国性土地数据，尽管计量单位相同，而实际含义千差万别的主要原因。②

（三）启迪人们对度量衡整体关系的研究

张佩国在其一篇论文中曾强调度量衡及币制问题的研究上存在四个缺陷，其中一个是“没有把度量衡及币制四项因素作为一个整体来研究”。关于这点，他引了父亲论著中一段话：

如梁方仲教授所深刻揭示的，虽“度是定长短的，量是测容量的，衡是称轻重的，各自有不同的标准，但对于自然界来说，实则根据两种基本的物理现象：其一是对于地心所加于物体的吸力（重量）而言；至于那面积和容量，只是由于长度的平方和立方推算而来；而重量等于密度乘以容积。故度量衡三者的相互关系本来又是统一的，因为占有一定容积的米粟亦必有一定的重量”。③

---

① 原注：梁方仲编著：《中国历代户口、田地、田赋统计》，上海：上海人民出版社，1980 年，第 526 页。

② 傅辉、曹全胜、何凡能：《明清时期地方土地数据统计机制研究——以河南诸县为中心的考察》，《人文杂志》2011 年第 6 期，第 108 页。

③ 原注：见梁方仲编著：《中国历代户口、田地、田赋统计》，上海：上海人民出版社，1980 年，第 521 页。以上引文见张佩国：《近代山东农村土地分配中的度量衡及币制问题》，《中国农史》1998 年第 2 期，第 71 页，注①。

（四）成为度量衡史学界黄钟之争中的主要研究者之一

父亲认为："自秦汉后，历代制乐者都标榜以西周初年的古黄锺（'钟'同）律为典则，同时也常用来作为制定度量衡的标准。……但周代黄钟这个实物谁也没有见过，谁也不晓得它的实长若干。因此，所谓古黄钟律，只能根据古书记载并试制成器物来进行考订、检查的工作。至于古黄钟律管所发之音，其高低如何，亦即古黄钟律究竟如何？是无从推断和证实的。"① 因此，陈连洛、郝临山同意父亲的判断并接着引之说：

> 梁方仲亦曰："制乐诸家，莫不纷纭其说，纠缠不清"，并指出"关于定乐律方面的争论，可分为以下几个问题"（此处取其四个问题中相关的中间两个问题）。"①黄钟之长若干？一尺？九寸？八寸一分？②用哪一种尺度来作计算：黄帝尺吗？夏尺？商尺？或周尺？"②

（五）同意父亲认为鲁班尺古今长度基本不变的观点

陈连洛、郝临山在其《中国古代营造尺及相关古尺长度比较研究》中写道：

> 梁方仲遗作《中国历代度量衡之变迁及其时代特征》曰："木工尺，亦称鲁班尺或营造尺，它包括旧式建筑业中木工、刻工、量地等所用的尺，也包括旧时车工、船工所用的尺……至其规定的标准，据明韩邦奇、朱载堉，以及近人吴承洛诸家的考证，则自春秋末，鲁班将周尺的长度改定以后，根本上没有第二次的改变。姑且勿论这种说法是否绝对化了，但看来木工尺长期变化甚微却是事实。""因之，从鲁班尺分出来的营造尺的长度也

---

① 梁方仲编著：《中国历代户口、田地、田赋统计》，北京：中华书局，2008年，第735页。

② 陈连洛、郝临山：《试论律与度量衡的关系及黄钟之争的原因》，《山西大同大学学报（自然科学版）》2014年第3期，第94页。

是长期不变的。”[①]

（六）援引父亲对度量衡三者关系以及里长、亩大小、王莽嘉量的观点或数据

蒋勤、曹树基在《清代石仓农家账簿中数字的释读》[②] 中写道：

因征收实物税以粮食为主，而粮食主要以“量”器来衡量，因此“度、量、衡”三者中尤属量器及其度量单位随时间变动最大，不同地域之间的差异也最大。[③]

杨生民在《中国里的长度演变考》[④] 中说：

中国里的长度及其演变，无论今人关于度量衡的著作和古籍记载，都很少谈及。著名中国经济史专家梁方仲先生在所著《中国历代度量衡之变迁及其时代特征》中说：“自汉代以后，历代计算长度，都是自尺以上，到丈为止。至光绪三十四年（1908年）重定度量衡制时……才明文规定于尺之外，另立里制。”[⑤] 所以，中国里作为计算道路等的长度单位在制度上确立得是很晚的。但这绝不是说中国古代没有里这种长度的概念，相反这种概念当时应用很多。……

所以《汉书·食货志上》在这里是用秦的步尺制度代替了周的步尺制度。由于秦汉尺的长度如商鞅量尺、新莽铜斛尺、后汉建武铜尺都是一尺等于0.231米。[⑥]

---

① 原注：梁方仲：《中国历代度量衡之变迁及其时代特征》，《中山大学学报（哲学社会科学版）》1980年第2期，第1—20页。引文见陈连洛、郝临山：《中国古代营造尺及相关古尺长度比较研究》，《山西大同大学学报（自然科学版）》2012年第1期，第90页。

② 蒋勤、曹树基：《清代石仓农家账簿中数字的释读》，《社会科学辑刊》2016年第5期，第138页。

③ 原注：梁方仲：《中国历代度量衡之变迁及其时代特征》，《中山大学学报》1980年第2期。

④ 杨生民：《中国里的长度演变考》，《中国经济史研究》2005年第1期，第143页。

⑤ 原注：梁方仲编著：《中国历代户口、田地、田赋统计》，上海：上海人民出版社，1980年，第527页。

⑥ 原注：梁方仲编著：《中国历代户口、田地、田赋统计》，第540页，古今尺度的比较表。

李书吉、赵洋在其《六镇防线考》[①] 中也参用了父亲《中国历代户口、田地、田赋统计》一书中的“古今尺度的比较”：

传统里制一里等于三百步，一步六尺，则一里约为 1800 尺，三国魏晋时期一尺约合 24 厘米，则一里约等于 432 米。[②]

王涛、李玉尚《民国时期奉天地区度量衡考》[③] 一文在谈到亩制与清丈问题时写道：

计亩订税一直是国家征收田赋的传统，清顺治十二年厘定亩法，以工部营造尺为标准，以纵横五尺为一方步（也称“弓”），二百四十方步为一亩。从全国范围来看，各地度量衡的差异，影响到了亩制的折算，因所用尺度不同，步数有三尺二寸、四尺五寸、六尺五寸、七尺五寸之别，另外亩制也有一百四十弓、二百弓、三百六十弓的分歧。[④]

房鑫亮在《马衡、王国维对金石学的卓越贡献》[⑤] 中援引了父亲对王莽嘉量发现的意义以及王国维、马衡所作贡献的看法：

1924 年冬，清室善后委员会点查故宫物品时，在坤宁宫发现早已不知下落的王莽时嘉量。由于它“从尺度可以计算量的容积，并从而决定它的容量”，反映了当时度、量、衡彼此之间相通的关系，代表了“一种空前完整的制度”，是“三国以后历代封建王朝修订度量衡制度时的主要参考根据”[⑥]，因此引起极大的

① 李书吉、赵洋：《六镇防线考》，《史志学刊》2015 年第 1 期，第 79 页。

② 原注：参见梁方仲：《中国历代度量衡之变迁及其时代特征》，《中山大学学报》1980 年第 2 期；《中国历代户口、田地、田赋统计》，北京：中华书局，2008 年，第 739—743 页。

③ 王涛、李玉尚：《民国时期奉天地区度量衡考》，《上海交通大学学报（哲学社会科学版）》2011 年第 3 期，第 59 页。

④ 原注：梁方仲编著：《中国历代户口、田地、田赋统计》，北京：中华书局，2008 年，第 720 页。

⑤ 房鑫亮：《马衡、王国维对金石学的卓越贡献》，《探索与争鸣》2015 年第 12 期，第 121 页。

⑥ 原注：梁方仲：《中国历代度量衡之变迁及其时代特征》，《中山大学学报》1980 年第 2 期。

震动。次年王国维从容庚处获得照片，曾作过初步研究。

1926年7月，王国维代表清华研究院请马衡代为仿制新莽嘉量……

陈连洛、郝临山在其《试论律与度量衡的关系及黄钟之争的原因》中，也援引父亲对我国度量衡传世遗物的评价：

在我国古代度量衡单位标准器中，“商鞅方升”和“新莽嘉量”是“我国秦汉时期的传世遗物中，经过学者的详细考证，具有重大意义的三器”[①] 中的二器，更是当今考证古代度量衡的重要依据。[②]

（七）跻身于被人注意的度量衡学者之列

基于以上六点反馈情况，现今已有专业研究者将父亲归入度量衡研究的“著名学者”之列：

前贤时俊对度量衡问题的真知灼见为中国度量衡史的后续研究提供了坚实的基础，也为带有计量性质的历史研究提供了支持，特别是著名学者如王国维、马衡、唐兰、罗福颐、梁方仲、吴慧、杨宽等及计量史专家如吴承洛、丘光明、邱隆、关增建、郭正忠等的研究影响深远，嘉惠学林。[③]

以上所谈父亲的“值得重视但尚未被充分关注”的工作，其实不仅授课编讲义和度量衡史研究这两项，尚有不少可能今后会被逐渐重视起来。例如《〈明史·食货志〉第一卷笺证》是与其他食货志注释工作迥异而研究性质特别明显的一项。杨生民就曾说道：

梁先生的《〈明史·食货志〉第一卷笺证》在《北京师范学院学报》发表后，受到社会的好评。宁可先生评价说是一句一句

---

① 原著：梁方仲：《中国历代度量衡之变迁及其时代特征》，《中山大学学报》1980年第2期，第10页。

② 陈连洛、郝临山：《试论律与度量衡的关系及黄钟之争的原因》，《山西大同大学学报（自然科学版）》2014年第3期，第91页。

③ 王春芳：《近代民间度量衡——一个应引起重视的研究领域》，《兰州学刊》2016年第7期，第107页。

笺证的，这是不假的。有的学历史的美籍华人还托人专门到编辑部求购。[①]

陈博翼更指出该文与国内外其他有关研究论著不同，有其显著优点，在另辟新径：

先生的笺证已经不是简单地依据某一志稿，而是综合文献和史事、把握历史大势和内在逻辑的阐述，其间制度变迁和经济升降跃然纸上。可惜他仅做了第一部分，其未竟之志理当由后人接续，这也是我们研究的方向。[②]

李龙潜生前一直很想集合几个人（包括刘志伟、黄启臣、陈春声、叶显恩、鲍彦邦等）共同循父亲的做法将《明史·食货志》全部笺证完毕，他和刘志伟皆认为此项研究具有重要的学术意义。

最后，说到父亲“值得重视但尚未被充分关注的若干劳绩”这一问题时，似可以预测其中一个问题，这就是父亲对《万历会计录》的关注和研究。刘志伟在审读拙稿时，专门对此问题写有一看法（未发表），现转录如下，以供参考：

在中日历代典籍中，历代政府财政管理形成的会计录，是一种可供计量研究的最具系统性数字资料，不过，明代以前的这类文献多已散佚。明代现存世的会计总册是这部在万历四年编纂、万历十年重编的《万历会计录》。这部册籍保存了明朝财政最全面、最系统、最详细的数据，对认识明朝财政具有不可替代的价值。1933 年，国立北平图书馆从山东购入该书，就立即引起了梁方仲先生高度重视，1935 年，梁先生就在《中国近代经济史研究集刊》上刊文评价，后来又将其列入中央研究院社会科学研究所的“中国近代经济史资料”整理计划中，将《会计录》中全部

---

① 《首都师范大学历史系杨生民教授在纪念大会上的发言》，载陈春声、刘志伟主编：《遗大投艰集——纪念梁方仲教授诞辰一百周年》，广州：广东人民出版社，2012 年，第 8 页。

② 陈博翼：《要从海涸天荒后，另起波澜作壮图——纪念梁方仲先生百年诞辰》，载前揭书，第 66—67 页。

数据制成表格，并且抄录沿革事例于后。观中国社会科学院经济研究所图书馆中，还收藏这项整理工作的成果，装订成四巨册。遗憾的是，这一整理成果除了被《中国历代户口、田地、田赋统计》采纳了若干数据外，长期以来不甚为人所知。

这项整理工作，就是在梁方仲的主持下进行的。在梁方仲先生家中保存的遗稿中，就包括了一部分《万历会计录》整理统计表的手稿。根据梁方仲先生收存的经济史组 1944 年工作计划，该组未来五年的工作重心有七项，其中明清田赋史“由梁方仲担任”，在梁方仲先生拟的明清田赋史研究的计划中，特别提到了当时北平图书馆新收藏的《万历会计录》为这个计划研究的主要材料；又该所 1946 年至 1947 年 9 月的工作报告，也列出社会经济史研究的工作由梁方仲担任，“正在搜集有关史料并整理中”。（见梁承邺：《无悔是书生——父亲梁方仲实录》，中华书局，2016 年，第 120—121、169 页。）

对于这一工作的价值，如申斌、刘志伟评价由万明、徐英凯编著的《明代〈万历会计录〉整理与研究》时所说：

> 长期以来，相对于汉、唐、宋几个朝代的财政史研究来说，明代财政史研究是相当薄弱的。明代留下了大量财政文献，尤其是留存了之前任何一个朝代都无法比拟的大量财政数字，但都没有得到系统的整理和分析研究。这固然反映了明史研究用力不足，但客观上也与这些数字资料数量庞杂，且文献本身流传不广，检阅不易有关。本书的问世，开启了改变这一局面的时代，可以期望会成为明代财政史研究的一个里程碑。

虽然这个评价直接针对的是近年出版的《万历会计录》的整理成果，但申斌、刘志伟在同一文章中特别提到了早年父亲主持下整理《万历会计录》的工作。他们认为：“这一工作，其实是从梁方仲先生开始的，当时已经将全部数据整理成统计表格。因此，这个评价其实首先是对梁方仲先生的整理工作的评价，虽然前后相隔了半个世纪，但对其学术价值的肯定，不因存在这样一个时间距离而打折。早在四十年代梁方仲先生已经做的工作，虽然几乎由于时代的变迁而一度被埋没，但这一工作经历了半个多世纪之再继续，仍然是具有里程碑意义，这不能不令人钦佩梁方仲先生的学术远见。”

第九章　浅议现代中国经济史学科的形成

——兼及父亲等于其中的劳绩

第一节　现代中国经济史学之开创

——三股主要研究力量

现代意义的中国经济史学（亦有人称社会经济史或经济社会史乃至社会史）始创于何时？其发展的轨迹怎样？其主要的拓荒者、奠基者有哪些人？它在现代史学史中的位置又如何？这些皆为甚有研究价值而目前尚乏深究的课题。

在我国古代，传统史学以政治史为中心，然而亦有一大批很有价值的经济史文献著述，描述了经济和社会因素在历史上的重要作用。司马迁《史记》的《平准书》《货殖列传》，班固《汉书·食货志》，杜佑《通典·食货典》等便开创了古代经济史著述的先河。历代正史中多有《食货志》，构成了传统史学中的经济史系列，同时如“十通”中设有《食货门》，汇集了颇丰的经济史文献，亦可称为中国传统经济史学。①

① 见李根蟠：《中国经济史学形成和发展三题》，载侯建新主编：《经济—社会史——历史研究的新方向》，北京：商务印书馆，2002 年，第 89 页；梁方仲：《十三种〈食货志〉介绍》，《历史研究》1981 年第 1 期。按：侯氏主编的此论文集收集了天津师范大学历史文化学院和中国社会科学院世界历史研究所《世界历史》编辑部联合主办的“经济—社会史学术研讨会”的论文。该会讨论集中在经济—社会史（社会经济史）的概念、方法与范畴诸方面，回顾了西方以及我国该学科的历史，并就发展该学科的问题提出了一些想法与建议，颇富参考价值。

现代意义的中国经济史学是在西方近代历史学、社会学、经济学、经济史学等社会科学理论传入中国以后才形成的。李根蟠、彭卫等认为，传统经济史学与现代意义的经济史学之不同之处在于，前者在传统史学中并没有取得独立的形态，没有产生类似现代经济史，或社会经济史，或经济社会史的研究范畴和作为历史学（按：同样于经济学）中一门独立分支的理论概念。① 实际上，20 多年前，周秀鸾就很具体很明确地指出了现代中国经济史形成的标志是：

> 一批研究从古代至当代经济史著作的问世；大学讲坛经济史课程的开设；专门研究经济史的学术团体和学术机构的建立；经济史专业刊物的出现，这四个方面标志中国经济史已是一门独立的学科了。②

环顾中国经济史，虽然 20 世纪初已有个别部门经济史著作的出现，如沈同芳的《中国渔业历史》（1906），陈家锟的《中国商业史》（1908）等，由于作品本身疏陋等原因，并没有在史坛上引起重视。如用周秀鸾所界定的标准衡量，此时至少缺了两三个指标，显然，独立形态学科的现代中国经济史那时在我国还没出现。所以多数研究者认为，随着西方社会科学理论方法的引入和马克思主义的启蒙，以及社会史论战的开展，中国经济史研究在 30 年代才出现了第一次高潮，现代中国经济史学是在这次高潮中形成的。李根蟠首次明确指出，当时活跃在该领域研究上的有三股主要力量：一是以郭沫若、吕振羽为代表的一批接受马克思主义的学者；二是当时中央研究院社会科学研究所以及和他们有密切联系的一批学者；三是陶希圣主编的《食货》半月刊及其联系的一批学者。③

---

① 李根蟠前揭文，第 89—90 页；彭卫：《关于经济—社会史的若干思考》，载侯建新主编：《经济—社会史——历史研究的新方向》，第 39—42 页。

② 周秀鸾：《梁方仲——中国经济史学的开拓者》，载汤明檖、黄启臣主编：《纪念梁方仲教授学术讨论会文集》，广州：中山大学出版社，1990 年，第 28 页。

③ 李根蟠前揭文，第 102 页。李伯重在其一篇综论中也认为中国社会经济史的形成阶段为 1932—1949 年，它由 1932—1937 年的繁荣时期和 1938—1949 年的萧条时期构成。见李伯重：《回顾与展望：中国社会经济史学百年沧桑》，《文史哲》2008 年第 1 期。

一、三股主要力量之一

——郭沫若、吕振羽、侯外庐等为代表的接受马克思主义的学者

郭沫若利用卜辞、彝铭、诗书研究了殷周社会的社会经济及其形态，撰写了名著《中国古代社会研究》（上海：联合书店，1930），该书汇集了作者在流亡日本期间所写的5篇论文，即《〈周易〉的时代背景与精神生产》《〈诗〉〈书〉时代的社会变革与其思想上之反映》《中国社会之历史的发展阶段》《卜辞中之古代社会》《周金中的社会史观》。作者申言，企求其著成为恩格斯《家庭、私有制和国家起源》的“续编”，研究方法便是以恩格斯的著作为向导，“指出中国历史也经过了原始社会、奴隶社会、封建社会和资本主义社会”，大抵在西周以前就是所谓“亚细亚”的原始社会，西周与希腊罗马的奴隶制时代相当，东周以后，特别是秦以后，才真正进入了封建时代。吕振羽于20世纪30年代初在北平中国大学曾短期讲授中国经济史，1933年6月他出版了《中国上古及中世纪经济史讲义》，继后又有《史前期中国社会研究》（1934）、《殷周时代的中国社会》（1936）、《中国政治思想史》（1937）问世。另一位持马克思主义观点的学者侯外庐，1934年出版《中国古代社会与老子》，力图以马克思《资本论》中所运用的历史分析法来研究《老子》一书，认为老子思想属于唯心主义。该书“体现了当时马克思主义史学以社会经济史来揭示思想史的研究路向”（蒋大椿语）。除郭、吕、侯氏外，30年代中后期摸索应用马克思主义理论和方法来研究中国社会形态的学者尚有翦伯赞、邓拓、吴泽诸人。①

① 以上对郭、吕、侯等的有关介绍，主要依据蒋大椿的《20世纪中国马克思主义史学》一文，载罗志田主编：《20世纪的中国：学术与社会·史学卷（上）》，济南：山东人民出版社，2001年，第144—153页。蒋氏评述郭氏等的研究，着眼于这些学者在马克思主义史学于中国的形成与初步发展过程中所起的作用。由于郭氏等的研究基本上属（社会史的）社会形态，以及政治、思想分析，后人将他们的研究归入经济史范畴自有一定道理。当然从严格或狭义专门的经济史研究涵义而言，将郭氏等的研究直接列为中国经济史方面似乎有些牵强，或者有泛指笼统之嫌，这是一部分学者的看法。

二、三股主要力量之二

——陶希圣主编的《食货》半月刊及其联系的一批学者

陶希圣等于1934年12月创办《食货》半月刊，至1937年7月停刊，其间该刊吸引了100多位作者，刊出有关经济史的文章293篇，李根蟠曾将之粗分为这样的范围：经济史学理论方法、社会形态理论及外国社会经济发展、历代经济综述、中国社会形态研究、阶级（含等级、阶级斗争）、家族、田制、租税赋役、财政、寺院经济、农村（含农业）、手工业、商业（含都市、对外贸易）、货币、社会生活、人口、经济思想、经济史资料、书评、其他，共20类，范围已涵盖了经济史研究的主要领域。李氏进一步统计分析，发现各类论文主要涉及生产关系者共167篇，占总数的57%；主要涉及生产力者共54篇，占总数的18.4%。文章中有关社会形态问题类的有57篇，占论文总数的18%，即近1/5。李氏还统计指出，除通论性文章57篇外，在其他类论文中有不少是讨论各个时代的社会形态问题，所以"有关社会形态的讨论和研究文章估计超过《食货》文章总数的1/4。可以说社会形态问题是《食货》关注的焦点"。若按各类文章所涉及的时代来计算，以秦汉、魏晋南北朝最多，有56篇，占研究中国社会经济具体问题文章总数222篇的1/4；隋唐五代、宋辽金元次之，分别占总数的19.4%和16.2%；先秦和明清很少，分别为11.7%和10.8%；而近现代几乎阙如，仅4篇，占1.8%而已。《食货》全部文章中属于翻译者有52篇，占总数的17.7%，这对引进国外有关学术理论、拓宽研究思路起到一定促进作用。①

《食货》半月刊虽不是中国第一份经济史专业刊物，却是第一份出版周期短的专业期刊，加上陶氏采取了兼容并蓄的办刊方针，吸引并登载了当时不少学人的有关稿件。除陶希圣本人及其弟子们（鞠清

---

① 详见李根蟠前揭文，第91—95页。

远、武仙卿、曾謇、沈巨尘、何兹全等)① 发表论文最多，还有听过陶氏课的全汉昇、杨联陞以及政治背景、学术观点与陶不尽一致乃至截然相反的人，如吕振羽、嵇文甫、周一良、汤象龙、李文治、王毓铨等也有文章披载于《食货》半月刊。显然《食货》半月刊成了当时我国经济史研究论著发表的一个重要阵地。诚如李根蟠所言："总之，《食货》半月刊在组织和推动中国经济史学科的发展方面做出了重要贡献，这是不能抹杀的，全盘否定《食货》是欠公允的。"②

回顾1949年新中国成立后的很长时间内，主流史坛对陶希圣及《食货》半月刊基本上是一笔抹杀或避而不谈。如果察看陶希圣与汪精卫、蒋介石曾关系密切的经历③，加之，他在社会史论战中，早期提的战国以后为"商业资本主义社会"广受质疑的观点，以至后来的"魏晋封建说"，与郭沫若、范文澜等马克思主义史学者中国社会分期的看法大相径庭，其经济史研究以及《食货》半月刊在大陆长期遭冷遇以至受抨击，自是不足为奇。④

近些年来，随着改革开放的实行和推进，学术民主诉求有所增多，有些研究者提出应该把政治与学术分开，对陶希圣及《食货》半

① 这是何兹全的说法，见何兹全：《我所经历的20世纪中国社会史研究》，《史学理论研究》2003年第2期，第35页。换言之，何氏认为称得真正属陶希圣派的人，仅此而已。

② 李根蟠前揭文，第95页。

③ 陶希圣，原名汇曾，湖北黄冈人。北京大学毕业。曾任安徽省立法政学校教员，上海商务印书馆编辑，南京中央军校政治教官，中央大学、北京大学教授。1937年8月任国防参议会参议员。1938年6月任第一届国民参政会参政员。后追随汪精卫、周佛海，任汪伪国民党中央宣传部部长。1942年回重庆，任《中央日报》主笔，1946年后任国民党中央宣传部次长。1949年到台湾。著有《中国政治思想史》等。见裘之倬、陈予欢编著：《中国近百年著名人物辞典》，北京：文化艺术出版社，1994年，第567—568页。

④ 刘茂林：《〈食货〉之今昔》，《中国史研究动态》1980年第4期，第1—4页。20多年前周秀鸾认为现代意义中国经济史形成主要归功于两批人，即用马克思主义观点的人和史学研究会同人，并未提到陶希圣《食货》，也应属一个旁证。见周秀鸾：《梁方仲——中国经济史学的开拓者》，载汤明檖、黄启臣主编：《纪念梁方仲教授讨论会文集》，第26—31页。

月刊进行了重新评价①，以至认为陶氏及《食货》半月刊的研究属唯物史观派范畴。② 当然不同意此种评价的声音未从此就销声匿迹。从纯学术（不同学派）观点来分析，有人就曾质疑：因为陶氏“企图把唯物史观从马克思主义的整体中剥离出来，也就是说，抛弃作为马克思主义不可分割的一部分的阶级斗争和无产阶级专政的学说。这种与阶级斗争和无产阶级专政的学说剥离开来的‘唯物史观’，还能算是马克思主义吗？还能算是马克思主义的唯物史观吗？”③

三、三股主要力量之三

——中央研究社会科学研究所和史学研究会同人

李根蟠之“中央研究院社会科学研究所以及和他们有密切联系的一批学者”是30年代我国经济史研究的主要力量之一的提法，无疑很中肯。笔者浅见以为，若要更明确地来表述，也可以用中央研究院社会科学研究所和史学研究会同人的字眼，因为“有密切联系的一批学者”基本是史学研究会同人。

说到这里，人们可能发现对史学研究会的称谓，已有另一种提法的存在，即有些学者将之称为清华（大学）史学研究会。鄙意以为，此种提法自有一定理据，但有待商榷。该会发起人和骨干10多人中清华大学毕业出身的确占大多数（如吴晗、汤象龙、夏鼐、谷霁光、孙毓棠、朱庆永、张荫麟、杨绍震和父亲），但非清华出身者亦不少，如罗尔纲（中国公学、北大）、罗玉东（燕大）、刘隽（燕大）、吴铎（盐务学校），此其一。更重要的是，史学研究会从筹备到成立后，其

---

① 除了李根蟠外，更早的是陈峰。陈氏认为应对陶希圣《食货》重新评价，详见陈峰：《〈食货〉新探》，《史学理论研究》2001年第3期，第50—61页。

② 陈峰在其《〈食货〉新探》中就集中大量笔墨来说明《食货》及“食货学派”的唯物史观取向，结论是：“假如本文的结论成立，‘食货学派’就是唯物史观派的一个不可或缺的分支。”何兹全也认为：“不持偏见、公平地说，主编《食货》半月刊和在北京大学教书时代的陶希圣，他的历史理论和方法正是辩证唯物史观。”何兹全：《我所经历的20世纪中国社会史研究》，《史学理论研究》2003年第2期，第34页。

③ 李根蟠前揭文，第101页。

活动与清华大学并无直接的行政以及业务关系，相反，它与已设有中国经济专业研究组的中央研究院社会科学研究所业务关系上更密切些，该所的《中国近代经济史研究集刊》（后改名《中国社会经济史集刊》）以及该会同人自办的天津《益世报·史学》、南京《中央日报·史学》是其发表论文的主要阵地，它们的编委会皆由同人组成，此其二。史学研究会同人身上有清华新史学派的强烈影响赫然可见，而受社会科学研究所陶孟和等社会学家、经济学家影响的痕迹也是明显的，即它有其自己明确的研究取向和学术风格，此其三。

20 世纪 30 年代初由社会学家陶孟和主持的北平社会调查所专设了经济史组，由汤象龙等人开始了清代社会经济史之研究，并于 1932 年创办了中国第一份研究社会经济史的专业学刊——《中国近代经济史研究集刊》。与此同时，陈翰笙在中央研究院社会科学研究所组织了农村社会调查。[①] 亦从那个时候（1930 年）开始，父亲在清华大学研究院进行明代田赋史的研究。1934 年北平社会调查所与中央研究院社会科学研究所合并，保留中央研究院社会科学研究所名称，陶孟和旋任合并后的新所所长。新所仍设经济史组，人员以北平社会调查所的经济史组为班底，汤象龙、父亲、罗玉东、刘隽、吴铎等人继续从事经济史研究。1934 年 5 月社会科学研究所和清华大学以及北京大学一批志趣相投、有志建立新史学的青年学人共 10 位，共同发起建立史学研究会（不久张荫麟、杨绍震、吴铎等加入，抗战爆发时李埏、王崇武等亦加入），利用他们负责编辑的社会科学研究所的专业刊物——《中国近代经济史研究集刊》和史学研究会同人在天津《益世报》、南京《中央日报》所开辟的《史学》专刊，倡导新史学，主攻经济史研究。从此，可以说已把原先中央研究院社会科学研究所的经

① 按：陈翰笙时任社会科学研究所社会组组长，该所于 1928 年成立，由杨端六担任所长，1929 年改为由院长蔡元培兼任所长；至 1932 年末，由中央研究院总干事杨铨兼代，1933 年 4 月改请历史语言研究所所长傅斯年兼代，1934 年 4 月与北平社会调查所合并，则由陶孟和任所长［参见《国立中央研究院概况（中华民国十七年六月至三十七年六月）》，1948 年］，新中国时期中央研究院社会科学研究所被中国科学院接收，后又改名经济研究所。

济史组研究扩展到与史学研究会同人更大规模的集体行动上，形成一个紧密合作的“联合体”，对现代中国经济史研究的开拓和形成作出了十分重要的乃至关键的贡献。

再衡估现代中国经济史形成时期和其主要研究力量的一种有关说法，便是刘翠溶指出的，作为我国第一份以经济史命名的专业刊物——《中国近代经济史研究集刊》，在中国乃至世界经济史中占有重要地位，它“实为导至今日研究中国经济史和社会史之嚆矢”，“它创刊的时间比美国经济史学会出版的 *Journal of Economic History*（1941年5月创刊）还要早八年”。① 刘氏这段话既认定中国社会经济史的形成于20世纪30年代，更着重指出《中国近代经济史研究集刊》在这一形成过程中的极为重要作用——“嚆矢”。她未提到《食货》半月刊，却间接指出了我国经济史的研究起步不晚，与国际潮流是合拍的，至少有关专业刊物创办比美国还早。下一节将对中央研究院社会科学研究所和史学研究会同人这批力量作进一步的考察。

第二节 中央研究院社会科学研究所和史学研究会同人之治史特点

在《无悔是书生》里，笔者用了一定篇幅谈过中央研究院社会科学研究所经济史组的活动情况，在其第三章第一节里又对史学研究会之创立目的、过程和若干特点作了些叙述。现结合本章本节讨论之主题，延伸探究若干问题，着重分析他们的治史特点。

一、明确提出建设中国经济史——“新史学”的高远战略目标

从《无悔是书生》所述可知，20世纪30年代时，中央研究院社

① 于宗先等编：《中国经济发展史论文选集》上册，刘翠溶撰写的“导言”，台北：联经出版事业公司，1980年，第11—12页。于氏任台湾“中央研究院”经济研究所所长多年。于、刘两氏后都被选为台湾“中央研究院”院士。

会科学研究所和史学研究会同人力倡摆脱以帝王将相、英雄人物为中心的传统史学的窠臼，立志创立研究社会，研究人民群众、民族、国际的“新史学”，就是要“叙述文化的进步、经济的变动、社会的变迁……以整个民族或各民族的发展为主体”。其“新史学”建设的首要目标，乃争取20—30年内能写出一部中国经济通史来，而且一批所写的作品能为普罗大众所接受，等等。从这大段文字之涵义而言，不难可看出有早期“新史学”口号的提出者梁启超、鲁滨逊（James Harvey Robinson）的影子。梁氏所写的《中国史叙论》（1901）、《新史学》（1902）两文，“可以说是近代新史学的里程碑”，他在《新史学》中批评旧史家只写帝王将相，而不写国民的历史，提出要重视“国家”“国民”“群”“社会”的历史。“不过，20世纪初期的新史家们基本上主张从旧史关注的范围中解放出来，放宽历史的视界”，换言之，其视野偏重在写什么样的历史，而在如何研究历史、研究的主攻方向、采用研究方法等的确定，特别是专史的有关研究实践上，尚未真正迈开步伐。[①] 鲁滨逊在其《新史学》（*The New History: Essays Illustrating the Modern Historical Outlook*, New York, 1913）一书中亦提出了“新史学”之命题，在美国等西方国家颇有影响。罗氏所提“新史学”主要研究的内容实际上是社会经济史，即排除了政治史（Political History）、文化（人文）研究（Humanistic studies）的历史学。[②] 同时鲁氏还提在方法论上要有所“新”，因为“只有求助于其他学科的方法，才能胜任新史学提出的要求”。李伯重还引述鲁氏的话：“‘新史学’这样东西，总可以应付我们日常的需要。一定能够利用人类学家、经济学家、心理学家、社会学家关于人类的种种发明。”[③]“新史学”主体（核心）内容的认定和有关实践研究工作在中

① 见王汎森：《引论：晚清的政治概念与“新史学”》，载罗志田主编：《20世纪的中国：学术与社会·史学卷（上）》，第2—3、30页。

② E-tu Zen Sun & John de Francis ed., *Chinese Social History*, Washington: American Council of Learned Societies, 1956, 导言。

③ 李伯重：《20世纪初期史学的“清华学派”与“国际前沿”》，《清华大学学报（哲学社会科学版）》2005年第5期，第17页。

国则主要始于20世纪30年代。30年代初社会科学研究所和史学研究会同人已有明确的有关认识和倾力之研究实践，率先打出专攻经济史（社会经济史）的旗号（如组建经济史组、创办中国第一份有关专业刊物等），可谓识见高远，难能可贵，不说影响了同时代的史学家，至少与立志建设"新史学"的"现代史学"的学者认知略同。例如1936年《现代史学》杂志的创始人朱谦之就曾指出："现代是经济支配一切的时代，我们所需要的，既不是政治史，也不是法律史，而却为叙述社会现象的发展，社会之历史的形态，社会形态的变迁之经济史或社会史。所以现代史学之新倾向，即为社会史学、经济史学。"① 还可看到的是，社会科学研究所和史学研究会同人在强调主攻社会经济因素之"新史学"时，亦不忘政治史以及文化因素的研究来完善其构建"新史学"的设想，其主办的《中国社会经济史集刊》的《本刊启事》写道：

> 本集刊注重关于政治史、社会史、经济史方面之专门研究，内容分为（1）通论、（2）专论、（3）书评三栏。文字排列依所涉时代之前后，书评则先本国。②

可见他们并非与鲁滨逊之"新史学"主张完全一致，似乎考虑更周详。

在确定社会经济史研究为其中心任务后，社会科学研究所和史学研究会同人利用其创办的《中国社会经济史集刊》（简称《集刊》）和天津《益世报·史学》、南京《中央日报·史学》（简称《史学》专刊）三份出版物为阵地发表大量以社会经济为主的著述。《集刊》上的论文内容涵盖了赋税制度、货币、金融、国际贸易、海关、铁路、兵制、官制、人口、工业与手工业、度牍、田地田赋统计、市场、商业交通财政政策、档案、政治与宗教等。两份《史学》专刊发表了大量以社会经济史为主的论文，其中有些科普性（通俗性）较

---

① 朱谦之："序"，载陈啸江：《西汉社会经济研究》，上海：新生命书局，1936年，第2页。

② 《中国社会经济史集刊》第5卷第1期（1937年3月）。

强。天津《益世报·史学》创刊一年（1935 年 4 月至 1936 年 4 月）发表了 40 篇论文（该专栏编者语），其中“重要者”32 篇论文，其内容可分为四大类：政治、经济、社会和考证。数量最多的一栏（15 篇）是经济史，其他则为社会史 3 篇、政治史 6 篇和考证类 8 篇（详见该刊编者自编的论文名称目录及其归类）。

一年来本刊重要论文目录索引

（天津《益世报·史学》第 26 期，1936 年 4 月 14 日）

（一）政治

明亡后汉族的自觉和秘密结社	罗尔纲	第一期	民国二十四年四月三十日
金田发难	罗尔纲	第二期	同上五月十四日
淮军的兴起	罗尔纲	第十期	同上九月三日
论历代建都与外患及国防之关系	贺昌群	第十四期	同上十月廿九日
晚明流寇与辽东战争（一六一八—一六四四）的关系	朱庆永	第十七期	同上十二月二十日
鸦片战争中盐商之活动	何维凝	第廿四期	民国二十五年三月十七日

（二）经济

明代粮长制度	梁方仲	第三期	民国二十四年五月二十八日
中国第一次外债	汤象龙	第四期	同上六月十一日
东汉的盐政制度	刘隽	第四期	同上六月十一日
西汉时代的国家专卖盐法	刘隽	第六期	同上七月九日
北魏均田制之实施	谷霁光	第七期	同上七月廿三日
轮船招商局的创立	汤象龙	第八期	同上八月六日

中国“就场官专卖盐制”理论的沿革	刘隽	第九期	同上八月二十日
隋代社会制度与国家财政	谷霁光	第十四期	同上十月廿九日
中国内债的嚆矢	汤象龙	第十五期	同上十一月十二日
太平天国天朝田亩制度实施问题	罗尔纲	第十九期	民国二十五年一月七日
田赋输纳的方式与道路远近的关系	梁方仲	第二十期	同上一月廿一日
清季铁路外交之失败	陈晖	第廿一期	同上二月四日
太平天国的“圣库”制度及“诸匠营”制度	罗尔纲	第廿三期	同上三月三日
李鸿章与轮船招商局	陈隽如	第廿三期	同上三月三日
左宗棠与外债	汤象龙	第廿四期	同上三月十七日
（三）社会			
崔浩“国史”之狱与北朝门阀	谷霁光	第十一期	民国二十四年九月十七日
明代之农民	吴晗	第十二、十三期	同上十月十五日
汉代的社稷神	童书业	第十六期	同上十一月廿六日
（四）考证*			
高丽女考*	吴晗	第一期	民国二十四年四月三十日
烟草初传入中国的历史*	吴晗	第三期	同上五月二十八日
朱九涛与洪秀全	罗尔纲	第六期	同上七月九日
楚建国考	罗尔纲	第十八期	同上十二月廿九日
《隋书》传存流求语考释	钱稻孙	第十九期	民国二十五年一月七日

唐代“皇帝天可汗” 谷霁光 第廿二期 同上二月十八日
溯源

故宫太平天国文书原折 罗尔纲 第廿二期 同上二月十八日
及上谕考

中正九品考 谷霁光 第廿五期 同上三月三十一日

＊按：考证类中吴晗的两篇论文似亦可归为社会史、经济史。

二、研究时代重点放在近现代和明清

《中国社会经济史集刊》（含《中国近代经济史研究集刊》）至1948年共出版8卷14期[①]，稿数114篇，其中论文（含杂纂1篇、札记2篇）共52篇，书评45篇，资料17篇。论文部分，按其作者发表数量的多少，分别为梁方仲（9篇，以下用阿拉伯数字表示）、刘隽（4）、吴晗（4）、汤象龙（4）、孙毓棠（3）、吴铎（3）、罗尔纲（2）、谷霁光（2）、张荫麟（2）、王崇武（2）、袁震（2）、罗玉东（2）、陈文进（2），周益湘、张德昌、徐中舒、赵泉澄、单士元、贺昌群、何维凝、严中平、彭泽益各1篇。作者中绝大多数属中央研究院社会科学研究所和史学研究会同人。其中社会科学研究所的人撰写文章数最多，清华大学作者数占第二位。

表9—1 《集刊》论文数量及其研究涉及年代统计

类型	通论	专论（含札记2篇）						
		先秦及秦汉	魏晋南北朝隋唐五代	宋辽金元	明清	近现代	外国	合计
篇数	0	5	1	6	23	16	1	52
%	0	9.62	1.92	11.54	44.23	30.77	1.92	100

从表9—1数据可知《集刊》发表的论文以研究近代（含少量现代）和明清史为主，占总数的75%，这与陶希圣及《食货》半月刊

① 按：《集刊》14期中挂主编名者，陶孟和10次（最多者），汤象龙9次，梁方仲5次，吴晗2次，张荫麟、朱庆永各1次。

所载论文以有关秦汉、魏晋南北朝最多，元代以前的论文几占90%之比例（详见李根蟠之统计表[①]）可以说完全相反；同样，与郭沫若、吕振羽、侯外庐的著作都以上古史为主的情况，也迥然相异。社会科学研究所和史学研究会同人将经济史研究重点放在近现代和明清时代，反映了他们更关心中国近现代的社会经济问题，用今天的话来说，就是关系中国的近代（现代）化问题，当然这与当时中央研究院社会科学研究所全所的工作重点放在近现代密切相关。

书评是《集刊》的另一主要登载内容，一共刊出45篇，由21位作者撰写，分别为汤象龙（5）、罗尔纲（4）、劳榦（4）、陈振汉（3）、刘隽（3）、吴铎（3）、严中平（3）、连士升（2）、丁则良（2）、彭泽益（2）、全汉昇（2），罗玉东、张荫麟、袁永一、铁谷、古弘予、吴晗、王信忠、邵循恪、C. P. Fitzgerald、刘心铨、王崇武和父亲各1篇。可见社会科学研究所和史学研究会同人仍是撰稿主力军，值得注意的是，也吸收了中央研究院历史语言研究所的劳榦、全汉昇、王崇武[②]。"食货"派的连士升，以及英国学者积极参与，这些书评作者绝大部分是当时以及后来的名家，学养甚高。就被评之书内容所论及年代而言，仍以近现代和明清为主。在《集刊》的姐妹写作发表的阵地天津《益世报》和南京《中央日报》的《史学》专刊上所发表的论文或文章，其研究的时代重点上也表现出类似趋向。参见前引《一年来本刊重要论文目录索引》（天津《益世报·史学》第26期，1936年4月14日）。

三、注重专题、实证研究

（一）通论性论著很少

从上列《集刊》以及天津《益世报·史学》专刊（第一年）的

① 李根蟠：《中国经济史学形成和发展三题》，载侯建新主编：《经济—社会史——历史研究的新方向》，第94页。

② 王崇武虽任职于中央研究院历史语言研究所，后来亦参加史学研究会。

文章类别来看，通论性（包括专门讨论社会形态）的文章基本匮乏（见表9—1）。这又是与陶希圣及其《食货》半月刊以及郭沫若、吕振羽、侯外庐等的论著最显著的差别之一。《集刊》每期8万至10万字，只刊3—4篇论文（最少论文之卷期为2篇，最多也不超过5篇），每篇论文分量都较大，平均1万—2万字，亦有4万—6万字的长文。这些论文体现了小题大做、实证与诠释并重、史料翔实、结论中肯之特点。这些专题性、实证性的研究由于史论结合较好，有试用新的社会科学分析方法（如统计学、社会学以及档案材料之运用等），多有新意和创见，不少成了有关研究的开拓之作，或是后来常被他人引用，或是作者本人以此为基础，而后撰写出更系统深入的论著，流传至今。此处仅举几例：罗玉东在《集刊》上发表过《厘金制度之起源及其理论》《光绪朝补救财政之方策》两篇颇有新意的论文，1936年出版了“至今仍为学术界十分重视的《中国厘金史》”①。刘隽所撰的《道光朝两淮废引改票始末》《清代云南的盐务》《咸丰以后两淮之票法》《宋元官专卖引法的创立与完成》，显示了他在盐政研究方面的功力与成绩，数十年后戴逸也称“刘隽先生则以研究清代盐政见长”②。汤象龙的《民国以前关税担保之外债》《光绪三十年粤海关的改革》《咸丰朝的货币》等，以及他在此基础上于1956年写的《鸦片战争前夕中国财政制度》，至今仍有人参考。③ 吴晗的《明代的军兵》《王茂荫与咸丰时代的新币制》，罗尔纲《清季兵为将有的起源》以及抗战胜利后发表的《太平天国革命前的人口压迫问题》，孙毓棠的《西汉的兵制》《东汉兵制的演变》，贺昌群的《汉初之南北军》，谷霁光的《西魏北周和隋唐间的府兵》，张荫麟的《北宋的土地分配与社会骚动》，彭泽益的《中英五口通商沿革考（1842—1844）》，王崇武的《明成祖与佛教》，吴铎的《津通铁路的争议》，张德昌的《胡

① 戴逸：“序一”，载周育民：《晚清财政与社会变迁》，上海：上海人民出版社，2000年，第2页。

② 同上。

③ 周育民：《晚清财政与社会变迁》，第75、78、183、4—35、38页等多处。

夏米货船来华经过及其影响》，陈文进的《清代之总理衙门及其经费》，等等，或是被山根幸夫主编、田人隆等译的《中国史研究入门（增订本）》（北京：社会科学文献出版社，2000 年）列为今日学人应读文献，或是被后人参考引用。至于父亲在《集刊》上发表的 10 篇文章，全都被后人引用过，近期仍如此，较详细情况已在本书多处述及，不再赘述。

以上主要针对《集刊》所刊文章而作的简介，其实，社会科学研究所和史学研究会同人在《史学》专刊以至社会科学研究所所办的《社会科学杂志》和其他一些学刊（如《文史杂志》《清华学报》《政治经济学报》等）上都有相当多的文章发表，其中不乏佳作，一直以来未被时人以至今人忘记，被参考引用，诸如夏鼐的《太平天国前后长江各省之田赋问题》（《清华学报》第 10 卷第 2 期，1935 年 4 月）[①]，朱庆永的《叶淇与明代的“开中纳粟”制度》（《大公报·经济周刊》第 104 期，1935 年 3 月 13 日）、《同治二年苏松二府减赋之原因及其经过》（《政治经济学报》第 3 卷第 3 期，1935 年 4 月）、《明末辽饷问题》（《政治经济学报》第 4 卷第 1、2 期，1935 年 10 月、1936 年 1 月）（按：后一篇，顾颉刚在《当代中国史学》一书中评曰“也很详尽”）。杨绍震的《庚子年中俄在东三省之冲突及其结束》（《清华学报》第 9 卷第 1 期，1934 年 1 月），张荫麟的《南宋末年的民生与财政》（北平《华北日报·史学周刊》第 111 期，1936 年 11 月 12 日），谷霁光的《秦汉隋唐间之田制》（《政治经济学报》第 5 卷第 3 期，1937 年 4 月），汤象龙的《道光时期的银贵问题》（《社会科学杂志》第 1 卷第 3 期，1930 年 9 月），仲伟民等就评价汤象龙该文是我国第一篇以现代经济学理论来解释鸦片战争原因的研究成果[②]。

---

① 按：该文作为中国新史学代表作之一被译成英文，收入 *Chinese Social History* 一书中。

② 仲伟民、张铭雨：《20 世纪上半叶中国历史学的社会科学化》，《北京师范大学学报（社会科学版）》2016 年第 2 期，第 135 页。

为更详尽了解《集刊》所刊论文的质量（是否经得起时间的考验）问题，笔者特制一情况表（表9—2），供读者参考。

表9—2　《集刊》所刊论文被引用情况①

序号	作者	论文题目及发表卷期	CSSCI		CNKI	
			篇数	发表与被引相隔年数	篇数	发表与被引相隔年数
1	罗玉东	《厘金制度之起源及其理论》，《中国近代经济史研究集刊》第1卷第1期，1932年11月	1	72	1	72
2	周益湘	《道光以后中琉贸易的统计》，《中国近代经济史研究集刊》第1卷第1期，1932年11月	0		0	
3	陈文进	《清代之总理衙门及其经费》，《中国近代经济史研究集刊》第1卷第1期，1932年11月	1	72	1	72
4	张德昌	《胡夏米货船来华经过及其影响》，《中国近代经济史研究集刊》第1卷第1期，1932年11月	0		0	
5	刘隽	《道光朝两淮废引改票始末》，《中国近代经济史研究集刊》第1卷第2期，1933年5月	4	67—82	4	67—82
6	罗玉东	《光绪朝补救财政之方策》，《中国近代经济史研究集刊》第1卷第2期，1933年5月	7	68—78	6	71—78
7	陈文进	《清季出使各国使领经费》，《中国近代经济史研究集刊》第1卷第2期，1933年5月	1	71	1	71

① 梁方仲除外，梁氏在该刊之有关论文被引情况见本书表1—1。对CSSCI、CNKI所收论文的检索，承蒙中山大学图书馆公共服务部蔡筱青等同志代查，谨此致谢。

（续表）

序号	作者	论文题目及发表卷期	CSSCI		CNKI	
			篇数	发表与被引相隔年数	篇数	发表与被引相隔年数
8	汤象龙	《咸丰朝的货币》，《中国近代经济史研究集刊》第2卷第1期，1933年11月	1	71	1	71
9	刘隽	《清代云南的盐务》，《中国近代经济史研究集刊》第2卷第1期，1933年11月	0		0	
10	刘隽	《咸丰以后两淮之票法》，《中国近代经济史研究集刊》第2卷第1期，1933年11月	4	71—81	4	71—81
11	徐中舒	《中央研究院历史语言研究所所藏档案的分析》，《中国近代经济史研究集刊》第2卷第2期，1934年5月	0		0	
12	赵泉澄	《北京大学所藏档案的分析》，《中国近代经济史研究集刊》第2卷第2期，1934年5月	3	75—82	3	75—82
13	吴晗	《清华大学所藏档案的分析》，《中国近代经济史研究集刊》第2卷第2期，1934年5月	0		0	
14	单士元	《故宫博物院文献馆所藏档案的分析》，《中国近代经济史研究集刊》第2卷第2期，1934年5月	0		0	
15	汤象龙	《民国以前关税担保之外债》，《中国近代经济史研究集刊》第3卷第1期，1935年5月	2	67—69	2	67—69

（续表）

序号	作者	论文题目及发表卷期	CSSCI		CNKI	
			篇数	发表与被引相隔年数	篇数	发表与被引相隔年数
16	汤象龙	《光绪三十年粤海关的改革》，《中国近代史经济史研究集刊》第3卷第1期，1935年5月	4	67—77	4	67—77
17	吴铎	《川盐官运之始末》，《中国近代经济史研究集刊》第3卷第2期，1935年11月	1	71	1	71
18	汤象龙	《民国以前的赔款是如何偿付的?》，《中国近代经济史研究集刊》第3卷第2期，1935年11月	5	65—78	5	65—78
19	吴铎	《津通铁路的争议》，《中国近代经济史研究集刊》第4卷第1期，1936年5月	1	70	1	70
20	孙毓棠	《西汉的兵制》，《中国社会经济史集刊》第5卷第1期，1937年3月	2	65—70	2	65—70
21	贺昌群	《汉初之南北军》，《中国社会经济史集刊》第5卷第1期，1937年3月	0		0	
22	谷霁光	《西魏北周和隋唐间的府兵》，《中国社会经济史集刊》第5卷第1期，1937年3月	1	75	1	75
23	张荫麟	《宋史兵志补阙》，《中国社会经济史集刊》第5卷第2期，1937年6月	0		0	
24	吴晗	《明代的军兵》，《中国社会经济史集刊》第5卷第2期，1937年6月	9	67—77	9	67—77

（续表）

序号	作者	论文题目及发表卷期	CSSCI		CNKI	
			篇数	发表与被引相隔年数	篇数	发表与被引相隔年数
25	罗尔纲	《清季兵为将有的起源》，《中国社会经济史集刊》第5卷第2期，1937年6月	6	67—77	6	67—77
26	孙毓棠	《东汉兵制的演变》，《中国社会经济史集刊》第6卷第1期，1939年6月	3	60—65	3	60—65
27	张荫麟	《北宋的土地分配与社会骚动》，《中国社会经济史集刊》第6卷第1期，1939年6月	4	64—68	4	64—68
28	吴晗	《王茂荫与咸丰时代的新币制》，《中国社会经济史集刊》第6卷第1期，1939年6月	2	65—70	2	65—70
29	吴铎	《台湾铁路》，《中国社会经济史集刊》第6卷第1期，1939年6月	1	69	1	69
30	刘隽	《宋元官专卖引法的创立与完成》，《中国社会经济史集刊》第6卷第2期，1939年12月	0		0	
31	严中平	《各国在华棉货市场之开辟及其争夺（1833—1913）》，《中国社会经济史集刊》第6卷第2期，1939年12月	0		0	
32	谷霁光	《战国秦汉间重农轻商之理论与实际（附后记）》，《中国社会经济史集刊》第7卷第1期，1944年6月	0		0	
33	孙毓棠	《汉代的交通》，《中国社会经济史集刊》第7卷第1期，1944年6月	2	64	2	64

（续表）

序号	作者	论文题目及发表卷期	CSSCI		CNKI	
			篇数	发表与被引相隔年数	篇数	发表与被引相隔年数
34	袁震	《两宋度牒考（上）》，《中国社会经济史集刊》第7卷第1期，1944年6月	0		0	
35	袁震	《两宋度牒考（下）》，《中国社会经济史集刊》第7卷第2期，1946年7月	0		0	
36	吴晗	《元史食货志钞法补》，《中国社会经济史集刊》第7卷第2期，1946年7月	0		0	
37	何维凝	《明代之盐户》，《中国社会经济史集刊》第7卷第2期，1946年7月	1	69	1	69
38	王崇武	《明成祖与佛教》，《中国社会经济史集刊》第8卷第1期，1949年1月	1	5	6	0
39	王崇武	《明成祖与方士》，《中国社会经济史集刊》第8卷第1期，1949年1月	0		0	
40	罗尔纲	《太平天国革命前的人口压迫问题》，《中国社会经济史集刊》第8卷第1期，1949年1月	16	51—64	16	51—64
41	彭泽益	《中英五口通商沿革考（1842—1844）》，《中国社会经济史集刊》第8卷第1期，1949年1月	0		0	

从表9—2可知，《集刊》从第1卷至第8卷共14期所刊的论文

（梁方仲9篇除外）共41篇，其中有26篇在发表后60—80年后仍然有研究者参用，占所刊论文总数的63.4%，若加上梁方仲的9篇，即50篇论文计共有35篇（占总数70%），数十年来并未从人们的视野里消失。要指出的是，这仅是从两个期刊论文索引网得来且属1999年后的信息，并未包括1999年前和专著上的情况。上面的结果已有力地表明《集刊》上所载论文质量普遍很高，经得起长时间的考验。这也反映了与同时代有关学刊相比，其学术质量可能胜出一筹（已有人公开或私下如此议论），诚如台湾著名经济史学者刘翠溶所言，《集刊》是中国经济史研究的“嚆矢”。

与中央研究院社会科学研究所和史学研究会同人强调先做专题研究的趋向不同，唯物史观派以至“食货”派都程度不等地着重于通论式的撰述和研究。“食货”派的主将之一何兹全似乎指出或承认了这一事实：

> 大体说来，解放前和解放后，社会和社会史研究，都走过两条路：一条路，偏重宏观，主要研究社会形态、社会结构；另一条路，偏重微观，研究家庭、风俗、习惯、社会调查等。解放前走前一条路的，如社会史论战中的各派和随后出现的食货学派；走后条路的为中央研究院社会研究所。解放后，在党和政府的扶持下，走前一条路即马克思主义道路，形成高潮。但教条主义害了马克思主义。改革开放后，西方社会和社会史理论进来，后一条路又发展起来。①

读过何氏此段话后，有些问题应该指出或讨论。首先，何氏自始至终认为坚持唯物史观派的观点方法，应是研究社会史（社会经济史）的主途。“社会史的研究方面，可以是多方面的，但社会经济——生产方式、社会形态是主要方面，可以广；主，不能丢!”② 其次，何氏指中央研究院社会科学研究所新中国成立前“偏重微观”，

① 何兹全：《何兹全文集》，北京：中华书局，2006年，“自序”，第11页。

② 何兹全：《研究人类社会形态、结构及其发展规律是社会史研究的主流》，《天津社会科学》2001年第4期，第73页。

微观乃指家庭、风俗、习惯、社会调查，恐怕只有社会调查一项符合当时实际情况，社会科学研究所和史学研究会同人所注重的专论实证研究，实际上也属于社会形态、结构（生产方式、生产力）研究的主要构成，即在一定层面来剖析形态、结构问题。如果说家庭、风俗习惯等方面研究，其兴起在改革开放后的中国社会学、社会史研究上确是事实。再次，中央研究院社会科学研究所和史学研究会同人当时强调专论的研究，有深层的内在和外在原因，他们并非不看重通论（宏观）的研究，只不过强调的是必须遵循由特殊到一般的认识规律，即在认真完成的特殊（个案）研究后，及时转入一般（整体）研究中。吴晗在《朱元璋传》的后记中交代了自己（实际也是史学研究会同人）的思路与具体做法：

> 写作的方法，是对每一问题先搜集材料，编为长编，第二步写成专门论文，第三步综合几十篇专门论文，再融会贯通写成本书。①

（二）重视专题与实证研究的原因

中央研究院社会科学研究所和史学研究会同人及其所编辑的《集刊》和《史学》专刊强调社会经济专题研究时而又缺乏通论和社会史争论的文章，这与郭沫若等以及陶希圣等的取向不同。究其原因，应和他们同人业已形成的“共识”（汤象龙语）直接相关。汤氏在其自传里谈到史学研究会同人有三点共识，其中两点是：

> 一、主张社会经济史的研究工作者分工合作，一是按时代的分工合作，一是按专业的性质分工合作，因为社会经济史的研究在当时是一种开荒的工作，没有什么基础，必须众多的研究工作者共同努力，以期在二十年中理出中国社会经济史的头绪，三十年中写出一部像样的社会经济史。二是当时大家虽然说不上熟悉马克思主义的理论，但都倾向于唯物主义，对一些历史问题的分析，主要倾向于社会和经济的分析，反对理论脱离历史实际和从

① 吴晗：《朱元璋传》，上海：三联书店，1949 年，第 299 页。

理论到理论。①

社会科学研究所和史学研究会同人的学术论文所反映的特点，与他们这些研究者一开始就有十分明确的学术取向密切相关，很值得学术史研究者加以注意与研究。《史学》专刊创办一年时，编者（即史学研究会）同人们所写的《周年致辞》中也有十分清楚明白的交代。② 诸如强调“大处着眼，小处下手”，“中国历史中国人必须自己担负起研究的责任……但却不能以转贩外人的著作便以为尽了治史的任务，至少在本刊上不愿意开这个风气”，拒绝“纲要式的论文”，等等。《周年致辞》写道：

> 至于一年来编辑方面，我们除了特约外，对于投稿是热烈地欢迎的。本刊过去二十五期中，共发表了四十篇论文，其中会员稿特约稿为三十三篇，外稿为七篇，外稿约占全数五分之一。而这七篇外稿，我们却是从六十多篇的投稿中选择出来的。这点编者是非常地抱歉的。每当编者把一封封的原稿退回的时候，心里就感到难言的苦闷，因为我们感到我们辜负了许多对本刊热诚合作的人的愿望！关于这一点，编者今天谨竭诚地向我们的投稿者尽一言：第一，本刊对于来稿的取舍，并非以编者个人的好恶为标准，每一篇来稿都须经过本会出版委员会同人的评阅然后决定其取舍，我们的态度是郑重的，我们自问是对得着本刊的读者，同时也对得着本刊的投稿者。第二，本刊对于来稿的标准，虽然我们不能有一个绝对的准则，但我们却有两个重要的权衡，便是审查来稿“题材的选择”与“立论的态度”。一个明辨精深的作者，可以使人从他所写作的题材与态度中知其学识的素养，与他对于某一问题认识的程度。但是，我们所见的稿件，却往往不能符合我们的条件。我们一年来接到的稿件，大多数可以称为“纲要式的论文”。这些论文，往往选择一个大题目以三五千字草草

---

① 《汤象龙自传》，载《晋阳学刊》编辑部编：《中国现代社会科学家传略》第四辑，太原：山西人民出版社，1983 年，第 123 页。

② 编者：《周年致辞》，天津《益世报·史学》第 26 期，1936 年 4 月 14 日。

完卷。试举一两个例来说吧，如我们所见的《两汉面面观》和《秦汉以后中国政制的变革》，其题材都非几十万字的大著不能写得详尽，而著者只以三五千字了之，这种论文，刚和本刊的“大处着眼，小处下手”的主张相反。同样，在态度方面，许多著者都不免于偏见，或人云亦云无甚见解，这也和本刊求真的目的相反。所以本刊对于这类文章，只好退还。此外，译稿方面我们也有一些意见，一年来所收的稿件中译稿占一半左右，还接到许多问我们要不要译稿的信件。这些译稿，多译自日文。我们不是说译稿无用，本刊也不是绝对不登译稿，有价值的译稿我们还有时破例的登载，如钱稻孙先生译白鸟库吉博士著的《〈隋书〉传存流求语考释》一文，便是一例。但本刊目前的任务，究竟是研究中国历史问题的，本刊同人认为中国历史中国人必须自己担负起研究的责任，外人的著作，我们不妨去参考，但却不能以转贩外人的著作便以为尽了治史的任务，至少在本刊上不愿意开这个风气。而况外人的著作，未必都是有介绍于一般读者的必要。所以我们对于许多译稿都未登载，便是基于这个理由。

简而言之，史学研究会同人认为中国社会经济史研究仅处开荒阶段，先做好各时代的具体社会经济状况的探索，才能有像样经济通史的产生；反对从理论到理论的倾向，反对机械套用理论的做法。因而同人们当时集中精力做专题（专论），不贸然写大题目（通论等），不写空泛之论作，不热衷于登载译稿或着重宣介外国理论、方法的文章。这种取向应该可以理解了。从而有人认为在20世纪30年代中国社会经济史研究团队中史学研究会同人属真正“专事社会经济史研究”的。陈峰指出：

但社会史论战的参加者的直接目标是重构中国古史体系，而非专事社会经济史研究。因而他们的讨论与一定的社会历史发展模式牢不可分，所举的经济史实只是作为证据而存在，在很大程度上只是某种理论图式的附庸。甚至有人认为社会史论战只是“中国史的社会学解释”（按：陶希圣语），而不是社会史研究。

所以，对社会经济史的系统考察尚未出现。到了史学研究会那里，中国社会经济史才以独立的姿态登场。①

四、十分强调并认真作史料的搜集整理及其利用

汤象龙总结中央研究院社会科学研究所和史学研究会同人之共识的第三点是：

> 在治学方法上重视历史资料的收集，认为当时史学工作者最重要的责任是收集资料，这种资料工作虽是一种不成名而费力费时的工作，但这是历史研究的基本工作，不做这种基本工作，中国社会经济史将永远没有写成的日子。②

可见他们极端重视资料收集，将之视为关系到中国社会经济研究的成败关键，因为中国经济史当时仅处于开荒状态，收集史料这项最基本的工作当然要先做。应该说，那个时代，陶希圣和郭沫若等在经过社会史论战的教训后亦深感有关史料的重要性。陶希圣曾在《食货》半月刊创刊号（1934 年 12 月）的“编辑的话”中，强调指出：“史学虽不是史料的单纯的排列，史学却离不开史料。理论虽不是史料的单纯排列可以产生，理论并不是尽原形一摆，就算成功了的。方法虽不是单纯把材料排列，方法却不能离开史料独立的发挥功用的。”郭沫若在其《中国古代社会研究》（1930）中就曾积极利用王国维等人的研究成果，在考古学的研究上得到过中央研究院历史语言研究所董作宾、李济提供的宝贵材料，在古文字研究方面得到容庚的助力，这些都是郭氏已公开承认过，基本上属众所周知的事。

若将 20 世纪 30 年代经济史研究三股主要力量在史料问题上的看法与具体做法做一对比，中央研究院社会科学研究所和史学研究会同人似乎更具目的性（针对中国经济史的研究实际状态），目标明确、

---

① 陈峰：《两极之间的新史学：关于史学研究会的学术史考察》，《近代史研究》2006 年第 1 期，第 95 页。

② 《汤象龙自传》，载《晋阳学刊》编辑部编：《中国现代社会科学家传略》第四辑，第 123 页。

重点突出、措施落实、成效显著的特点，给人留下了精心组织、集体行动的深刻印象：

（一）郭沫若等当时虽然已认识到史料和吸收前人研究成果的重要性，但由于各种条件所限，未能提出有关的计划（也未提出设想）。陶希圣所强调的是理论与史料相结合的重要性，希望投稿给《食货》半月刊的作者能在史论结合上作出努力，克服以往不重视史料的偏向，亦未有切实的计划设想及具体行动。中央研究院社会科学研究所（包括北平社会调查所时期）则将资料收集整理工作当成研究组乃至全所的首要任务，定出明确计划动员了大批人力、物力，常年不断地寻找与伏案疾笔抄写整理资料。至抗战前，清内阁档案资料已得十几万件（资料种类和估计数量在《无悔是书生》第三章第二节已介绍）。为做好此事，除社会科学研究所有关人士积极参与，还吸收了史学研究会同人一道行动，争取到故宫博物院文献馆、北京大学文科研究所、中央研究院历史语言研究所、清华大学等单位的大力支持。为引起学人对资料收集整理工作的重视，《集刊》还专门出了《明清档案专号》（第2卷第2期，1934年5月），刊载了徐中舒、赵泉澄、吴晗、单士元撰写的专文，分别详细介绍分析了中央研究院历史语言研究所、北京大学、清华大学、故宫博物院文献馆所藏档案。这项工作为我国经济史学工作者最早大量发掘和利用清代政府档案的创举。当然他们发掘资料（史料）之种类是多样的，远不只档案一类，父亲40年代已在此基础上专门开展了《明代地方志综目》的研究，并基本写出的初稿则为一例（详见《无悔是书生》第五章）。

（二）在收集整理资料的基础上及时开展有关专题研究，取得一大批开拓性的成果。前面谈到罗玉东的《中国厘金史》、刘隽的盐政研究、汤象龙的海关税收和清代财政研究，无不得益于史料的发掘与及时利用，以下事实也证明此项工作深具成效。

1. 李文治、江太新的《清代漕运》一书，以材料翔实、分析系统深入著称，是研究清代漕运制度迄今最好的一部著作，曾获孙冶方奖、吴玉章奖和首届国家社科基金奖。江太新记述此书撰写始末时指出，1944 年李文治先生完成其《晚明民变》后，曾想在农民运动研究基础上，进一步研究中国封建社会土地关系变化之课题，但是：

> 就在这时，指导先生研究工作的梁方仲先生建议他从事清代漕运问题的研究。梁先生过去主要从事田赋制度的研究，对一条鞭法问题作出过巨大贡献，可说驰名中外。梁先生希望李先生继承他的专业。梁先生说：过去在北平（北京）社会调查所时期，在陶孟和先生主持下，全所曾竭尽全力对清档有关田赋方面的资料进行了收集整理工作，这类资料有十多万件，其中漕运部分始终没人整理过，国内在这方面的研究属于空白，建议李先生利用清档从事清代漕运问题的研究。李先生接受了梁先生的意见，从1945 年开始收集整理这方面的资料，经过四年的功夫写成清代漕运史初稿。解放后由我加以补充修改。《清代漕运》一书已于1995 年由中华书局出版。①

2. 中国近代工业史研究是社会科学研究所经济史研究中的一项重要研究专题。该项研究范围包括矿冶、机械、军火、造船、纺织等，考察其 300 年来的发展历程，特着重清末至民国建立前新式产业的建设经过。至 1948 年 1 月已完成《汉冶萍历史草》《湖北铁矿局创立经过》《云南铜矿与满清中叶制钱鼓铸问题》《清代云南矿冶业之生产技术与生产组织》《清代云南铜政考》《太平天国战争中火炮船舰问题》《贵州遵义柞蚕业溯源》《明清两代地方官倡导纺织业示例》等多篇专论。② 这些文章都是在广泛收集利用资料基础上的研究，主要研究人员为严中平、罗尔纲。

3. 太平天国全史研究亦是社会科学研究所的一项重要研究专题。罗尔纲曾在广西等地实地搜集大批有关资料，至 1948 年 1 月完成《太平天国革命背景》一章，此外并辑竣《太平天国金石录》《太平

---

① 江太新：《李文治先生从事研究工作进展历程》，《中国经济史研究》1999 年增刊，第 16 页。

② 《社会研究》，行政院新闻局印行，1948 年 1 月，第 8 页。

天国烈士供辞》，完成《湘乡曾氏藏忠王李秀成供状笺证》一文。[①]

4. 社会科学研究所搜集到的资料在新中国时期仍在发挥其功用。戴逸就曾指出：

> 那批逃过侵略战争劫火的“抄档”还保留在中国社会科学院经济研究所中，该所彭泽益等先生在建国后所撰写的不少有关晚清财政史的重要论文，大量地利用了“抄档”，反映了这项工作的延续。[②]

（三）建立并坚持了重视资料建设的好传统。抗战前他们大规模发掘整理史料，抗战期间也不忘此事：一方面进一步整理和利用已获得的大量抄档和各种文献；另一方面，每搬迁到一处，皆因地制宜，通过各种办法（包括实地调查），继续增加收藏量，特别是地方文献的数量与利用上，成绩不少。上面提到罗尔纲为太平天国史研究专门去广西实地考察，严中平等关于中国近代工业史研究的多篇论文题目冠以“云南”“贵州”等字样，反映了其研究得益于地方文献的搜集。父亲在抗战期间所发表的《云南银矿之史的考察》《论差发金银——〈云南僰夷的土司政治〉读后记》《对于驿运的几点贡献》《“战后问题”的问题》等几篇文章，也反映了他在结合实地调查，积极搜集和利用新资料。在社会科学研究所和史学研究会同人中还可找到更多的类似例子，显示了他们十分重视资料建设的理念，因而新中国成立后不久，中国科学院社会所（后改称经济研究所）迅速制定和实施近代经济史参考资料丛刊》的宏大计划，自有其可靠的思想渊源与前期工作基础，可谓源流可寻。

五、理论体系及研究方法兼容性大且有新意

对多种有关学科（如历史学、经济学、社会学等）的理论（大如唯物史观派、乾嘉考证派、史料派等）和方法（统计方法、实地调查方法、官方及民间史料运用等），采取积极开放态度，努力吸收运用

① 同上。

② 戴逸：“序一”，载周育民：《晚清财政与社会变迁》，第2页。

之，这是社会科学研究所和史学研究会同人在治史中表现出的最显著特点之一，在这个研究团队成员身上都有程度不等的反映。在《无悔是书生》中，笔者谈及父亲和他人评述这个团队及其成员时，都曾举过一些具体例子。[①] 此处仅补谈几点看法。

（一）当时史学研究会同人没有公开宣称持有或反对某派理论体系，可以说他们在意识形态上不存成见。《史学》双周刊的《发刊词》说得很明白，他们把但论是非、不论异同作为创办《史学》的态度和立场，即求真为宗旨，并表明“不轻视过去旧史家的努力”，“尊重现代一般新史家的理论和方法，他们的著作，在我们看来，同样也都有参考价值”，但“我们不愿依恋过去枯朽的骸骨，也不肯盲目地穿上流行和各种争奇夸异的新装”。开放的心态跃然于字里行间。基于此心态，他们极为重视材料的搜集整理辨析；力戒从理论到理论的空泛研究和“论战”；强调史论结合；积极汲取社会科学新理论、新方法。

（二）汲取新理论、新方法立足于本国实际问题，本土化意识明显。马紫梅已看出这点：

> 纵观“史学研究”的文章，读者注意到，其中的文章不是站在西方同中国的关系立场上（西方所写的许多关于中国的历史也都强调自身重要），而主要立足于本国问题。……有必要指出，这些历史学家在某种程度上全都有西方思想，心中有西方人民，他们中的一些人为了进一步研究都到过西方国家……看来他们的历史写作实践没有受西方的影响，也没有西方霸权的倾向。中国的新史学有其自己特殊的风格，然而很明显，在此同时也难免参照西方新史学和受西方历史编纂学的影响……[②]

---

① 例如，马紫梅于《时代之子吴晗》中对吴晗的不少论著有所评述，而陈峰在《20世纪30年代吴晗史学述论》（《史学理论研究》2003年第2期）和《两极之间的新史学：关于史学研究会的学术史考察》（《近代史研究》2006年第1期）中对吴晗和罗尔纲、张荫麟、谷霁光等人的作品进行了颇有见地的剖析。

② 马紫梅著，曾越麟等译：《时代之子吴晗》，北京：中国社会科学出版社，1996年，第212—213页。

换言之，他们的研究是汲取了西方社会科学理论方法而立足于本国并且与当时西方社会科学潮流（新史学）接轨的。同样，对于马克思主义唯物史观，他们也不采取拒绝态度，但不教条搬用、直接套用有关理论，故马紫梅指出他们的“新史学”有其自己的风格。张荫麟在社会科学研究所的《集刊》上曾对用马克思主义观点写的著作——冀朝鼎的《中国历史上的基本经济区》发表过书评[①]，基本上反映出当时史学研究会绝大多数同人的共同心态：

> 留美学生以西文言中国事，对于中国学人，例无一读价值。此为厥中少数例外之一。
>
> 冀先生为一马克思主义之服膺者，此从字里行间可见，晚近案据马克思主义讲中国史者，大抵议论多而实征少。此等著作自有其时代之需要，而非桎梏于资产阶级意识之井底蛙所得妄讲。唯此书以马氏为立足境，而根柢于邃密之探究，达以严整之条理，虽曰马氏之真精神则然，今实罕觏而可贵。

（三）率先切实地运用西方经济学、社会学、统计学等新方法，父亲、汤象龙以及罗玉东、刘隽、吴铎和后来的严中平、孙毓棠等人很早就大力运用统计学方法处理分析史料，早期的《明代户口田地及田赋统计》（1935）和后来的《中国历代户口、田地、田赋统计》《中国近代海关税收和分配统计（1861—1910）》以及《中国近代经济史参考资料丛刊》就是其中突出的反映。至于社会学理论与方法的运用（包括实地调查、官方与民间材料并重、个案分析等）的例子不胜枚举，这与社会科学研究所的主攻方向与熟练应用有关理论和方法直接相关。

简而言之，“史无定法”的态度在这个研究团队成员身上有明显的反应。

① 《中国社会经济史集刊》第5卷第1期（1937年3月），第121—125页。

第三节　三股主要力量队伍和研究方向的稳定问题

若从1937年抗战爆发至1949年新中国成立前这一时间段来考虑，20世纪30年代中国经济史学形成期涌现的三股主要力量，在抗战前其学术观点、风格、研究方法、队伍构成以及政治背景等不尽相同；抗战爆发后，随时局之变动，各股力量有关情况自随之发生程度不等的变化。不过研究队伍和研究方向相对稳定，是中央研究院社会科学研究所和史学研究会同人与郭沫若以及陶希圣等相异的重要特点之一。

一、郭沫若等为代表的唯物史观派

持马克思主义观点的郭沫若、吕振羽、侯外庐等人，在抗战特别是其后的解放战争中，更加活跃于政治和革命活动中，不过其学术研究并未停顿下来。郭沫若于1945年将其30、40年代发表的有关先秦诸子思想研究文章汇集成《青铜时代》和《十批判书》。[①] 吕振羽1942年出版其《中国社会诸问题》（桂林：耕耘出版社），对30年代社会史论战各家的意见作了评论，批评了陶希圣、李季、王宣昌等人的观点，就亚细亚生产方式、中国奴隶等问题发表了自己的见解。侯外庐认为："数年来'中国社会问题'研究中，没有理论方面的基础知识，直到现在问题的讨论还表现着混乱与驳杂，并未执行了'反映现实'的任务。"[②] 为此，他于1939年发表《中国社会史导论》，在生产方法（方式）、亚细亚生产方式等问题上展开了理论（概念）的阐述，力图为分析社会经济形态提供方法论。侯氏从1946年起开始

---

① 郭沫若：《青铜时代》，重庆：文海出版社，1945年；《十批判书》，重庆：群益出版社，1945年。

② 转引自蒋大椿：《20世纪中国马克思主义史学》，载罗志田主编：《20世纪的中国：学术与社会·史学卷（上）》，第161页。

主编《中国思想通史》，到1949年已完成1、2、3卷（初稿），直到1959年始完成5卷6册的宏构。[①] 1947年侯氏出版了《中国古代社会史》（上海：新知书店）。同样持马克思主义观点的吴泽、尹达等人亦有新著面世，即吴氏的《中国原始社会史》（1943）、尹氏的《从考古学上所见到的中国原始社会》（1943）。

综观而言，郭氏等人研究以及撰述的着眼点，在抗战前抑或抗战后仍放在社会形态、历史分期等问题，其主攻领域为思想史、社会（形态）理论，以及为社会形态、历史分期而作的考古学研究。而严格意义上经济史的一些主要研究内容，如生产力、经济制度等很少涉猎，缺乏纵深的研究，因而他们此时的著述仍以通论式的为主，实证性的研究仍显薄弱。应该强调看到，作为中国历史研究中引入马克思主义这点而言，郭沫若等人的工作最多最有影响，换言之史学中研究中唯物史观派的引入应用，其开拓性的贡献得到了史学界的公认。诚如不少开山之作一样，郭著免不了存在粗糙乃至大可商榷的地方。郭氏后来也承认："我的初期的研究方法，毫无讳言，是犯了公式主义的毛病。我是差不多死死地把唯物史观的公式，往古代的资料上套。"[②] 尤其是他将近代中国说成是资本主义社会，明显陷入了公式化的泥坑，郭氏在另一部著作——《十批判书》中还专辟了一节，冠以"古代研究的自我批判"来修补其原先的看法，承认15年前"实在太草率太性急了"。"自我批判"给读者留下的印象有：（一）表明郭氏15年来拟继续完善其中国古代社会的研究，取得了一定新进展，当时所阐述的某些观点直至今天仍未被史学界广为接受，如封建制始于何时代；（二）尝到了急于求成的苦头，认识到资料的极端重要性；（三）在社会史研究某些问题（如历史分期等）上，其前后看法的改变，表现了学人不断探索的精神；（四）唯物史观派的研究重点及学术风格与社会科学研究所和史学研究会同人显然有差异，这种差异实际上一直延续到新中国成立后的某些时段。

① 侯外庐：《中国思想通史》，北京：人民出版社，1960年。

② 郭沫若：《海涛》，上海：新文艺出版社，1951年，第118页。

二、陶希圣主编的《食货》半月刊及其联系的一批学者

在抗战爆发前，《食货》半月刊及其联系的一批学者这股力量十分活跃。对于陶氏等的活动，在当时以至新中国成立前两年有人给予了很高的评价。同时代的郭湛波认为："中国近日用新的科学方法——唯物史观，来研究中国社会史，成就最著、影响最大，就算陶希圣先生了。"[①] 顾颉刚在其《当代中国史学》中亦曾评曰："陶希圣先生对于中国社会有极深刻的认识，他的学问很是广博，他应用各种社会科学和政治学经济学的知识，来研究中国社会，所以成就最大。……我们认为：郭先生（按：郭沫若）的贡献偏在破坏伪古史上，而陶先生的贡献却在揭发整个中国社会史的真相，虽然他的研究还是草创的，但已替中国社会经济史的研究打下了相当的基础。"[②] 读者从这简单的评语中可知，郭氏和顾氏评价的基准，主要构建在郭、陶二人在引入新的研究方法和理论（唯物史观）对当时热点问题——社会形态、历史分期问题初识的成绩，自然与社会科学研究所和史学研究会同人的看法，特别与今人对经济史内涵要求更全面的评价标准来衡量，既不尽相同，也可能有所偏颇或失准。

抗日战争爆发后，《食货》半月刊停刊，这股力量发生了很大的变化，《食货》半月刊的影响力随之大为减弱，这与"食货"派主将们的走向关系至大。陶希圣自此以后可说专事政界，成为汪伪和国民政府的要员，后来所写的一些论著，大多属非经济史研究，政治诉求色彩明显。遑论在此领域作出新贡献。典型的例子之一是蒋中正署名发表的《中国之命运》就是陶希圣实际操笔的。按何氏意见，陶氏的弟子乃指鞠清远、武仙卿、曾謇、沈巨尘、何兹全、萨师炯。[③] 后他于另外文章中再加上连士升。后来武仙卿、鞠清远、沈巨尘等人也随

---

① 郭湛波：《近五十年中国思想史》，济南：山东人民出版社，1997 年，第 179 页。

② 顾颉刚：《当代中国史学》，南京：胜利出版公司，1947 年，第 100—101 页。

③ 何兹全、郭良玉：《三论一谈：何兹全、郭良玉伉俪自选集》，北京：新世界出版社，2001 年，第 24 页。

其师步入政界，后更为汪伪政府服务，经济史研究生涯就此结束。仅有何兹全等少数人继续从事社会史的学术研究，作出重要贡献。虽然有人（包括顾颉刚在《当代中国史学》一书中）把原来在《食货》半月刊上发表过文章且又听过陶希圣课的全汉昇、杨联陞归入“食货”派，但恐不很贴切，若考虑其治史取向，特别是在抗战爆发后。两人原来从治史取向看来还不属于陶氏的真传[①]，全、杨两人后来更有转向他途的变化。李根蟠曾有一种说法：“这个‘学派’圈子不大，存在时间不长，很快发生了分化，有一直真诚地信仰马克思主义的史学界的耆宿，也有堕落成汉奸的。”应注意的是，李氏把“食货”派打上引号的原因既是自己的看法，也是陶希圣本人的看法。[②] 不过何兹全认为：“从《食货》创刊号起就刊有‘食货学会会约’。但据我所知，即使按会约规定这极松散的学会，也是根本不存在的。但应该说，在20世纪中国社会史研究史上有个‘食货学派’。”[③]

傅衣凌依据数百张明清以迄民国时期各种土地文书及租佃契约为基本材料，1944年出版《福建佃农经济史丛考》。有人依据傅氏早年曾在《食货》半月刊上发表过文章，“特别是他坚持运用《食货》所力倡的‘地志学的方法’”，认为其学术渊源于《食货》半月刊。[④] 此看法有一定道理，却不一定准确到位。实际上运用非正史的其他材料（方志、档案、各种文书、契约、图物等）和实地社会调查的研究方法，倒是中央研究院社会科学研究所和史学研究会同人力主并实践上动作最大，在30年代中期已显露出其突出的成效，取得了一批重要成果，显然以地方志和社会实地调查方法的应用并非“食货”派的强

---

① 何兹全：《我所经历的20世纪中国社会史研究》，《史学理论研究》2003年第2期，第35页。何氏说，全汉昇的著作除《中古自然经济》这篇文章有《食货》半月刊风味外，其他文章多属于中央研究院历史语言研究所的《集刊》风格了。

② 李根蟠：《中国经济史学形成和发展三题》，载侯建新主编：《经济—社会史——历史研究的新方向》，第96页。

③ 何兹全：《我所经历的20世纪中国社会史研究》，《史学理论研究》2003年第2期，第35页。

④ 王学典：《近五十年的中国历史学》，《历史研究》2004年第1期，第186—187页。

项，也不是其专有的特色，因而不应以此作为是否属“食货”派的依据。

三、中央研究院社会科学研究所和史学研究会同人

中央研究院社会科学研究所和史学研究会同人这股在30年初以十多位骨干分子为主聚集起来的力量，他们于抗战和解放战争期间仍坚守在科研机构和高校，继续其经济史（亦称“新史学”）研究事业，基本上没人去从政，更无人当官。尽管他们已不可能像在北平那样经常聚会，时时切磋研究心得，安排工作计划，但其合作伙伴的关系并未割断。抗战撤离搬迁期间，社会科学研究所经济史组工作基本未停，1939年该所和西南联大同驻昆明，史学研究会绝大多数成员又聚在一起，研究会恢复活动，并吸收了一些新会员，《史学》专刊随之恢复出版，由孙毓棠等任主编，出了数十期。① 而《中国社会经济史集刊》一直没停，直至1949年1月。两刊的组稿、审稿以及撰稿人仍以社会科学研究所和史学研究会同人为主。抗战和解放战争期间，他们在《集刊》《史学》专刊以及其他刊物上发表了大批文章，出版了一批专著。现粗略地列出若干篇论文和专著（当然并未包括各人及其全部论著），所列论文以《集刊》的为主，兼及《史学》专刊等，已看出了这股力量仍在矢志不移地耕耘“新史学”。有关论文有：吴铎的《台湾铁路》（1939），刘隽的《宋元官专卖引法的创立与完成》（1939），张荫麟的《北宋的土地分配与社会骚动》（1939），吴晗的《王茂荫与咸丰时代的新币制》（1939）、《明代汉族之发展》（1939）、《元史食货志钞法补》（1946），袁震的《两宋度牒考（上）》（1944）、《两宋度牒考（下）》（1946），罗尔纲的《关于太平天国历法之讨论》（与董作宾合撰，1943）、《太平天国历法讨论之二》（1944）、《太平天国女营考》（1947）、《太平天国革命前的人口压迫问题》《湘乡曾氏藏忠王李秀成原供》（1949），谷霁光的《战国

① 李埏：《心丧忆辰伯师》，《思想战线》1981年第6期，第50页。

秦汉间重农轻商之理论与实际（附后记）》（1944），孙毓棠的《东汉兵制的演变》（1939）、《汉代的交通》（1944），王崇武的《明成祖与佛教》《明成祖与方士》（1949）。父亲从1937年7月至1949年1月撰写了十几篇论文（详见本书附录）。

1937年7月至1949年10月前这段时间，这股力量的一些人还写出一批专书，其中孙毓棠的《中国古代社会经济论丛》（1943）甚有功力与创获①。而吴晗、罗尔纲一直是史学研究会同人中作品最多的，他俩于这段时间撰写的专书亦颇丰。吴晗虽然40年代中后期开始参加了一些政治活动，但其主要精力仍是教学与著述，写出专著《明太祖》（1944）、《皇权与绅权》（1948）、《朱元璋传》（1948）。罗尔纲著述则更多，有《湘军新志》（1939）、《捻军的运动战》（1939）、《太平天国史丛考》（1943）、《洪秀全》（1944）、《绿营兵志》（1945）、《太平天国金石录》（1948）、《太平天国史考证集》（1948）。特别应列出的是，张荫麟1943年出版了《东汉前中国史纲》（重庆：青年书店），1948年正中书局再版时易名《中国史纲（上古篇）》，此书诚为通史撰写中开新风格的经典之作，时至今日一直评价极高。

毋庸讳言，由于战争肆虐，局势动荡，中央研究院社会科学研究所和史学研究会最早一批主要成员也有变动，夏鼐去英国留学，罗玉东、张荫麟于抗战期间英年早逝，令人扼腕痛惜。汤象龙又于1942年离所去资源委员会（新中国成立后在西南财经大学任教）。值得庆幸的是，社会科学研究所自抗战开始，陆续有一批后来在中国社会经

① 孙氏的《中国古代社会经济论丛》第一辑1943年由云南全省经济委员会印刷厂印。该辑论文的研究范围起于上古，终于元朝，包括论文6篇，计有：《中国古代社会经济发展之趋势》《战国时代的农业与农民》《汉代的农民》《汉初货币官铸制之成立》《汉代的交通》《汉末魏晋时代社会经济的大动荡》。孙氏计划并动手写《中国古代的图腾与原始经济生活》《释礼》《战国秦汉时代工商业的发展》《管子的轻重思想与战国时代一般的商业观念》《汉代的塞外通商》《两汉的财政》《北朝的均田制度》，计划出《中国古代社会经济论丛》第二辑。参见劳贞一（劳榦）书评，《中国社会经济史集刊》第7卷第1期（1946年7月），第154—160页。可知孙氏当时对元朝以前社会经济史已用力很深，颇有创获。

济史研究上作出突出贡献的人员加盟，30 年代后期至 40 年代初有严中平、李文治、彭雨新、汪敬虞、章有义、姚曾荫、姚贤镐；40 年代中后期则有彭泽益、陈振汉、张培刚（后两人皆为通讯研究员）；吴晗、张荫麟在云南大学和西南联大期间培养了李埏等，王崇武等在抗战期间加盟史学研究会，致使整支队伍绵延不断，研究工作继续开展，成果迭出。严中平于 1943 年出版了《中国棉业之发展》（重庆：商务印书馆），是“以探索中国棉业史的演进程序与其因果关系为主旨，而非简单的历史叙事”（第 15 页），而“过去的中国近代工业史以及多数关于棉业的著作，大都只以罗列材料铺陈事实为已尽能事，很少有以解答一个或几个问题为目的”。严著的完成达到了撰写的主要目的，其价值堪称重大。该书于 1955 年修订再版，1966 年被译成日文出版。李文治的《晚明民变》（上海：中华书局，1948 年），现被誉为农民运动研究的名著，谢国桢在其《增订晚明史籍考》一书中，认为在当时国内乃系“首创”[①]，而且在多年后日本学者仍对之推崇备至。山根幸夫指出：“为了掌握明末农民战争的全貌，笔者劝大家务必要参考前者（按：《晚明民变》）。”[②] 李氏于 40 年代还撰写一批论文，如《〈水浒传〉与晚明社会》（《文史杂志》第 2 卷第 3 期，1942 年 3 月）、《晚明土地分配问题》（《学原》第 1 卷第 6 期，1947 年 10 月）、《清代屯田与漕运》（《学原》第 2 卷第 2 期，1948 年 6 月）、《论晚明的官僚地主和捐派》（《新中华》复刊第 6 卷第 21 期，1948 年 11 月）、《历代水利之发展和漕运的关系》（《学原》第 2 卷第 8 期，1948 年 12 月）、《清代粮船水手与罗教之发展》（载《李文治集》，北京：中国社会科学出版社，2000 年）等。李埏在宋代货币史研究方面也取得了成绩。[③] 彭泽益的《太平天国革命思潮》（上海：

---

① 参见经君健：《“地主制经济”是研究中国封建社会的“牛鼻子”——学习李文治先生关于中国封建社会经济史理论》，《中国经济史研究》1999 年增刊，第 12 页。

② 山根幸夫主编，田人隆等译：《中国史研究入门（增订本）》，北京：社会科学文献出版社，2000 年，第 681 页。

③ 李根蟠：《二十世纪的中国古代经济史研究》，《历史研究》1999 年第 3 期，第 130 页。

商务印书馆，1946 年）、《中英五口通商沿革考（1842—1844）》（《中国社会经济史集刊》第 8 卷第 1 期，1949 年 1 月），彭雨新的《清末中央与各省财政关系》（《社会科学杂志》第 9 卷第 1 期，1947 年 6 月）等，皆属很有见地、颇具参考价值的力作。陈锋认为，彭雨新文“对于晚清中央财政体制的瓦解以及地方财政自主权的扩大等问题，有深入的分析”。①

综合以上观察、分析，可知在抗战以及解放战争时期，中央研究院社会科学研究所和史学研究会同人保持队伍的相对稳定，研究著述尚算丰厚，这与陶希圣主编的《食货》半月刊及其密切联系的一批人，以及郭沫若等马克思主义唯物史观派的情况颇有差异。同时，也表明 1938—1949 年这段时期中国经济史研究并非处于完全的“萧条时期”。

① 参见陈锋：《20 世纪的晚清财政史研究》，《近代史研究》2004 年第 1 期，第 249 页。

第十章 经济史新发展，其渊源实可寻

——兼及父亲等于其中的劳绩

新中国成立60多年来，特别是改革开放以来，中国经济史研究迅速发展，呈现空前繁荣局面，主要表现在：研究队伍、阵地不断扩大；众多研究资料得以搜集整理；论著、成果大量涌现，研究领域逐渐拓展，深入发展；学术思想日益活跃，理论方法呈多元化趋势等。李根蟠、李伯重以及张剑平曾对60多年来这方面的有关发展情况作过详尽而较全面深入的评介[①]。为什么新中国时期（特别是1978年以来40年）中国经济史研究能出现空前繁荣的局面呢？张剑平等在《新中国历史学发展路径研究》中的表述应该是其主要原因（至少为主要原因之一）。在旧中国，经济史虽已形成相对独立的学科，但在整个中国史学中并不占据主流地位。新中国成立后，马克思主义作为指导思想的地位得以确立，马克思主义高度强调社会经济在历史发展中的基础地位，作为研究社会经济历史专门学科的经济史学也就自然摆脱了过去的非主流的状态。同时，我国从苏联全面引入马克思主义史学体系，而社会经济史在该体系中居主导地位。因此，社会经济史第一次被纳入我国史学的主流之中[②]，成为我国史学

---

① 李根蟠：《二十世纪的中国古代经济史研究》，《历史研究》1999年第3期，第126—150页；李伯重：《回顾与展望：中国社会经济史学百年沧桑》，《文史哲》2008年第1期，第5—22页；张剑平等：《新中国历史学发展路径研究》，北京：人民出版社，2012年，第487—530页。

② 李根蟠、王志刚：《中国古代经济史研究百年回眸——李根蟠先生访谈记》，《中国经济史研究》2000年第1期。

中的主导性学科。[①] 此处仅就此60余年里与前中央研究院社会科学研究所和史学研究会同人有关之某些情况，不揣谫陋，谈点很不成熟的看法，换言之，仅浅议现代中国经济史研究发展史多个历史渊源中的一个而已。

第一节　中国经济史研究的最重要中心

——中国科学院（中国社会科学院）经济研究所

一、人材鼎盛

新中国成立伊始，原中央研究院社会科学研究所就被新成立的中国科学院接收，先保留社会所所名，不久再改名为经济研究所。该所如同中央研究院社会科学研究所一样保留了经济史组（后扩充为经济史研究室）。原来中央研究院社会科学研究所从事经济史研究的人员，加上原来并非从事这领域研究的部分人员，很快会合于该所此方向的研究，人数较前大为扩充。这支队伍包括严中平、李文治、彭泽益、汪敬虞、徐义生、章有义、姚贤镐、姚曾荫、巫宝三[②]，同时吸纳了聂宝璋、张国辉、宓汝成、魏金玉、经君健等几位中青年学者。20世纪50年代上半期孙毓棠亦在该所兼职。后来，江太新、李根蟠、刘克祥、陈争平、董志凯等和再后的李伯重、许檀、史志宏、刘兰兮、陈振中等一批青年才俊又到或曾到该所工作。80年代更有原中央工商行政管理局的吴承明、方行、吴慧、许涤新几位造诣很深的学者转入经济研究所，从事经济史的研究，该所从而形成一支老中青结合、阵营强大的研究队伍，加上其辅助人员和有关资料的优越条件，这些都是全国其他有关机构无法比拟的。一言以蔽之，中国科学院刚一建

① 张剑平等：《新中国历史学发展路径研究》，第212页。

② 虽然在1949年前和新中国时期著名经济学家巫宝三的主要研究领域并非经济史，但50年代初期他亦参加并负责了一部分的《中国近代经济史参考资料丛刊》的编辑整理工作。

立，社会研究所（后称经济研究所）便成了中国经济史研究的最重要中心，这既是原来中央研究院社会科学研究所基础深厚所致，也是计划经济体制下实施的一个做法——设立研究“国家队”的必然结果。

二、资料编辑成绩巨大

1952 年该所便组织了一批所内外专家，先编辑《中国近代经济史统计资料选辑》，接着系统搜集资料、整理编辑《中国近代经济史参考资料丛刊》。这套丛刊包括：严中平等编《中国近代经济史统计资料选辑》（1955），巫宝三等编《中国近代经济思想与经济政策资料选辑（1840—1864）》（1959），孙毓棠、汪敬虞编《中国近代工业史资料》（1957），彭泽益编《中国近代手工业史资料（1840—1949）》（1957），李文治、章有义编《中国近代农业史资料》（1957），徐义生编《中国近代外债史统计资料（1853—1927）》（1962），姚贤镐编《中国近代对外贸易史资料（1840—1895）》（1962），宓汝成编《中国近代铁路史资料（1863—1911）》（1963），聂宝璋编《中国近代航运史资料（1840—1895）》（1983）等。这套资料涉及经济领域中的各方面，包括农业、工业、手工业、贸易、交通、货币、外债等，内容丰富，材料翔实。此外还以“中国近代经济史资料丛刊编辑委员会”名义组织编辑了《帝国主义与中国海关》第 4 至 15 编 5 册。有人评曰：

> 这些丛刊不仅系统著录近代原始资料，还往往把鸦片战争前的“背景资料”一并编入。其编排方式，又讲究按岁次划分历史阶段，再根据史事提出主要问题，依次梳缕有关资料，读者稍须用心，便可见其发展趋势。像这样寓研究于资料整理之中，倾心悉力加工原料而供他人享用的工作态度和献身精神，理应受到全社会和整个学术界的尊崇。正是这种学风和它所带来的资料成果，为中国近代经济史的研究奠定了基础。①

① 郭正忠、魏林：《中国经济史》，载肖黎主编：《中国历史学四十年》，北京：书目文献出版社，1989 年，第 394 页。

评者还说：

> 许多人对这项学科基本建设工作的重大意义和进展状况，尚缺乏充分的估量。那时正值盛年的这批学者，以令人震惊的勤奋和出人意料的效率，作出了自己的奉献。①

还有人指出，在“文革”前，“近代专门史资料的整理，以经济史资料成绩最大”②。经济研究所能在新中国成立后不久，迅速制订计划并拼力在很短时间内编出这套资料，自与中央研究院社会科学研究所和史学研究会同人的共识——特别强调资料建设的传统直接相关，当然也跟当时中国科学院的领导（包括陶孟和等）的决策拍板有关。

三、研究成果丰厚

随着资料选辑计划的执行和完成，一些专题研究和断代经济史以及中国经济全史的编写也陆续进行，成果大量涌现，其中有严中平主编的《中国近代经济史（1840—1894）》，对我国这段历史时期的社会经济历史作了全面系统的观察分析，“全书131万多字，内容丰富，资料翔实，用力很深”③。李文治、魏金玉、经君健合著的《明清时代的农业资本主义萌芽问题》（1983）“是该课题迄今最系统深入的论著”④。李文治一系列有关中国封建社会地主制经济的论文乃自成一家之言。吴承明评说：“李文治先生致力于中国地主制经济的研究近40年，造诣之深，在老一辈和迄今的经济史学家中，无出其右者。他考察面极广博，而论证谨实，多年思考，始立一说。我以‘博謇’二字概之，以为尤足为后学楷模。”⑤ 彭泽益的专长为清代财政、贸易史

① 郭正忠、魏林前揭文，第392页。

② 蒋大椿：《20世纪中国马克思主义史学》，载罗志田主编：《20世纪的中国：学术与社会·史学卷（上）》，济南：山东人民出版社，2001年，第253页。

③ 蒋大椿前揭文，第321页。

④ 李根蟠：《二十世纪的中国古代经济史研究》，《历史研究》1999年第3期，第138页。

⑤ 吴承明：《李文治先生论中国地主制经济的启示》，《中国经济史研究》1999年增刊，第1页。

研究等，撰述甚多，创获亦丰，如其《论鸦片战争赔款》（《经济研究》1962 年第 12 期）“是另一篇研究赔款的重要论文”。再如《1853—1868 年的中国通货膨胀》（载《中国社会科学院经济研究所集刊》第一集，北京：中国社会科学出版社，1979 年）是常被参考引用的论文。1983 年彭氏出版了其论文专集《十九世纪后半期的中国财政与经济》（北京：人民出版社），收录了其研究晚清财政与经济的论文。汪敬虞早年追随巫宝三进行国民所得等研究，新中国成立后，其研究领域转向经济史为主，总的研究方向为“中国近代资本主义”（汪氏自语），发表了大量很有分量的论著，被公认为研究中国近代经济史的杰出学者。他主编的《中国近代经济史（1895—1927）》（北京：人民出版社，2000 年），内容丰富，研究深入，学术水平甚高，吴承明称之为“一部金字塔式的中国经济史新著”，“是以体系完整，而根柢扎实雄厚，有博大而精深之效”。[①] 另一部断代经济史巨著，就是方行、经君健、魏金玉主编的《中国经济通史·清代经济卷》（北京：经济日报出版社，2000 年），该书甫出即获好评。

章有义在区域经济史等方面作出突出贡献，其《明清徽州土地关系研究》（北京：中国社会科学出版社，1984），大量运用鱼鳞图册、契约文书、分家书、置产簿、账本等，结合史籍进行分析，取得令人称道的成果，成为带动区域经济史研究的重要著作之一。[②] 方行《中国封建经济论稿》（北京：商务印书馆，2004 年）和其一系列关于小农经济的论文引起了学术界的重视，例如《封建社会的自然经济和商品经济》（《中国经济史研究》1988 年第 1 期）、《中国封建社会的经济结构与资本主义萌芽》（《历史研究》1981 年第 4 期）等，他成为这方面研究多种看法之其中一派的主要代表者之一。[③] 方氏的《应当

① 吴承明：《一部金字塔式的中国经济史新著——〈中国近代经济史，1895—1927〉评介》，《中国经济史研究》2001 年第 1 期，第 135 页。

② 李根蟠：《二十世纪的中国古代经济史研究》，《历史研究》1999 年第 3 期，第 145 页。

③ 李根蟠前揭文，第 141—142 页。

重视对流通的研究》(《中国经济史研究》1997 年第 1 期),与《市场史、现代化和经济运行——吴承明教授访谈录(1998 年 12 月 25 日)》(《中国经济史研究》1999 年第 1 期),针对以往不少人只着重研究生产关系和经济制度的情况,认为流通或市场需求也是经济发展的动力之一,因而呼吁应当重视流通与市场需求的重要研究思路。[①]吴慧的《中国历代粮食亩产研究》(北京:农业出版社,1985 年)是研究历代农业亩产和生产率的首部著作,所得出的数据,提供给不少研究者参考或引用。吴氏在商业史上亦用力甚勤,由其主编五卷《中国商业通史》(北京:中国财政经济出版社,2004—2008 年)。此外,张国辉、聂宝璋于洋务运动、航运史研究,宓汝成于铁路史方面的研究,皆属造诣精深、贡献殊大的研究。该所 50 年代后期起成长起来的学者,亦是成果迭出,创新贡献殊多。李根蟠、卢勋的《中国南方少数民族原始农业形态》(北京:农业出版社,1987 年),李伯重的《唐代江南农业的发展》(北京:农业出版社,1990 年)、《1620—1850 年间江南农业的发展》(英国麦克米兰公司,1998 年)都是农业部门经济史研究的重要著作。李文治与江太新(后者做了许多有关工作)合著的《清代漕运》(北京:中华书局,1995 年)乃同类研究中最高水平的作品。史志宏于农史研究,刘克祥、刘兰兮于近代经济史研究,许檀于明清经济史研究,陈振中于先秦经济史研究,皆取得了学界称许的成果。

对于中华人民共和国经济史研究这一新域,经济研究所更是起了披荆斩棘的开路作用,吴承明、董志凯主编的《中华人民共和国经济史》第一卷(1949—1952)(北京:中国财政经济出版社,2001 年)乃此方面研究的重要之作。

四、学源上的传统与发展

随着吴承明等非原社会科学研究所人员的加盟,其研究方法、风

① 李根蟠前揭文,第 137—138 页。

格在传承中央研究院社会科学研究所和史学研究会同人原来传统的基础上，又有了新的发展。李根蟠曾概括为：

> 中国社会科学院经济研究所的一些学者比较重视在经济史研究中运用经济学理论和方法，有人称之为经济学的经济史；但他们既继承了梁方仲、汤象龙等人的社会经济史研究传统，也充分肯定和吸收了傅衣凌先生的研究方法。①（按：李氏所指傅氏的研究方法乃注意民间文书、实物以及社会学的某些方法，其实中央研究院社会科学研究所不少人在新中国成立前早已有此做法。）

而且父亲在研究中亦重视经济学理论的应用。有研究者指出，他的学术定位首先是经济史学家，其次才是社会经济史学家（见后）。王学典亦指出：

> 与傅（衣凌）派渊源于《食货》不同，吴派从学源上讲，可能与当年的“北平社会调查所经济史组”及活跃在它背后的“史学研究会”经济史研究取向有某种传承关系。这批学者在方法上有一个突出的特点，那就是格外注意对可计量资料的收集处理和统计手段在经济史研究中的充分运用。《中国历代户口、田地、田赋统计》和《中国近代海关税收和分配统计（1861—1910）》两部经济史巨著的作者梁方仲（1908—1970）和汤象龙（1909—1998）都出自这一学术共同体绝非偶然。而吴承明在现阶段可以说是中国计量史学的杰出代表。从这一点上说，他是梁、汤史学的忠实传人。但与梁、汤不同的是，他基本上走的也是社会经济史之路，因为他与傅衣凌尽管学源不同，但都在倾力思考同一个问题：中国的近代化转型肇始于何时？这一近代化进程为何如此迂缓如此曲折？……②

王氏在这大段话里指出了梁、汤、吴三人都很重视计量史学，这是对的；而认为梁、汤走的似乎不是社会经济史之路，似乎不关心中

① 李根蟠：《中国经济史学形成和发展三题》，载侯建新主编：《经济—社会史——历史研究的新方向》，北京：商务印书馆，2002 年，第 104 页。

② 王学典：《近五十年的中国历史学》，《历史研究》2004 年第 1 期，第 187 页。

国近（现）代化问题，显然所断不确，也与上面李根蟠和更多学者的看法不同。不管此问题准确的提法到底如何表述，吴承明等的确把经济史的某些领域研究明显推进了一大步，他的代表作，包括许涤新、吴承明主编的《中国资本主义发展史》，把定量分析与定性分析相结合，对中国资本主义的发生、发展和相关的经济问题做了系统深入的剖析。吴氏在其《中国资本主义与国内市场》（北京：中国社会科学出版社，1985 年）中，对市场问题特别是由此而引发出的中国向近代转型的问题，作了新的而甚有成效的探索。吴氏在经济史方法论的研究方面发表过一系列文章，甚具启迪作用。王学典评曰："在历史学与经济学的科际整合上，在运用西方经济学理论研究中国史上，吴承明的系列成果堪称中国经济史研究领域一座新的里程碑。"① 李伯重早年师从韩国磐和傅衣凌，后来到经济研究所工作，受到科研上的进一步磨炼，现在清华大学、北京大学从事教学和研究，他的《江南的早期工业化（1550—1850 年）》（北京：社会科学文献出版社，2000 年）和《发展与制约：明清江南生产力研究》（台北：联经出版事业公司，2002 年）对明清江南的生产力经济史和区域状况作出了深入的探讨，反响颇大，有人评价《江南的早期工业化（1550—1850 年）》为"建立中国史学新典范"提供了若干启示②，评价之高，寄望之大，由此可见。

五、组建全国性第一个中国经济史学会

1986 年中国经济史学会成立，其挂靠单位迄今一直是中国社会科学院经济研究所。该所的严中平、吴承明、经君健、董志凯、刘兰兮、魏明孔（现任）先后担任会长。同年由经济研究所主办的《中国经济史研究》学术期刊问世，该刊与 1982 年创办的《中国社会经济史研究》（厦门大学历史研究所主办）成为中国经济史研究论文的主

① 王学典：《近五十年的中国历史学》，《历史研究》2004 年第 1 期，第 188 页。

② 马敏：《据之于实情：建立中国史学新典范的若干启示——以李伯重〈江南的早期工业化（1550—1850）〉为例》，《历史研究》2003 年第 1 期。

要发表阵地。《中国经济史研究》所刊论文论及近现代的尤为丰富，与前社会科学研究所和史学研究会同人的《中国社会经济史集刊》所刊重点类似。同时，该刊经常组织一些小型以至大型学术讨论会，益添其影响力。学会的成立及其挂靠单位主办有关专业刊物，应是对经济研究所成为新中国成立以来中国经济史研究之最主要中心地位的一种认同。谈到专业刊物创办，似乎有一点可供商讨：新中国成立30多年后，经济史专业刊物才出现，而经济研究所事实上颇大程度脱胎于原中央研究院社会科学研究所，未能尽快复办或重新组办《中国社会经济史集刊》，不免使人感到诧异和遗憾。个中原因，定为复杂，恐与一定历史时期所存在的政治以及学术上的某些观念、需求和办刊受到较严控制之规定等因素有关。可以设想，若此类专业刊物在新中国成立伊始便已存在，对有关研究的促进作用定会很大，并有助于健康学风和学术规范的建立与保持。

六、一个值得重视的现象

如同任何事物的发展多呈迂回曲折的态势一样，近一段时间内，中国社会科学院经济研究所经济史研究也面临着很大的挑战。该所资深专家江太新曾发出呼吁：

> 目前经济史学科发展，正面临走下坡路时期，究其原因，其中之一是人才缺失。其一，由于严中平、梁方仲、傅衣凌、李文治、汤象龙、彭雨新等老一辈大师殒落，大师减少了。其二，受到人员编制影响，原来研究经济史重镇，已失去当日雄风。如中国社会科学院经济研究所经济史研究室，人员最多时达到45名，研究领域涉及中国古代经济史、中国近代经济史、中国当代经济史三个学科。涉及研究范围……门类较为齐全。后来，当代经济史分出另立一室，现在仅剩下近代经济史一门，人员也从数十人减少到10人。研究门类也在缩减，变得残缺不全。……其三，人才流失。曾经是研究中国经济史的学者，由于种种原因，而离

开原来岗位。由此，经济史学科发展令人忧虑。①

其实，中国经济史近年开始有走下坡路的趋向，并非仅经济研究所一家，其他一些地方也有类似表现，在侯建新主编的《经济—社会史——历史研究的新方向》一书中也可发现类似论断。造成这种状况的原因应该是多方面的，其中有一点诚如江太新指出的：

> “文化大革命”以后，社会经济史的命运就大不如前了。在重点发展应用学科的情况下，社会经济史学科被忽略了，于是社会经济史学科日趋萎缩。……
>
> 经济史和应用经济学是经济学科的两翼，缺一不可。更何况经济史是经济学之源，经济理论的形成和发展离不开经济史学科的发展。经济学科离开经济史，就等于无源之水，失去了发展的源泉。经济科学的发展离不开两翼，否则就是出现跛脚情况，就会拖累整个学科的发展。经济史也并不是与现实经济不相干的学科……②

曾任中国经济史学会会长的董志凯也对当前经济史研究状况有过一定程度上类似的看法，但认为如今已有好转的迹象：

> 可以告慰先师的是，21世纪以来，我国经济史学科的地位比此前有所提高。在数代学人的共同努力下，学术资料的挖掘与整理取得新的进展。如北大经济学院历经多年整理的《清实录》手工业商业卷、财政卷资料约260万字已交出版社即将付梓……中国经济史研究领域正在呈现几个转折：其一，经济史研究从不被重视到逐渐受到关注和重视；其二，中国经济史研究正在从一般的国民经济史层面向宏观、中观、微观多层面及其相互结合转变；其三，研究视角逐渐由小变大，由断代向通史发展；其四，新一代经济史学者在成长，他们崭露头角、继往开来、迅速成长；其五，国际交流与比较研究有新的进展。……

① 江太新：《向大师梁先生学习》，载陈春声、刘志伟主编：《遗大投艰集——纪念梁方仲教授诞辰一百周年》，广州：广东人民出版社，2012年，第55页。

② 江太新前揭文，第61页。

尽管如此，这些转折仅是开始，在经济学界，经济史边缘化的状况还没有得到完全扭转。改革开放以来，经济学家投入主要精力研究现实问题，而对历史上经济问题的研究却相形见绌。我们引进了许多西方社会科学、西方经济学的成果，而对经济史的材料、经济历史的了解却相形见绌。在经济史学界，还有许多领域有待研究，特别是有待新的如椽大作呈现与问世。①

第二节　“旧人”新贡献

新中国时期，原中央研究院社会科学研究所和史学研究会同人开创的研究领域，坚持的学术风格，做出的研究成果，直接或间接地、大量地体现在中国科学院（中国社会科学院）经济研究所外，那些已不工作于经济研究所的原史学研究会以及原中央研究院社会科学研究所的老同人在其各自的工作岗位上，继续耕耘经济史，同样作出了新的、重要的贡献，试简述于后。

汤象龙，新中国时期任教于西南财经学院（今西南财经大学），于承担行政工作的同时，他大力搜集整理四川的经济史资料，继续以清代财政史为其研究重点，写出一批论著，如《鸦片战争前夕中国的财政制度》（《财经科学》1957 年第 1 期）、《中国近代财政经济史论文选》（成都：西南财经大学出版社，1987 年）等，显示出深厚功力和明显的学术价值。他的《鸦片战争前夕中国的财政制度》，“是一篇系统研究清代前期财政制度的大作，该文对清代的财政收入制度、支出制度、财政管理制度分别进行了论述，其中的财政管理制度涉及中央的财政管理制度和地方的财政管理制度”②。特别应提的是，他数十年不断钻研，几经艰辛，终于在 1992 年出版其编著的《中国近代海

① 董志凯：《立学术规范　奠学科业基——学习严中平、李文治等老一辈经济史大师的严谨治学精神》，《中国经济史研究》2009 年第 4 期，第 17 页。

② 叶振鹏主编：《20 世纪中国财政史研究概要》，长沙：湖南人民出版社，2005 年，第 394 页。

关税收和分配统计（1861—1910）》。该书“具深厚功力，具广泛参考价值”[1]。这是一本带研究性质的统计资料名著，仅该书的“绪论”部分包括了中国近代海关税务司制度、中国半殖民地半封建的海关税制、税务司制度建立后中国海关税收的分析、中国近代海关税收的分配四个部分的长篇论述，“几与专著无异”。[2] 在该书面世前，汤氏还发表了《台湾海关税收和税收分配统计（1862—1894）》（《中国社会经济史研究》1982 年第 3 期）和《重庆海关税收和分配统计的一些资料》（《四川文史资料选辑》第 32 辑，成都：四川人民出版社，1984 年）两篇关税个案研究的论文。汤氏是我国清代财政史研究的主要开拓者和奠基人之一，他最早发掘和利用清代档案进行研究，其工作量之大，在我国史学界是仅有的，在运用统计方法整理大量清朝财政经济档案方面是我国史学界第一人。[3] 由于他和李运元、钟振、侯宗卫、刘方健、季云刚、史继刚几代学人的努力，西南财大已成为中国经济史研究的重镇之一。[4]

孙毓棠，先在中国科学院社会（经济）研究所兼职，后调去中国科学院近代史研究所工作，新中国时期，其研究工作已由古代转向近代，对象仍是经济史，负责编辑了广被参考使用的《中国近代工业史资料》（1957），写出一批高水平的论文，如《清代的垦田与丁口的记录》（载《清史论丛》第一辑，北京：中华书局，1979 年）经常被人引用。他的《抗戈集》（北京：中华书局，1981 年）对于我国近代工业兴起、银行、外债、铁路及其与帝国主义关系研究颇深。孙氏到近代史研究所，对后来该所中国近代经济史研究工作的开拓与人才培养作了重要贡献。1980 年以后，他兼任《中国大百科全书》总编辑

---

① 王尔敏：《20 世纪非主流史学与史家》，桂林：广西师范大学出版社，2007 年，第 208 页。

② 叶振鹏前揭书，第 415 页。

③ 罗尔纲：“序言”，载汤象龙编著：《中国近代海关税收和分配统计（1861—1910）》，北京：中华书局，1992 年。

④ 赵德馨：《汤象龙：中国经济史学科的主要奠基人》，载氏著：《经济史学概论文稿》，北京：经济科学出版社，2009 年，第 213 页。

委员会委员、《中国大百科全书·中国历史》编辑委员会副主任，擘划编辑《中国大百科全书·中国历史》的全面工作。他的学术论文，除已收入《抗戈集》外，已被汇集成《孙毓棠学术论文集》，由中华书局于1995年出版。

谷霁光，新中国时期任教于江西大学，其研究重点仍是经济史，曾将研究论文结集为《中国古代经济史论文集》（南昌：江西人民出版社，1980年），其中《王安石变法与商品经济》是谷氏晚年一篇重要的论文。1962年上海人民出版社出版了他的名著《府兵制度考释》，内中有许多社会经济史内容。四卷本160多万字的《谷霁光史学文集》（南昌：江西人民出版社、江西教育出版社，1996年）是其一生学术贡献的总结。

罗尔纲，对太平天国全史以及清代其他时期的研究在新中国时期取得了最丰成果，撰写出大量专著与论文，其中专著就有20多本①，所写论著中牵涉大量社会经济史有关内容。

夏鼐，20世纪40年代从英国留学回来后至逝世前，一直从事考古学研究，是新中国时期我国考古学的学科带头人，贡献殊大。然而，从他发表的一系列考古文章来看，不少与经济史方面关系很密切，就其题目来看，已可看出端倪，如《青海西宁出土的波斯萨珊朝银币》（《考古学报》1958年第1期）、《汉简中关于食粮计量的"大""少"二字释义》（《考古》1960年第10期）、《考古学和科技史——最近我国有关科技史的考古新发现》（载《考古学和科技史》，北京：科学出版社，1979年）、《赞皇李希宗墓出土的拜占廷金币》（《考古》1977年第6期）。

李埏，新中国时期继续从事经济史的教学与科研活动，其《论我国的"封建的土地国有制"》（《历史研究》1956年第8期），为50年代土地所有制讨论中一派（土地国有制主导论）的代表性作品之一，颇有影响。他与林文勋合撰的《宋金楮币系年》（昆明：云南民族出

① 参见钟文典选编：《罗尔纲文选》，桂林：广西师范大学出版社，1999年，第438—441页（罗尔纲先生著作目录）。

版社，1996 年），“则按年编排宋金纸币发行的有关史料，给相关研究铺平了道路”①。李氏在云南大学长期执教，培养出不少学生，其中有些专攻经济史，颇有建树，例如李埏、武建国主编的《中国古代土地国有制史》（昆明：云南人民出版社，1997 年）以及武氏单独署名的《均田制研究》（昆明：云南人民出版社，1992 年）的完成便是很好的例子。

至于吴晗，虽然政务缠身，无暇投入很多精力于专门的学术研究，他仍挤时间撰写学术论著。如写有学术价值颇高的经常被人引用的论文《明初社会生产力的发展》（《历史研究》1955 年第 3 期）；他补充新资料改写了《朱元璋传》（1965）；写了新编历史剧《海瑞罢官》；编辑了《朝鲜李朝实录中的中国史料》（北京：中华书局，1980 年）；他在中央党校所作的报告，后以遗稿《明史简述》（北京：中华书局，1980 年）出版。30 年代史学研究会成立时，同人们曾有一普及历史知识的计划，新中国时期在吴晗的积极领导和大力推动下，这个设想终于宿愿已偿。从 1959 年至 1965 年，由他一手策划与组织的《中国历史小丛书》交由中华书局出版了近 150 种（为原定总选题的一半）。“这无论是从数量或质量上说，都是空前的。各方读者一致反映，这套丛书主题明确，内容丰富，形式活泼，深入浅出，是一套良好的历史科普读物，并赞扬吴晗先生‘为人民作了一件大好事’（白寿彝先生语）。”② 吴氏在主编《中国历史小丛书》之后，又先后担任了《外国历史》《语文》《地理》小丛书的主编，这三套小丛书各出了几十种。此外，他根据广大城乡具有高小以上文化水平的青年、解放军战士和一般机关干部阅读历史读物的兴趣，又热心主编了一套名为《中国历史常识》的普及读物（共八册），由中国青年出版社出版。这套书写作上采用了问答形式，给读者以必要的历史常识。吴氏不仅组织他人编写普及文章，自己也身体力行，努力实践。

---

① 叶振鹏前揭书，第 266 页。

② 张习孔：《深切怀念吴晗先生》，载北京市历史学会吴晗研究分会《通讯》第 2 期，2006 年 10 月 22 日。

“仅在1959年这一年，他就写了40多篇普及性的文章，大部收在他的《灯下集》中，受到读者的赞扬。”[①] 他建议并领导点校“二十四史”，编写《中国历史地图集》，这亦是新中国时期吴晗贡献于学术研究的一种表现。

彭雨新，1953年由中山大学经济系调至武汉大学后，一直专心致力于中国经济史的教学与科研工作，在教材编写、育人以及论著撰写上皆取得突出的成绩。众所周知“文革”前中国经济史教材中影响颇大的是李剑农的《先秦两汉经济史稿》《魏晋南北朝隋唐经济史稿》和《宋元明经济史稿》（北京：三联书店，1957—1959年）。彭雨新主持对该书进行校改，以《中国古代经济史稿》之名分三卷再版（武汉：武汉大学出版社，1990—1991年）。继后他又主持与中山大学学者共同撰写了《中国封建社会经济史》（武汉：武汉大学出版社，1994年）的高校教材（详见本章第三节）。彭氏的学生（本科生和研究生）在中国社会经济史教学与研究上作出贡献者不在少数，如叶显恩、鲍彦邦、刘克祥、陈锋、张建民等，他们现已成了中国经济史研究一些领域之专家，如刘克祥于中国近现代经济史研究，陈锋于清代财政史研究，张建民于明清水利史研究。陈锋任中国经济史学会副会长。在授课之同时，彭氏亦勤于著述，出版了一批经济史（特别是清朝财政史）的论著，如《清代关税制度》（武汉：湖北人民出版社，1956年），“虽然篇幅不大，却是国内学者系统研究清代关税的著作，既扼要介绍了鸦片战争前户部关和工部关的设置及征税制度，又论述了鸦片战争后中国海关和关税权的被侵占”[②]。《辛亥革命前夕清王朝财政的崩溃》（载《辛亥革命论文集》，武汉：湖北人民出版社，1981年）则“系统研究了晚清的财政收入、财政支出以及清廷的财政困境”。“孙健编《中国经济史论文集》（中国人民大学出版社1987年版），收录了彭雨新《中国近代财政史简述》、宓汝成《近代中国外债》等长篇论文，这些论文虽属讲义性质，但由于是作者的多年研

① 张习孔前揭文。

② 陈锋：《20世纪的晚清财政史研究》，《近代史研究》2004年第1期，第252页。

究心得，不乏真知灼见。”[1] 彭雨新、张建民《明清长江流域农业水利研究》（武汉：武汉大学出版社，1993 年），彭雨新编《清代土地开垦史资料汇编》（武汉：武汉大学出版社，1992 年），特别是彭雨新编著的《清代土地开垦史》（北京：农业出版社，1990 年），皆被广泛参考使用。

第三节　南粤添“新基”

这里所说的“新基”乃指中国经济史研究的新基地。为了说明此点，先看看一评述：

> 80 年代，活跃的经济史研究曾经孕育出一个“闽粤学派”（有此一说），指的就是福建和广东两地的经济史研究学者，他们所以会被冠以“学派”之雅名，主要原因就是前辈学者——福建的傅衣凌先生和广东的梁方仲先生分别在两地培养了一批学有所成的弟子，从而使他们的研究方向和学术风范得以传承和弘扬。正是这种学术的传承和规范，使这次研讨会与以往这方面的研讨活动一样，凸显学术性。这一点不但可从与会者提交的论文以及研讨的状况得到印证，更为明显的是，有的学者在研讨中旗帜鲜明地表示，追求学术规范和传承、注重实证研究、避免那种无谓的“争鸣”和“反思”的浮躁是他们从事学术研究必须恪守的信条。[2]

姑勿论对此说可能存在如此一些议论：闽粤学派是否存在？其具体标志何在？闽粤两地研究者的治学取向、学术风格是否同学源？彼此间同大于异，抑或异大于同？这个学派与 20 世纪 30 年代已形成的

① 陈锋前揭文，第 256 页。

② 林有能：《学术传承与规范——“中国传统社会经济与现代化”国际学术研讨会述评》，《学术研究》1999 年第 9 期，第 77 页。

学派是否不同?[①] 广东和福建已成为我国经济史研究所的重要基地，应是不争的事实。父亲自 1949 年离开中央研究院社会科学研究所到广州岭南大学和中山大学的 20 余年里确实辛勤授业，潜心研究，为南粤这块新基地形成作出了不懈的努力和应有的贡献（应承认在父亲到广东之前，该地基本缺乏有关基础，或者说 30 年代尚有一些工作，但抗战后便停顿了）。

一、在高校率先开设经济史专门课程和编写有关教材

在岭南大学期间父亲曾开了两门课，一是中国经济史，一是西洋经济史。院系调整后，1952 年秋至 1953 年夏他在中山大学继续讲授中国经济史课，并写了讲义（草稿）。1959 年父亲撰写《十四世纪至十七世纪中国国民经济史讲义》（仅写了元代部分）发给学生。1964 年，又讲授了“明代经济史专题——《明史·食货志》第一卷笺证”。而中国经济史通史课则交由其学生、助手汤明檖接手讲授，故有人称他们“在全国最早设立经济史专门课”。在“四人帮”倒台后不久，汤氏在整理与补充其 60 年代所编教材的基础上，于 1982 年出版了《中国古代社会经济史》（郑州：中州书画社），该书简明扼要地叙述中国古代社会生产方式以及生产力的发生、发展、繁荣和衰落的历史过程，对历代封建王朝的财政经济制度、政策、法令等进行了分析研究，这是改革开放后用新观点、新材料写成的第一批经济通史类著作之一，加上篇幅适当，文笔简练、深沉，是一本对学习中国古代经济史有参考价值的好书。该书甫出，即获好评，并被当时一些院

---

① 如前面已述及 30 年代几股研究力量至少应属不同学派。笔者记得一事：改革开放不久，1981 年前后某一天，汤明檖告知，哈佛大学的孔飞力（Philip Kuhn）来中山大学访问座谈会上，向汤氏等提出了“应该继承与发扬梁先生学派的衣钵”。汤氏确是为此不遗余力，如他的弟子刘志伟、戴和、陈春声所言：“总之，把梁方仲教授所开创的学术传统继承下去并发扬光大，成为汤明檖在学术上最大的愿望，他为履行这个使命竭尽心力。”刘志伟、戴和、陈春声：《尚余孤瘦雪霜姿——汤明檖传略》，载《汤明檖文集》，广州：广东人民出版社，1999 年，第 318 页。

校选作教材使用[①]，基于其历史功绩及其优秀的学术水平，今天仍有人将之列为20世纪或近50年值得提及的好书。[②] 傅筑夫随后出版其主编的巨著《中国封建社会经济史》一至五卷（北京：人民出版社，1981、1982、1984、1986、1989年）。鉴于李剑农的三本经济史稿虽出版在50年代末，但缺清一代，且成书于新中国成立前，同时，汤明檖的《中国古代社会经济史》所述内容又止于南北朝晚期，受国家教委之委托，父亲的老朋友、武汉大学的彭雨新与中山大学汤明檖合议共同承担高等学校文科教材——《中国封建社会经济史》之撰写。该书由彭氏任主编，汤氏任副主编，撰写人员除彭、汤两氏外，武汉大学方面有黄惠贤、卢开万、杨范中、冻国栋；中山大学方面则为黄启臣、刘志伟、陈春声、戴和。该书50多万言，内容涵盖了中国封建社会整个时段，在编写中力求“摆脱以财政史为中心的纪录式传统，而对国民生计给予充分的重视”，“对商品经济的地位给以特别重视”，“在各章叙述中，注意到前后历史时期的连接，从而可以较明确地看出前后变化”（见该书“前言”）。这本由国家教委委托须定期完成的全国“高等学校文科教材”，很难做到思索良久、修改再三而成，不过这本教材的完成，对于文科院校中国封建社会经济史的教学帮助颇多。国家教委委托该两校编写教材，可看出国家对两校中国经济史教学以及科研水平的一种认定。

二、涌现了一批学术骨干和学科带头人

父亲在南京兼任中央大学经济系教授时已为研究生班讲授经济史课，到岭南大学经济系时，开办了经济研究所，并与该系教授（包括彭雨新、丁文治、王正宪等人）一道招了7名（一说6名）研究生

---

① 杨生民：《〈中国古代社会经济史〉述评》，《中国史研究》1983年第3期。

② 蒋大椿在《20世纪中国马克思主义史学》（载罗志田主编：《20世纪的中国：学术与社会·史学卷（上）》，济南：山东人民出版社，2001年）第320页，肖黎主编的《中国历史学四十年》中郭正忠、魏林所撰《中国经济史》第396页，都把该著与傅筑夫《中国封建社会经济史》并列。

（两届），尽管这些研究生并不都撰写经济史方面的研究论文，他们中绝大多数后来成了高校或研究机构的骨干，做出了引人瞩目的成绩。例如，肖步才先在中国科学院经济研究所工作，后在暨南大学经济系任教授；罗勤生毕业后一直在国家外贸部工作，任商情研究所研究员；冯肇伯任西南财经大学统计学教授；罗季荣任厦门大学经济商学院教授。特别要指出，周秀鸾离校后先在中国人民大学尚钺主持的研究室学习工作，后到中南财经学院（今中南财经政法大学）任教授，一直从事中国近代经济史之研究和教学，是我国此领域很有影响的专家①。谈到父亲在岭南大学培养学生（包括研究生）的问题，在《无悔是书生》第 192 页注③中曾很简略地提到狄百瑞（William Theodore de Bary）。狄百瑞（1919—2017），美国汉学家，1941 年毕业于哥伦比亚大学，1948 年和 1951 年在同校分别获硕士和博士学位。1960—1969 年出任其母校语言及文化系教授、系主任，1969—1971 年任美国亚洲研究学会主席，并于 1971—1978 年出任哥伦比亚大学副校长。狄氏一生专事汉学研究，是费正清之后美国汉学界的领军人物之一，是西方“新儒学”的开创性人物。他推崇东方文明，其研究从黄宗羲《明夷待访录》开始，后延伸到程朱理学，被誉为美国中国思想史泰斗，出版了大批有关著作（其中多种已被翻译成中文在中国出版）。2016 年凭借其在学术领域的开创性贡献，获得了被誉为“东方诺贝尔奖”之唐奖第二届“汉学奖”。1993 年哥伦比亚大学出版社曾出版他的一本有关黄宗羲的专著即《等候天亮》（*Waiting for the Dan：A Plan for the Price*）。该著用整一扉页写有“In memory of，Huang Tsung-hsi（1610—1695），and in tribute to my Chinese mentors over the years，Liang Fang-chung（1908—1970），Hu Shih（1891—

① 例如 1958 年，她编著的《第一次世界大战时期中国民族工业的发展》（上海：上海人民出版社，1958 年）出版，“很快便受到了国内外同行的瞩目。在国内，翦伯赞等史学名家先后引用，许多教授指定为中国近代经济史、中国近代史、中共党史等专业研究生的参考书”。国外如日本、英国、美国、法国等国学者都有参考引用该书的例子，2008 年中国财政经济出版社出版了《周秀鸾经济史学论文选》。还应特别指出，周氏与赵德馨合作，认真工作，努力钻研，苦心经营，使中南财经学院成为中国经济史研究和教学的重镇之一。

1962), Fung Yu-lan (1895—1990), Chien Mu (1895—1990), T'ang Chün-i (1909—1978), Wing-tsit Chan (1901—)"[笔者译为：纪念黄宗羲(1610—1695)，并献给这些年来我的中国导师们：梁方仲(1908—1970)、胡适(1891—1962)、冯友兰(1895—1990)、钱穆(1895—1990)、唐君毅(1909—1978)、陈荣捷(1901—)]。为何狄氏有此举而提到父亲呢？我想最主要之原因是，狄氏1949年曾以交换生（学者）名义在广州岭南大学作研究，研究题目是有关黄宗羲《明夷待访录》，由父亲负责指导。又记得，数年前在中山大学为陈序经故居公开开放举行的揭幕式上，我碰巧遇上美国国会图书馆亚洲部负责人邵东方，交谈时得知我是梁方仲之子后，他马上告诉我他之前曾有一段时间在哥伦比亚大学，与该校的狄百瑞相当熟，当时狄氏曾多次向他打听父亲于新中国时期的情况，由于当时他掌握情况不多，无法很好作答。如今见到了我可谓巧遇，希望我能提供一些有关资料和讯息。应该说狄氏与父亲交往时间实际上不长，分别后仍惦记并感恩指导过自己的中国老师，看来儒家文化已多少熏陶了一位西方学人。同时，也看出父亲的指导工作确又发挥了作用。

培养青年教师、研究生是新生力量迅速成长的主要途径之一，父亲在成长过程中曾得到陈岱孙、陶孟和、叶企孙等的大力扶持，悉心引导，他对此深有体会。因而在岭南大学、中山大学时，特别重视人才培养这个问题，注入了大量心血。先是有计划地有步骤地培养青年教师汤明檖、李龙潜等。当1959年新中国首次实行全国性研究生制度时，他积极招收经济史专业的研究生（据说也是国家首批经济史专业研究生），先后有杨生民（1959）、黄启臣（1960）、叶显恩、鲍彦邦（1962）、陈国扬（1963）投其门下。改革开放后，高校恢复研究生制度，薪火相传，汤明檖培养了刘志伟、陈春声、戴和、钟永宁、杨晓棠、余永泽等；李龙潜培养了乔素玲、王巨科、熊小寅等；黄启臣培养了刘正刚、黄国信、李庆奎、鲍炜、韦锦新等；叶显恩则先在中山大学任教，后调至广东省社会科学院历史研究所，并在此建立了一个专攻明清史的研究团队，其成员多是他在中山大学任教时的学生或同事。

杨生民毕业后回到北京师范学院（今首都师范大学），后开设中国古代社会经济史课程，其研究重点由明清转向先秦至隋唐，撰写了一批颇有见地的论文，已将之辑为《杨生民经济史论集》（北京：首都师范大学出版社，2002 年）。他的其他著述还有《汉武帝传》（北京：人民出版社，2001 年）、《世界古代中期经济史》（收入史仲文、胡晓林主编：《世界全史》，北京：中国国际广播出版社，1996 年）、《中国春秋战国经济史》（载史仲文、胡晓林主编：《中国全史》，北京：人民出版社，1994 年）。

除杨生民回北京工作外，汤明檖、叶显恩、李龙潜、黄启臣、鲍彦邦以及刘志伟、陈春声等人都先后留在广州工作。他们从 20 世纪 70 年代末起在研究与教学上皆相当活跃，成绩显著，逐渐成为广东乃至全国经济史学科的科研与教学的中坚力量乃至某些分支学科的带头人。

三、广东团队形成及其研究拓展，成果迭出

“文革”结束后，广东的中国经济史研究出现了一个崭新的局面，有关研究机构建立、研究人员大量增加是其主要标志之一。此时，中山大学、广东省社会科学院、暨南大学先后都建立了明清经济史研究室，其中中山大学的明清经济史研究室编制 6 人，当时在中山大学属很受重视的一个机构。为开展经济史的研究和教学活动，不久还建立了以汤明檖为会长和叶显恩、李龙潜、黄启臣为副会长的广东明清经济史研究会，这些机构在全国而言，属最早一批。从此广东出现了一个由中山大学、广东省社会科学院、暨南大学等为核心的中国经济史研究团队，骨干人数达 20—30 人。这些骨干中，中山大学有汤明檖、叶显恩（后调去广东省社会科学院）、黄启臣、刘志伟、陈春声、戴和以及 20 世纪 90 年代以来陆续加入的黄国信、温春来、吴滔、谢湜、杨培娜等；广东省社会科学院有叶显恩、罗一星、谭棣华、邓开颂、陈忠烈以及后来加入的李庆新等；暨南大学李龙潜、鲍彦邦以及

后来加入的冼剑民、陈伟明、刘正刚[①]等。除广州地区外，汕头大学亦曾增加专攻明清经济史的刘淼。广东团队这批人不仅在广东很活跃，也积极参与全国性的活动。汤明檖曾积极参与我国经济史学科发展规划的制定和中国经济史学会的创建工作，在中国经济史学会成立时被选为理事并兼任中国古代经济史分会专业委员会副主任。[②] 叶显恩也是该会首届理事，后亦任中国古代经济史分会专业委员会、副主任。同样黄启臣、刘志伟、陈春声等也当过理事。陈春声和刘志伟现分别任中国历史学会副会长、中国社会史学会副会长，成长为我国史学界知名学者。

回顾粉碎“四人帮”，进行“拨乱反正”，特别是改革开放后，广东团队的研究和教学工作，无论是在纵的还是横的层面都取得了一大批重要成果。他们继续以明清经济史为重点进行深入研究，在专论与通论研究上作了进一步的深入摸索乃至有开拓性的论著问世。父亲遗作《〈明史·食货志〉第一卷笺证》，试图把注释与研究心得有机结合起来，一句一句地笺证，是一种新尝试。

受父亲《明代银矿考》一文启迪而选题的黄启臣，其《十四—十七世纪中国钢铁生产史》（郑州：中州古籍出版社，1989 年）是首部专门论著，“研究了明代钢铁生产发展的概况和原因、经营类型和管理方式等，多有独到之处”[③]。继后，黄氏主攻明清时期外贸商业、商人史和中外关系等方面的研究，发表了一大批富参考价值的论著，在《历史研究》《中国经济史研究》等刊物发表论文 100 多篇，出版专著

① 刘正刚，硕士生导师、博士生导师分别为社会经济史专家黄启臣、杨国桢，到暨南大学工作后，仍时刻关注社会经济开发中的移民角色研究，揭示了人口流动是传统社会地方经济发展的关键因素。他发现明清时期广东商人驰骋海内外，以广东会馆为大本营，立足海洋不断开辟海内外市场，不仅带动了广东海洋经济的发展与繁荣，而且通过与海内外市场的交流与沟通，也刺激了西方商业经营方式在中国的进一步传播。粤商在商品开发、商业消费等领域，也开社会风气之先。

② 刘志伟、戴和、陈春声：《尚余孤瘦雪霜姿——汤明檖传略》，载《汤明檖文集》。

③ 南炳文：《辉煌、曲折与启示——20 世纪中国明史研究回顾》，天津：天津人民出版社，2001 年，第 114 页。

29本，如《澳门经济四百年》（澳门：澳门基金会，1994年）、《广东商帮》（香港：中华书局，1995年）、《广州外贸史（上、中、下）》（广州：广州出版社，1995年）、《货殖华洋的粤商》（杭州：浙江人民出版社，1997年）、《澳门通史（远古—1998年）》（广州：广东教育出版社，1999年）、《明清广东商人》（广州：广东经济出版社，2001年）、《黄启臣文集——明清经济及中外关系》（香港：天马图书有限公司，2003年）、《广东海上丝绸之路史》（广州：广东经济出版社，2003年）、《海上丝路与广东古港》（香港：中国评论学术出版社，2006年）、《黄启臣文集（二）——明清经济及中外关系》（香港：中国评论学术出版社，2007年）、《中国南海海上丝绸之路》（广州：广东经济出版社，2007年）、《黄启臣文集（三）——明清社会经济及文化》（香港：中国评论学术出版社，2010年）、《澳门是最重要的中西文化交流桥梁（16世纪中叶至19世纪中叶）》（香港：天马出版有限公司，2010年）、《黄启臣文集（四）——历史学、社会学及政治学》（香港：中国评论学术出版社，2013年）、《广东海上丝绸之路史（增订本）》（广州：广东经济出版社，2014年）等，其中《澳门经济四百年》被翻译为韩文，由韩国成均馆大学出版社出版。《澳门通史（远古—1998年）》“是国内第一部全面系统地翔实阐述澳门历史发展过程，具有重要学术价值和现实意义的学术专著”①，《广东海上丝绸之路史》是广东第一部全面系统阐述自西汉至1840年自广东出海的海上丝绸之路史。退休后他仍著述不辍，2003年被聘为广东省文史馆馆员。

鲍彦邦为弥补国内有关明代漕运研究之空白，在原来其研究生论文基础上，自1978年后连续发表有关明代漕运问题的系列论文11篇，1995年将之结集成《明代漕运研究》（广州：暨南大学出版社），是我国第一本较系统深入研究明代漕运问题的著作，被认为“颇有深

① 杨国桢：“序”，载刘正刚、黄国信主编：《海屋集——黄启臣教授八十华诞暨治史六十年纪念文集》，广州：广东人民出版社，2017年，第2页。

度和新意”[①]，“在明代漕粮改折方面的这些研究多有填补空白之功”[②]。

父亲助手汤明檖的第一个研究生是刘志伟，他从 1983 年起一直在中山大学从事明清经济史教学与研究。1994 年开始任中山大学历史系教授，现任教育部人文社科重点研究基地中山大学历史人类学研究中心主任、香港中文大学——中山大学历史人类学研究中心副主任，兼任教育部历史学科教学指导委员会委员、中国社会史学会副会长、中国经济史学会理事、广东省历史学会副会长。先后以客座教授、客座研究员或访问学者身份，多次到英国牛津大学、美国耶鲁大学、香港科技大学、香港中文大学、香港大学、台湾大学、台湾暨南大学等机构访问、工作。他的研究涉及明清社会经济史的多个领域。其论著包括明清时期的财政赋税、乡村社会结构、社会动乱、商业与社会、对外贸易、手工业、宗教与家庭、妇女、族群与民俗等。其代表作为《在国家与社会之间——明清广东里甲赋役制度研究》（广州：中山大学出版社，1997 年），研究目光锐利独特，结果颇有新意。正如有学者所指出的：“一些学者力图从旧有的社会史命题中翻出新意，在新的方法论框架里对其加以解释。例如刘志伟就通过重新审视明清广东里甲赋役制度在基层的功能及其演变，突破原有经济史研究过于实证主义式的制度史分析架构，而把它置于国家—社会支配行为的互动状态中予以考察。”其研究结果“无疑为地方自治及其权力结构运行的研究提供了重新设问的基础，特别对清初大一统皇权控制登峰造极的政治史假说予以了有力的修正”。[③]

刘淼曾出版专门而饶有创获的著作《明代盐业经济研究》（汕头：汕头大学出版社，1996）、《明代茶业经济研究》（汕头：汕头大学出版社，1997 年）。

---

① 南炳文：《辉煌、曲折与启示——20 世纪中国明史研究回顾》，第 114 页。

② 叶振鹏主编：《20 世纪中国财政史研究概要》，第 348—349 页。

③ 杨念群：《中层理论——东西方思想会通下的中国史研究》，南昌：江西教育出版社，2001 年，第 175—177 页。

这里要特别指出，李龙潜1956年从中山大学历史系毕业前后，追随父亲学习、研究明清经济史10余年，他一生不间断地从多方面系统深入地考察明清时代我国社会经济情况，发表了一系列甚具功力和新意的论文[①]，写成了被国内外学者称赞的断代经济通史——《明清经济史》（广州：广东高等教育出版社，1988年）。有关评价如：《明清经济史》“是近年来系统阐述明清经济发展历史的第一部专书”，“比较全面地呈现了明清时期我国社会经济发展的整体面貌”，“揭示了明清社会变迁中具有代表性的时代特征”。[②]“《明清经济史》一书力图运用历史唯物主义理论观点以对史实加以说明，并在这一方面取得了可喜的成果”，“这样较为全面地评述历史，而非从现成的概念出发，敢于在较深层次进行思考和分析，亦是本书优长之处”。[③]名古屋大学森正夫教授给李氏函云：该书“所论的范围之广，时代之长，令人钦佩，特别是我们日本学者中具有这么长远眼光的人很少，所以应该学习的地方肯定很多……”该著1993年荣获国家教委二届全国高等学校优秀教材奖。李氏为公认的明清经济史专家，《学林春秋三编》编者曾邀他撰写《我和明清经济史研究》一文；2004年在南京举办的全国明史学术讨论会上，有十位资深而贡献显著的明史专家受到大会的表彰，李氏跻身其列。他自认且他人亦认为其研究路向与风格深受父亲之影响。[④]

继续深化研究明清社会经济史的同时，广东团队的同人们在研究时段、研究对象和研究方法上也积极拓展。父亲的《元代社会经济史

---

① 李氏已将这些论文结集出版，第一批论文收入《明清经济探微初编》，2002年由台湾稻乡出版社出版，续编不日当可面世。2006年，篇幅30多万字的《明清广东社会经济研究》由上海古籍出版社出版。

② 参见凡成：《评介明清经济史新著两种》，《中国社会经济史研究》1989年第3期，第92页。

③ 见韦庆远、李克毅：《评介〈明清经济史〉》，《中国史研究》1990年第1期，第164—165页。

④ 李龙潜：《我和明清史经济史研究》，载张世林编：《学林春秋三编》上册，北京：朝华出版社，1999年。

(讲义)》《十三种〈食货志〉介绍》《中国历代度量衡之变迁及其时代特征》《中国历代户口、田地、田赋统计》，汤明檖的《中国古代社会经济史》《从户籍制度看中国封建制下的小农》《中国从奴隶制到封建制经济关系的转变》《关于宋代土地所有制的一些问题》《元代田制户籍赋役略论》，以及彭雨新主编、汤明檖副主编的《中国封建社会经济史》等，皆已跳出了明清与近现代的范围。

特别应书上一笔的是，广东团队在区域社会经济史研究方面起了率先启动和明显的推动作用，众所周知，"区域经济史的勃兴是新时期中国经济史学引人注目的现象"[①]。叶显恩在研究生论文的基础上写成了《明清徽州佃仆制试探》(《中山大学学报》1979 年第 2 期)，继后又发表《试论徽州商人资本的形成与发展》(《中国史研究》1980 年第 3 期)、《关于徽州的佃仆制》(《中国社会科学》1981 年第 1 期)，出版专著《明清徽州农村社会与佃仆制》(合肥：安徽人民出版社，1983 年)，该书是粉碎"四人帮"后乃至新中国时期第一部论述区域社会经济史的专著。它针对明清时期徽州许多社会现象，诸如缙绅地主势力的强大，商业资本的发达，宗法土地所有制的发展和宗法势力的强固，封建文化的发达，佃仆制的顽固残存等，用了六章篇幅，着重对以上问题进行了深入的分析研究，而对徽州的历史地理、资源、土地与人口的变动，徽州人的由来及其素质等都有所涉及，并作了详略不同的论述。"该书广泛征引各种有关文物资料，史论结合，学术水平颇高。"[②] 出版后有近 10 篇书评，可谓好评如潮，被傅衣凌、杨国桢称为"后来居上，超越前者，为我国社会经济史坛新添了一朵奇葩"[③]。后来该书还被美国加州大学伯克利分校译成英文。叶氏有关徽州的论著对于从那个时代起徽学逐渐成为史学研究中的"显学"，

① 李根蟠：《二十世纪的中国古代经济史研究》，《历史研究》1999 年第 3 期，第 144 页。

② 李小林、李晟文主编，南炳文审定：《明史研究备览》，天津：天津教育出版社，1989 年，第 230 页。

③ 傅衣凌、杨国桢：《喜读叶显恩新著〈明清徽州农村社会与佃仆制〉》，《中国社会经济史研究》1983 年第 3 期，第 119 页。

无疑也起到推动的作用。

从80年代起，广东团队同人对珠江三角洲（华南）区域社会经济史研究给予了很大的关注，率先开展和承担了国家、部委和地方的一些科研任务[①]，如由汤明檖、叶显恩主持的国家社会科学基金“六五”重点项目——《明清广东社会经济研究》[②]、叶显恩主持的国家社会科学基金“七五”重点项目——《珠江三角洲社会经济研究》等。他们组织起来，周详计划，分工合作，广搜资料，实地调查，在专题研究基础上进行综合分析，陆续推出一批论文（集）、专著。其中包括广东省历史学会编《明清广东社会经济形态研究》（广州：广东人民出版社，1985年）、《明清广东社会经济研究》（广州：广东人民出版社，1987年），罗一星《明清佛山经济发展与社会变迁》（广州：广东人民出版社，1994年），叶显恩主编《广东航运史（古代部分）》（北京：人民交通出版社，1989年），明清广东省社会经济研究会编《十四世纪以来广东社会经济的发展》（广州：广东高等教育出版社，1992年），叶显恩主编《清代区域社会经济研究》（北京：中华书局，1992年），王赓武、许学强、叶显恩《珠江三角洲历史、地理、经济状况及南洋华侨发展史》（香港，1993年），叶显恩《珠江三角洲社会经济史研究》（台北：稻乡出版社，2001年）、《徽州与粤海论稿》（合肥：安徽大学出版社，2004年）等。广东这个团队不仅有关著作出版早，分量大且有相当深度，他们还积极联络国内外（包括港澳台）有关学者，在相当长时期内几乎每年都举行全国以至国际

① 叶显恩：《我与区域社会经济史研究》，载张世林主编：《学林春秋三编》下册，第617—618页。

② 它是国家“六五”期间唯一批准立项的区域经济史研究项目，可见广东团队在区域经济史研究方面的基础及其率先开展的历史作用，周年昌在其《对长沙会议和古代史“六五”规划的一些回忆》（载中国社会科学院历史研究所编：《求真务实五十载：历史研究所同仁述往》，北京：中国社会科学出版社，2004年，第568—569页）中写道：“规划小组在各组审议的基础上，同意立项并签订协议书的有下列九项：……汤明檖、叶显恩负责的《明清时期广东地区经济研究》等。原先拟列入‘六五’计划的《明清时期福建地区经济研究》《明清时期苏松杭嘉湖区域经济研究》《荆楚史地研究》等几个项目因人员配备、协作关系需要加强等原因，建议暂缓立项，待有关条件落实后再列入计划。”

学术讨论会，在很大程度上推动了全国区域社会经济史的研究[①]，叶显恩在我国新时期新热点——区域社会经济史之研究中已占有很重要的位置。[②]

说到区域社会经济史研究，继叶显恩后，罗一星 30 多年来一直致力于佛山历史文化研究，发表论文 30 余篇、专著两部，成绩显著，获好评颇多。如任放在《二十世纪明清市镇经济研究》（《历史研究》2001 年第 5 期）中就指出："以珠江三角洲为重点的华南市镇研究，均取得了令学界瞩目的成就。罗一星关于岭南二元中心市场的见解发人深省。"又如，赵世瑜、邓庆平之《二十世纪中国社会史研究的回顾与思考》（《历史研究》2001 年第 6 期）指出，90 年代以来区域社会具有两个显著特点：一是研究视野的扩大，二是注重地域社会"整体的历史"的研究，"在此认识基础上，学术界产生了相当一批区域史研究成果，如……罗一星的《明清佛山经济发展与社会变迁》（广东人民出版社，1994）等，不再局限于传统的重点研究市镇的经济问题的做法，也开始把视野扩展到整体性的探讨"。高寿仙的《改革开放以来的明史研究》（《史学月刊》2010 年第 2 期）一文，也把罗氏该书列为新一代学者呈现出由经济史向社会史转变的代表著作之一。再如科大卫在其《皇帝和祖宗——华南的国家与宗族》一书"作者的话"提到："20 世纪 80 年代，当我研究佛山时，罗一星处处启发着我。"并多处大段引用罗氏《明清佛山经济发展与社会变迁》一书中的内容。罗氏在补充大量新材料、新内容基础上，对其书进行了颇深入的修订工作，该书的修订版即将面世，也可说这方面的研究又推前了一步。

90 年代初起，广东团队之研究又有了新拓展，参加了由香港中文

---

① 参见常建华《中国社会史研究十年》，《历史研究》1997 年第 1 期，第 173 页；李根蟠：《二十世纪的中国古代经济史研究》，《历史研究》1999 年第 3 期，第 144—145 页。

② 叶氏也曾应《学林春林》三编编者之约写了《我与区域社会经济史研究》一文，他与邓京力还有一"史家访谈"——《我与区域社会史研究——访叶显恩研究员》（《历史教学问题》2000 年第 6 期，第 14—17 页），皆是佐证。

大学陈其南、美国耶鲁大学萧凤霞主持，叶显恩、杨国桢等三人为顾问的“华南社会文化形态”国际合作计划，承担者除香港中文大学学者外，主要有中山大学学者等组成的广东团队（主力是陈春声、刘志伟、陈忠烈、戴和、罗一星等）、牛津大学科大卫等，并吸收了福建、江西一些学者参与，他们从粤、闽、赣等地研究入手，探索华南社会文化形态的创造过程。可以认为，广东团队在开展区域社会经济史研究的基础上又开辟了历史人类学的新方向。2001 年中山大学成立以陈春声为主任的中山大学历史人类学研究中心，现在这个中心是教育部人文社科重点研究基地。陈春声曾出版《市场机制与社会变迁——18 世纪广东米价分析》（广州：中山大学出版社，1992 年）一书，陈氏从 18 世纪广东米价分析入手，考察了传统中国社会的市场机制与社会变迁的关系，很有新意与深度，借助电子计算机数理分析方法的应用又是该书的鲜明特色。该书内容草创于中山大学硕士论文（指导老师为汤明檖），后拓展成为厦门大学博士论文（指导老师为傅衣凌、杨国桢）。该书学术价值颇高，甚具新意，出版后获同行的广泛认可。该书曾先后在中山大学出版社、台湾稻乡出版社和中国人民大学出版社出版，获广东省社会科学优秀成果一等奖、第二届中国高校人文社会科学优秀成果一等奖。后来他又写有《历史的内在脉络与区域社会经济史研究》《明代社会转型——以明清之际潮州为例》等。在历史人类学研究方面，广东团队与香港科技大学创办了《历史人类学学刊》（半年刊），截至 2017 年 10 月，已出版 15 卷 28 期。该刊编辑委员会较早期的成员为：陈春声（中山大学）、张兆和（香港科技大学）、程美宝（中山大学）、蔡志祥（香港中文大学）、廖迪生（香港科技大学）、刘志伟（中山大学）、马木池（香港中文大学）、桑兵（中山大学）、黄永豪（香港科技大学）、周大鸣（中山大学），由科大卫任主编。同时经过近 20 年的辛勤劳作，许多有分量、高水平的论著陆续面世，目前由陈春声等主持的“历史・田野丛书”已出版多种。

陈春声、刘志伟等人在开展历史人类学研究时，强调社会调查与文字记载资料相结合，强调现阶段应着力于个案、专论研究，“最好的方法不是编撰条理系统的教科书”，强调多学科整合的研究，这些取向明显与父亲等原中央研究院社会科学研究所及史学研究会同人的主张类似，有学术渊源可寻。①

改革开放以来，广东经济史学界愈来愈关注中外关系史，特别是交通、贸易、商人等方面。除前已提到中山大学黄启臣在这方面撰写了大量论著外，该校的蔡鸿生、章文钦、江滢河等亦发表一批颇有深度或特色的论著，如章文钦《广东十三行与早期中西关系》、蔡鸿生主编《广州与海洋文明》等。陈春声、江滢河领导的广州口岸史研究基地，正较大规模地开展资料搜集（包括翻译）和专题研究工作。广东省社会科学院历史研究所这些年来在海洋经济史、海上丝绸之路、中外关系史方面工作颇活跃，取得引人注目的成绩，其带头人为李庆新。李氏 1984 年本科毕业于中山大学历史系后到广东省社会科学院跟随叶显恩、蒋祖缘工作。2001 年以来分别在南开大学、复旦大学师从冯尔康、周振鹤攻读博士学位、从事博士后研究工作。现已出版专著多部，发表论文 90 多篇。其《明代海外贸易制度》为明代海外贸易史研究的基础性著作，韦庆远、叶显恩等分别在《中国史研究动态》《中国社会历史评论》《复旦人文社会杂志（英文刊）》、法国 *Archipel*（《群岛》）等发表书评。其《濒海之地——南海与中外关系研究》被德国汉学家 Roderich Ptak 教授誉为“首屈一指最前沿的学术论著”，是一部“少有的、优秀的、严谨的学术著作”。德国 *Monumenta Serica*（《华裔学志》）、《中国史研究动态》等均有书评推介。其《海上丝绸之路》（中文、英文、韩文等 5 种版本）为国家重点出口推荐图书。李氏现为广东省社会科学院历史与孙中山研究所所长、广东海

① 陈春声的《走向历史现场——“历史·田野丛书”总序》一文很集中地表述了他们心目中所追求的研究取向。陈氏明确说道：“在这里回顾这些令人难以忘怀的往事，是为了表达一个期望，即希望这套丛书的编辑和出版，能够成为一个有着深远渊源和深厚积累的学术追求的一部分。丛书所反映的研究取向，应该说是学有所本的。丛书的编者和作者们，从许多前辈学者的具体的研究作品中，获益良深。”按：陈氏着重提到傅衣凌、父亲，亦谈到傅斯年、顾颉刚、容肇祖、钟敬文、杨成志、江应梁、陈序经等。

洋史研究中心主任，兼任中国海洋智库学术委员会委员、中国海外交通史研究会副会长、中国经济史学会理事。令人高兴的是，广东省在中外贸易史研究方面，如今又新增了一个设在广州大学、国内唯一以广州十三行为研究领域的科研平台——广州十三行研究中心，该中心致力于华南经济史和海上丝绸之路的研究，在资料建设和学术研究方面已迈出了可喜的大步。它于近几年内差不多每年都举办大型的学术讨论会（其中多届为国际性的），并出版会议论文集，对促进有关研究作用很大。同时，一些论著已出版，如冷东的《广州十三行历史人文资源调查报告》和《十三行与岭南社会变迁》便是中心的标志性成果。冷氏现已成功申报国家社科基金重点项目《广州十三行与海上丝绸之路发展变化研究》。该中心研究方面的更大突破指日可待。

特别要指出父亲生前长期工作的中山大学，其社会经济史（包括历史人类学）研究和教学目前正处于活跃发展阶段，它有由10多位老中青学者紧密结合的专门队伍（另外尚有10多个非固定职任岗位）。他们中除陈春声、刘志伟继续从事著述和授业外，其他中青年学者皆迅速成长并取得显著成绩。黄国信，其硕士生导师、博士生导师分别为黄启臣、陈春声和刘志伟。他的研究主要集中在中国社会经济史、明清史领域。其代表作为《区与界：清代湘粤赣界邻地区食盐专卖研究》（北京：三联书店，2006年）。该书出版后，获许多专家学者（如常建华、谢湜和潘弘斐、舒瑜等）的好评，众多高校硕士、博士论文和《历史研究》《中国经济史研究》《近代史研究》等刊所发论文中多达100余次引用该书，已产生了较好的学术影响。他还组织了一个有兰州大学、华南师范大学、中国社会科学院近代史研究所、广东财经大学有关人员参加的盐史研究团队。他被选为教育部新世纪优秀人才，兼任中国社会史学会副会长、中国明史学会理事等职。

温春来，中山大学历史系毕业，其硕士生导师为黄启臣、刘志伟、陈春声，博士生导师为陈春声、刘志伟。后留校工作，主要研究领域为明清社会经济史、西南民族史、历史人类学。他自认深受梁方仲之影响："就学和工作后梁先生的论著仍是案头必备书，并常与硕士、博士生们一起研读。"（温氏一份简历自写语）代表作为《从"异域"到"旧疆"——宋至清贵州西北部地区的制度、开发与认同》（北京：三联书店，2008 年）。该书出版后，张伟然、张小也、高寿仙等皆给予很高评价，高寿仙评之为超越"王朝中心观"与"汉族中心观"的代表性论著①。温氏在上举一份简历中写道：

> 有必要指出的是，本书虽然看上去与梁先生的研究领域无关，其实深受梁先生的影响。我的学缘出自于梁先生所开创的社会经济史，在研读梁先生论著的过程中，在我的导师们的影响下，我对户籍、赋役制度特别敏感，有了这种敏感，我去研究民族史时就会有新发现，我会深刻意识到中国古代的"版图""疆域"观念同今人是不一样的，其最核心的东西是户籍，这恰恰是理解中国古代各民族同王朝关系的关键之一。本书的论证过程，就是从这里出发的。
>
> 最近几年来，清代矿业是本人的主要研究对象，进入这领域的原因及在这个问题的研究取向，均直接受到梁先生及刘志伟教授、陈春声教授的影响。

吴滔，南京农业大学硕士（中国农业经济史）、复旦大学博士（导师为葛剑雄），后至中山大学历史系从事博士后研究（合作导师为陈春声、刘志伟），并留校，累升至教授。从业 20 余年来，在《中国社会科学》《历史研究》《近代史研究》等刊物上发表论文近 50 篇，出版《清代江南市镇与农村关系的空间透视——以苏州地区为中心》（上海：上海古籍出版社，2015 年）、《嘉定县事——14 至 20 世纪初江南地域社会史研究》（广州：广州人民出版社，2014 年）等著作。日本著名历史学家森正夫为《嘉定县事》一书撰写了长达 1.3 万余字的序文，对该书的学术价值作了高度的评价和充分肯定，并将这篇序文收录在其新著《"地域社会"视野下的明清史研究——以江南和福

① 高寿仙：《改革开放以来的明史研究》，《史学月刊》2010 年第 2 期。

建为中心》（南京：江苏人民出版社，2017 年）。近年来，吴氏的学术工作逐渐集中在以下三个方面：一是从文献、制度、空间和人的能动性诸方面，研究明清江南社会经济史特别是市镇史等专题；二是围绕明清社会经济史中某些核心制度（如赋役财政、卫所、漕运、盐政等）运作机制的讨论；三是将研究的区域扩大到江南地域社会之外。

谢湜，现为中山大学历史系主任、教授、博导。他本科毕业于中山大学历史系，本科毕业论文由陈春声、刘志伟指导，获教育部第四届全国“史学新秀奖”一等奖，后师从复旦大学葛剑雄，2009 年获博士学位，其毕业论文获全国优秀博士论文提名，同年由中山大学“百人计划”引进中山大学历史系任教。2013 年入选中央组织部首批“万人计划”青年拔尖人才称号，2016 年入选广东省青年文化英才。任教育部人文社会科学重点研究基地刊物《历史人类学学刊》执行主编、香港中文大学——中山大学历史人类研究中心研究员等职。谢湜主要从事历史地理学、明清史、社会经济史等领域研究。著有《高乡与低乡：11—16 世纪江南区域历史地理研究》（北京：三联书店，2015 年）。主持国家社科基金项目、教育部人文社会科学重点研究基地重大项目等多项科研课题。他的代表作之一《十五至十六世纪江南粮长的动向与高乡市镇的兴起——以太仓璜泾赵市为例》（《历史研究》2008 年第 5 期）发表后甚获好评，被评为“明清江南市镇研究的新突破”，作出了重要贡献。在博士阶段，谢湜对明清江南农田水利变迁与赋役改革、市场发展的关系等议题，都深受梁方仲论著和学术思想的影响。

杨培娜，中山大学历史系副教授，从事历史人类学、明清社会经济史研究。师从陈春声、刘志伟，其博士论文《濒海生计与王朝秩序——明清闽粤沿海地方社会变迁研究》被评为 2011 年全国百篇优秀博士论文。发表《“违式”与“定例”——清代前期广东渔船规制的变化与沿海社会》（《清史研究》2008 年第 2 期）、《明代中后期渔课征纳制度变革与闽粤海界圈占》（《学术研究》2012 年第 9 期）、《清朝海洋管理之一环——东南沿海渔业课税规制的演变》［《中山大学学报（社会科学版）》2015 年第 3 期］等论文。

综上所述，新中国时期在父亲及其弟子们（包括再传弟子）和其他一些学者的共同努力下，广东尤其是中山大学在 60 多年里，已逐步发展成我国社会经济史研究的一个重镇，其作用已举足轻重。[①] 说到这里，必须强调指出，厦门大学、中国人民大学、南开大学、南京大学、复旦大学、北京大学、清华大学、中南财经政法大学等院校和中国社会科学院历史研究所、近代史研究所等机构之经济史研究和教学工作发展亦十分显著，特别是厦门大学的社会经济史研究力量得到空前的增强，以傅衣凌、韩国磐为代表，加上陈诗启、杨国桢、郑学檬、陈支平等一大批后继者，研究成果卓著，人才辈出，逐渐成为我国社会经济史研究的最重要中心之一。由于这些单位的介绍不属于本书本章历史渊源讨论之宗旨，难以也无须在此赘言。当然，中南财经政法大学经济史研究的渊源较复杂，既有中国人民大学尚钺等的传统，亦有梁方仲等的明显影响。

第四节　后人对父亲历史作用的若干评说

一、若干评说摘录

从 1930 年当研究生始，直至生命最后一刻，父亲一直不停地在中国经济史这块园地上不知辛劳地耕耘，真正做到死而后已。斯人已去，旧友后人对他自有一些评说，兹援引若干：

> 梁教授奠定中国经济史研究基础，桃李满林，影响深远，兹欣逢盛会，特电庆贺。

> 梁方仲教授是我相交几十年的老朋友，他那绝对无私、极端

① 李伯重指出："梁先生最后 30 年在中山大学培养出了一代又一代的学生，薪火相传，使得中山大学的中国社会经济史今天蔚成气候，成为重镇。"《清华大学历史系李伯重教授在纪念大会上的发言》，载陈春声、刘志伟主编：《遗大投艰集——纪念梁方仲教授诞辰一百周年》，广州：广东人民出版社，2012 年，第 7 页。

热诚的对人态度，使我终生难忘。他是我国经济史学的奠基人之一。他在中研院社会科学研究所工作多年，因而也是我所经济史研究工作的创始人之一。经济所经济史研究工作能够达到今天的水平和规模，和他的努力密不可分。对此，我和我的同事们永远不能忘怀。梁教授治学作风谨严、广博而又精深，成就甚大，堪称一代楷模，在国内外学术界享有很高荣誉。我在此表示对他的崇高的敬意。①

梁方仲教授是中国经济史研究方面的奠基人之一，对中国经济史学科建设作出了卓越的贡献。他在国内外学术界享有崇高的声誉。在科学研究方面，他长于史实考据而不停留于考据，而是在掌握丰富而翔实资料的基础上，实事求是地作出自己的科学论断。在长期工作中，他总结出一套科学的治学方法，为我们留下了丰富而宝贵的学术遗产。

解放以前，梁方仲先生曾在经济研究所前身社会科学研究所工作，长达 15 年之久。抗战时期，他随机关搬迁到四川李庄。在偏僻山乡，梁先生积极推动各种学术活动，定期邀请所外专家学者作学术报告，相互交流经验，活跃学术思想；他对同事、后学更是循循善诱、热情相助，不愧为诲人不倦的良师益友；他的良好学风，影响极大。可以说，今天经济研究所在经济史研究方面达到的水平，是和梁先生当年的辛勤工作分不开的。

梁方仲先生在十年动乱期间，伸张正义，备受迫害，因而积愤成疾，竟而辞世，这是学术界的重大损失，我们深表怀念。我们定将继承他的遗志，为中国经济史学科的发展作出贡献。②

杨国桢在其一篇文章中曾如此说：

中国社会经济史学，是以承继传统学术，接受西方经济学、

① 前两段引文分别见《罗尔纲先生贺电》《严中平先生贺信》，载汤明檖、黄启臣主编：《纪念梁方仲教授学术讨论会文集》，广州：中山大学出版社，1990 年，第 373—374 页。

② 《中国社会科学院经济研究所贺信》，载前揭书，第 374—375 页。

社会学和马克思主义的启蒙为起点的。它的开拓者和奠基人，以梁方仲（1908—1970）和傅衣凌（1911—1988）为杰出代表，都以明清社会经济史为园地，探讨建立本土的学术意识。1996 年 11 月，我在台湾“中央”大学历史所硕士班上课时，在介绍他们的学术经历和学术成就之后，曾说：

梁方仲和傅衣凌的学术成就和学术经历，具有一些共同点，即：

（一）都有很深的国学造诣，学术功底深厚，掌握史料丰富，常能发人所未言，起发凡起例的效应。

（二）和传统史学的治史者不同，都受过经济学、社会学的训练，思路比较开阔，故能注意相关学科方法的移植和整合。

梁方仲的研究特色，是把典章制度和社会经济发展变化联系起来考察。他对田赋制度的研究，注意名物术语、史料的考订，又做到本末兼备，源流兼探，既继承了传统制度史的成果，又具社会经济史的特色。

傅衣凌的研究特色，是注重私经济的研究，发掘大量前人所不重视的契约、族谱、墓志铭、乡规民约等资料，以民间文献证史，以民俗乡例证史，以实物碑刻证史。①

杨氏强调的是经济史学与社会史学相结合的层面评价前人之特点与贡献。还有人从前辈学者的学门出处考察评价其在中国经济史研究中的历史地位，也牵涉到对父亲的评价：

清华大学在中国经济史学的发展历程中具有一种特殊的地位。张荫麟、梁方仲、严中平、杨联陞、何炳棣、吴承明等几位在 20 世纪国际中国经济史坛上最著名的学者，都是清华大学培养出来的学生。因此可以说，清华大学与中国经济史学有一种特

① 杨国桢：《吸收与互动：西方经济社会史学与中国社会经济史学派》，载侯建新主编：《经济—社会史——历史研究的新方向》，北京：商务印书馆，2002 年，第 7—8 页。

殊的缘分。①

笔者认为所列诸人外，汤象龙、吴晗、孙毓棠、谷霁光、夏鼐等在中国经济史研究（特别是该学科形成时期）方面所作的突出贡献不可忘记，他们也是清华大学培养出来的学生。

中国经济史学会名誉会长、专攻中国经济史超过50年的赵德馨亦对现代形态的中国经济史的形成与发展中作出贡献的有关人士有如此评价：

> 现代形态的中国经济史学科从诞生至今已近100年。在此期间，出了一批中国经济史学的奠基人和大师，如梁方仲、汤象龙、傅筑夫、方显廷、严中平、李文治、汪敬虞、彭泽益、傅衣凌、张仲礼、李剑农和吴老等人。他们研究领域各异，但却有许多共同特征：（一）出生在20世纪头20年间，在国家多难之时长大，具有强烈的振兴中华民族的爱国主义精神，视研究中国经济史是这种精神的实践行动，精诚敬业。（二）在著名的大学毕业，受到传统文化的熏陶，有极好的国学修养，知中国古今史事。（三）精通一门至多门外文，运用自如；大多数都到外国学习或进修过，了解西学。（四）学风严谨，在所研究的领域收集和积累了系统的资料，多数都编有相关的资料书问世，为中国经济史学科的发展奠下了厚重的基石。（五）在所研究领域取得开拓性成果，自成一家，因而成为这个领域的开拓者和奠基人。他们中的每一个人都是中国经济史学科领地上的一座高山。吴老这座高山伟岸而耸出。②

在赵氏所列12位开拓者和奠基人中，有6位来自原中央研究院社会科学研究所，若算上新中国时期到由原中央研究院社会科学研究所转成的中国社会科学院经济研究所的吴承明，所占比例已超过总数

---

① 清华大学中国经济史研究中心：《“清华大学中国经济史学丛书”出版缘起》，载李伯重：《理论、方法、发展趋势：中国经济史研究新探》，北京：清华大学出版社，2002年。

② 赵德馨：《高山仰止》，载方行主编：《中国社会经济史论丛——吴承明教授九十华诞纪念文集》，北京：中国社会科学出版社，2006年，第860页。

一半。

笔者从汤象龙信札中发现汤氏对父亲有如此评价：

> 梁先生是不愧为现代经济史学界中的佼佼者，并从补编中的著作看，他对中国经济史研究的广度和深度为一般学者所不及，主要是他对中国历史有根底，对经济学肯钻研，知识渊博，为同辈所不及，工作到今天，他的成就，敢说谁也不能和他相比！①

何炳棣就有这样的看法：

> 虽然我和梁先生只在纽约哥大见过一面（1946 或 1947），自 1930 年代起我对梁先生是一向景仰的。梁方仲先生祖上是著名广东十三行中天宝行的主人，这可能是他一生专攻经济史的原因。梁先生是比我高八班的清华学长，新制第二级（1930）经济系毕业，拥有理想的专业研究工具。毕业后不久即成为中央研究院社会科学研究所的研撰柱石。三四十年代多篇论文发表于该所《集刊》《地政月刊》等期刊，史料方面征引之广，考证之精，分析综合水准之高，当时经济史界无出其右者。梁先生不愧是当时明代赋役制度的世界权威。②

末了，何炳棣在其《中国历代土地数字考实》一书“序言”结尾部分曾将其认为中国经济史研究方面我国学者（包括美籍华人）三代代表人物大名单列了出来：

> 最后，我必须对本书集体性的献词“献给已故、健在攻治中国经济、社会史的三代学人”，加以具体的注释。这批学人里，有些是我的前辈，有些是我的学长，有些根本无缘结识，但他们的年龄、学历和研究成果却足足可以代表三个学术世代。名次的排列大体依照传统的《同年齿录》的原则，但我对内中不少位年龄的推测定有不少错误。他们是：郑毅生（天挺）、陶希圣

① 汤象龙研究室编：《中国经济史学科主要奠基人——汤象龙先生百年诞辰文集》，成都：西南财经大学出版社，2010 年，第 287 页。

② 何炳棣：《中国历代土地数字考实》，台北：联经出版事业公司，1995 年，“序言”ix页。

（《食货》的创办人）、张德昌、梁方仲（原名嘉官）、梁嘉彬、严中平、彭信威、汤象龙、吴辰伯（晗）、孙毓棠、瞿同祖、全汉昇、何兹全、王毓铨、杨联陞、傅衣凌、李埏、汪籛、王永兴、吴承明、彭泽益、韦庆远、黄仁宇、任以都、刘广京、侯继明、郝延平、王业键、黄宗智、袁清、伍仲贤、王国斌、李中清。部分由于我和台湾阔别二十年之久，主要由于台湾方面人数可观的社经史家的谦虚和坚持，他们的大名在此序中只好不列了。

何炳棣

一九九三年一月

南加州鄂宛市龟岩村寓所

何氏上述大名单似有几点值得注意和探究：

（一）何氏认为其名单中的三十三人（包括华裔）代表了我国中国经济史、社会史研究的三个学术世代。此处他所指的三个学术世代，似指1930年前后至1949年、1950年至1969年、1970年至1990年前后三个世代。

（二）何氏大名单中哪些属第一代者？哪些属学科奠基人（但奠基人、开拓者自在其内）？他并未点明。笔者猜测，从广义的第一代而言可以将其名单中傅衣凌乃至李埏以前的人（即位次17或18者）归于第一代（何氏并未将自己算在内，他基本上应归于一代与二代之间者）。若从这17人或18人来看，第一代学者中属中央研究院社会科学研究所和史学研究会同人者，有梁方仲、严中平、汤象龙、吴晗、孙毓棠乃至李埏等人；若从学源而言，清华大学出身者更多，除梁、严、汤、吴、孙、李（为西南联大毕业，师从张荫麟、吴晗）外，有张德昌、梁嘉彬、杨联陞以至何炳棣。可见中央研究院社会科学研究所和史学研究会同人，特别清华大学出身者所占比例最大。而在这17—18人的第一代学者中，有属“食货”派者，如陶希圣、何兹全等。而名单未提到郭沫若等一批人，颇使人不解，或许这就是何本人及其代表了境外学术界多数人士的看法。

（三）众所周知，自1978年拨乱反正、改革开放后，中国大陆经济史、社会史界研究蓬勃发展，成果大量涌现，人才辈出（依何氏的年龄标准，他们应属第四学术世代），而在何氏的大名单中缺此代代表人名字，道理其实很简单，何氏写此序言时在1993年，自不能列出。

二、余言——从学科定位、分类来评价

（一）从历史学科学派来评价

如前所述，中央研究院社会科学研究所和史学研究会同人以及中国科学院（中国社会科学院）经济研究所等在中国现代经济史学形成与发展中的位置及其作用，似乎可以得到较清晰的了解。至于他们在整部中国现代史学发展过程的作用、地位的研究，只能说目前尚匮乏，尽管出现了一些很笼统的简评，诸如：他们“后来大多成了我国史学界的名流，为中国的新史学作出了很大的贡献”①；“他们对于我国历史学所作出的贡献将永远载入20世纪中国历史学的史册”②。专攻史学理论和史学史的王学典在其一篇综评近50年中国历史学状况的长篇专题研究论文中提出了较新颖独特的看法，认为从20世纪30年代开始，以《食货》杂志和《中国社会经济史集刊》及其背后的史学研究会两股力量为主，在中国历史学的原有两大体系——史观派和史料派基础上，整合形成了另一新的学术谱系（王氏称之为“会通派”），并论定，“从现在直至可以预见的未来，中国史坛正进入或已经进入一个史观派史学、史料派史学、会通派史学三足鼎立的多元格局”。③

王学典宣示：“坚持史料派和史观派的沉浮构成了整个20世纪的中国史学变动的观点”，是其论文的“基本叙事线索，通过描述近50

---

① 苏双碧、王宏志：《吴晗传》，上海：上海人民出版社，1998年，第37页。

② 戴逸：“序一”，载周育民：《晚清财政与社会变迁》，上海：上海人民出版社，2000年，第1页。

③ 王学典：《近五十年的中国历史学》，《历史研究》2004年第1期，第190页。

年中国史学变迁之迹，揭露其所掩盖的不同治史路线之间的分歧，从而显示另一种眼下看来较为完善且有生命力的为学取向，是本篇论文的命题所在”。他认为，1949 年后中国历史学大体上可区分为两个阶段，即前 40 年和后 10 年。前一阶段中马克思主义唯物史观派随新政权的建立，迅速从原来边缘位置取得了中心与主控的地位，与此相反，史料派骤然失势，退出了中心位置，失去了话语权。后一阶段（1990 年后）情形则发生了急逆转[①]，“国学”复兴，史料派备受推崇与重视。他写道：

> 史观派地位的下沉绝不应成为史料派在史坛再执牛耳的理论。反过来说一样，也不要把打破史料派垄断地位的希望再次寄托在史观派的复兴上。中国史坛需要融合史观与史料并超越史观与史料之上的第三支力量，而且这支力量也已出现。以社会经济史学派为代表的社会史和经济史研究者就是我这里所说的第三支力量。对当下的中国史坛来说，能使史料派黯然失色的不是史观派，而是社会经济史学派。[②]

王氏之所以寄望于第三种力量——会通派，按该论文表述的内容，主要似可归为两点：一是，史观派和史料派都有其片面性和局限性。史观派“时代和地域的局限都非常明显”，“与国际史学潮流的契合毕竟还相当有限”[③]，其发展过程中，“惜乎它们不幸流于极端化或

---

① 按：将 20 世纪中国史学派分别归纳成两大谱系，自有其理据。不过，浏览其他史作，发现情况远为复杂，不同研究者的表述有所不同。如冯尔康认为“出现四大流派及一个尚处于潜流中的派别”，四个派别分别是梁启超为代表的新史学，胡适、傅斯年等人倡导的实证史学，以陈寅恪、钱穆为代表的“民族本位论”史学，以郭沫若、范文澜等人为代表的阶级论史学。冯尔康：《感言》，载郑克晟：《明清史探实》，北京：中国社会科学出版社，2001 年，第 1—3 页。王尔敏也认为 20 世纪中国史学中主流史学仅两支，即傅斯年、顾颉刚、蔡元培等的科学主义史学派和马列主义史学派，并认为“承西方学术冲击，这两个主流之所以有此声势，乃是追随西洋流风，不断吸取西方营养以维持壮大。换言之，是各西方理论以为支持”。王尔敏：《20 世纪非主流史学与史家》，“自序”和“前言”。

② 王学典前揭文，第 171—172 页。

③ 王学典前揭文，第 177 页。

片面化”[①]，造成了不良的影响；而“史料派始终以史料工作为中心内容，甚至视史料为学术的全部，这种立场所导致的缺陷也是他们自身难以克服的”[②]。二是，会通派既重视史料又“绝不忽视理论与方法”，可弥补史观派与史料派的不足乃至缺陷，代表着中国历史学研究中的一种新路向，而这一30年代形成的新路向（学派）在新中国成立后特别是最近20余年里成熟壮大起来。

顺便指出，王氏将父亲等作为会通派建立、形成与发展的主要奠基人和代表人物之一予以介绍。从而可设想，若王氏新说成立，父亲等一批摸索建设新史学的同人们在我国现代史学的整体发展上所起的作用（至少是潜在的）当是十分重要和巨大的。这当然是一个值得认真研究的大课题。

王氏之说在我国史坛无疑是新颖的，但与现在主流史坛的看法不一致。而在20世纪80年代末，香港学者许冠三也曾有类似的看法。许氏认为在史观派与非史观派（考证学派、方法学派、史料学派）两大阵营外，另一新学派——史建学派在20—30年代（特别是30年代）逐渐形成，强调方法、材料、理论相辅相成成为该学派的宗旨与特点。许氏还认为后来殷海光走科际整合的路，和自己的多元史络的分析入手取向，是史建学派的新发展，并断言“则知意在祛蔽补偏并兼取各家之长的史建学派之兴，乃理所宜然”。[③] 可见，王学典所称的“会通派”与许氏的史建派基本理念乃大同小异。当然，两者在所举的学派的代表人物和其发展脉络方向等方面的叙述存有较大差异。

新说似仍待讨论。王学典之会通派新说（其实也包括许冠三之史建派说）独树一帜，新意卓然，颇有启迪或学术讨论意义，然而要得到学界的普遍认同，恐怕还得有更多更深入的研究与阐述。所以在王氏《近五十年的中国历史学》发表不久，《历史研究》又刊载了一位

---

① 王学典前揭文，第177页。

② 王学典前揭文，第183页。

③ 详见许冠三：《新史学九十年》，长沙：岳麓书社，2003年，“自序”第4页和正文第1—5、463—546页。原书1986年由香港中文大学出版社出版。

史学研究者写给该刊编辑部的信①，对王文提出了四点不同的看法，简而言之，即是：（1）认为王氏“把‘史观派’史学家描述成只讲唯物史观，单纯以与‘史料派’作斗争为目的，不重视史料，不作史料考证的学者，恐与事实不符”。（2）认为“史观派因为主张以唯物史观作指导来研究中国历史，有共同的观点，尚是一个派别，而这些非马克思主义史学家，与之相比，就显然构不成一个派别”；新中国成立后，“由于原来的非马克思主义史学家群体大部分接受了唯物史观，所以应该将他们归入‘史观派’，起码不应该将他们视为始终没有接受唯物史观的所谓‘史料派’”。（3）新中国成立后各高校培养出了一大批史学毕业生，“这是一批既不同于旧史学家，也有别于老一代‘史观派’的新型史学家”。“在《近》文以‘史观派’与‘史料派’的浮沉消长为主线的对立观中，竟没有这批数量巨大，且是史学界中坚力量的人的位置，不能不令人感到巨大的遗憾！”（4）认为标点《资治通鉴》、“二十四史”，编制《中国历史地图集》等项工作，都是出于中央的指示，与史学界的派别无关，也谈不上“史观派”与“史料派”合作的问题。刘氏的四点看法起码传达了这样的信息：不同意王氏史学两派（史观派、史料派）对立浮沉观的人目前大有人在；新中国成立后受教育的众多史学研究者关心其在史学派别中的位置，有关专家应妥善考虑此问题。刘氏对是否存在一个会通派的问题暂时没有正面回答，或许有其潜台词。

王学典在《中国新史学的摇篮》中表述了一个看法，从另一角度来解释新史学（即之前他提出的会通派）的含义及其形成：

> 近年笔者提出一个看法，现代中国史学实际上存在“新史学”与“新汉学”两种形态、两种路线：从乾嘉汉学逐步演化而来的化经为史的过程，是其中的路线之一；生发于“西洋史学”、对中国学术传统而言意味着炉灶重起的过程，则是其中的另一条路线。前者是所谓的“新汉学”，后者是所谓的“新史学”。“新

① 刘宗汉：《对〈近五十年的中国历史学〉一文的几点看法》，《历史研究》2004 年第 4 期，第 185—186 页。

史学”是指向历史本体的，“新汉学”则从一开始就是着眼于历史记录的。二者在观念和方法上形成显著差异：“新史学”致力于探求历史演变的“公理公例”，提倡“以社会科学治史”；“新汉学”矜尚“考史但不著史”的为学基准，崇尚归纳，排斥演绎，强调为学问而学问，主张“以自然科学治史”。这两条路径起初各有轨辙，齐头并进，但由于“新汉学”凭借深厚，一段时间内压倒了“新史学”；而“新史学”因为符合社会历史潮流和国际学术潮流又后来居上。依此而论，王国维、陈寅恪代表的国学院传统无疑是“新汉学”① 的一支，而蒋廷黻主持的清华历史系则归属于“新史学”一脉。可以说，“新史学”最后育成于清华，先驱梁启超在此，传人张荫麟在此，“新史学”的一大批追随者如“史学研究会”诸君也在此。就中国现代史学发展的趋向而言，沿循“新史学”路径的蒋廷黻的清华历史系更能代表清华历史学派的主流，在学术史上的地位应更为重要、更加值得珍视。②

王学典认为清华大学历史系的“新史学”有几个特点：“中西贯通，用世界视野研究本土问题”；开辟“以社会科学治史”之路；“考据与综合并重”。他再次强调史学研究会的位置，即“清华历史学派社会科学化取向最显著的体现是‘史学研究会’的社会经济史研究”，举出梁方仲、谷霁光、张荫麟的例子。又说：“前面提到的清华‘史学研究会’，更是考据与综合并重的典型。”于此，又举出《中国近代经济史研究集刊》之《发刊词》和该刊《明清档案专号》以及吴晗、梁方仲、张荫麟的例子。③

王学典还指出：“从研究领域和研究方向来说，20 世纪历史学的

① 按：此判断恐又得更多的研究后才能定论，因为早先不少研究者认为，王、陈两氏与典型的国外“汉学”学者是不同的。

② 王学典：《中国新史学的摇篮——为清华大学历史系创建 90 周年而作》，《清华大学学报（哲学社会科学版）》2016 年第 5 期，第 12—13 页。

③ 王学典前揭文，第 8—10 页。

主流是社会经济史。‘现代史学近百年来一马当先的正是社会经济史。’年鉴学派、马克思主义史学是社会经济史研究的主力。”[①] 有研究者明确指出：民国时期该系（按：清华大学历史系）是中国新史学的中心，也是体制化（学院派）新史学的策源地，但并非其全部。[②]

从最近这些和其他一些有关研究，至少可得到一个印象：史学研究会同人（包括梁方仲）在现代中国史学学术史上之地位应该是很重要的。

（二）依据经济史学科分类定位的评价

不少文章常把经济史与社会经济史两词混用，故对父亲学术地位之认定亦常用“中国社会经济史研究的奠基人”这样的字眼。赵德馨对此提出不同而颇有见地的看法：

> 这次会议（按：梁方仲诞辰100周年纪念会）的邀请函中写道：“梁方仲先生是著名的社会经济史学家，中国社会经济史研究的奠基人之一。”这个提法符合历史事实，非常正确，我完全同意。这次会议的主题既是纪念梁方仲教授，又是讨论中国社会经济史问题，强调梁先生是中国著名的社会经济史学家和中国社会经济史研究的奠基人，理所当然，我完全理解。我的疑虑是，那些不完全了解中国经济史学科和梁先生情况的人，可能会认为，这就是对梁先生学术地位的定性。从梁先生对中国经济史的贡献和历史地位来看，他首先是中国经济史学科的奠基人之一、著名的经济史学家，而后才是著名的中国社会经济史学家、中国社会经济史的奠基人之一。要说清这个问题，需从经济史学科的分类谈起。经济史学科有两种分类方法，一是按研究对象分，一是按研究理论与方法分。就此而言，中国经济史是一门学科，中

① 王学典前揭文，第11页。

② 刘超：《西学东渐与新史学“三变”——兼论新史学的国际流变及中国学人的民族主体性诉求》，《清华大学学报（哲学社会科学版）》2016年第5期，第19页。

国社会经济史是这门学科研究中的一种理论、一种方法、一个学派。①

赵氏按研究对象将经济史分成许多分支学科。按照对象的不同，经济史学科有两个大的分支，即经济史学与经济史学概论。经济史研究对象包涵时间、空间和经济三个要素。就时间而言，可按相对年代划分，如古代、近代、现代，乃至具体朝代。以空间而言，可以按洲（欧洲、亚洲、美洲等）、国别（中国、日本、美国等）划分。以经济而言，可分为宏观（国民经济史）和微观（家庭与家庭史、企业与企业史）两个层次，这两个层次还可以进一步细分为工业、农业、商业、金融业、交通运输业等部门经济。每个部门经济又可区分为若干行业。此外，还可更多更细地划分。赵氏的结论是："如若上述的意见是可以成立的话，那么，经济史是一门独立的科学，如按照研究对象三要素的组合来划分，它包括多个经济史分支学科，但不可能有社会经济史。"②

赵氏认为按照其所用研究理论及方法，中国经济史可区分成不同的学派。他认为：

> 与独立的研究对象相适应，经济史学的研究有其自身的理论。这种理论是在经济史学产生过程形成的，随着经济史学的发展而丰富。它在形成过程中吸取了多个相邻学科的理论，并将它们予以改造以适应自己的研究对象，在改造中实现多学科理论的融合，在融合中实现创新，使经济史理论包括多个层次。第一个层次是与经济史研究对象三要素相对应的理论，即经济学理论、历史学理论与地理学理论。与经济史学相邻学科的理论构成其它层次。在这里，层次区分的依据在于与经济史学关联的密切程度。最密切的，如社会学理论、人口学理论等等为第二层次，其它如考古学、古文字学、民族学、钱币学、军事学、人类学、文

① 赵德馨：《学科与学派：中国经济史学的两种分类——从梁方仲的学术地位说起》，《中国社会经济史研究》2009 年第 3 期，第 1 页。

② 赵德馨前揭文，第 1—2 页。

化学、民俗学、生态学等为第三、第四层次。

经济史有多个分支。经济史理论有不同层次。经济史研究者根据所选分支的对象，采用经济史理论中适宜于该对象的层次。用不同的理论去分析同一种经济现象，往往会看到它的不同侧面，得出不同的结论。这就形成不同的学派。学派区分的依据是研究理论。①

赵氏认为，社会经济史学派是学说众多、工作甚多、成绩殊大的一个学派，并引述了吴承明的看法，即："目前中国经济史的研究可说有三大学派：一派偏重从历史本身来探讨经济的发展，并重视典章制度的演变。一派偏重从经济理论上来阐释经济的发展，有的力求作出计量分析。一派兼顾社会和文化思想变迁，可称社会经济史学派。三者也必然对经济史的理论和方法问题有不同观点和见解。"②

据以上的分析，赵德馨对父亲的评价是：

从梁先生对经济史的研究来看，他采用了多种理论与方法，其中有经济学理论与方法、历史学理论与方法、社会学理论与方法、地理学的理论与方法。梁先生清华大学毕业后，是在著名社会学家陶孟和先生主持的北平社会调查研究所从事经济史研究，受陶先生影响甚大，从而把社会学的理论与方法引入了经济史学的研究，并有许多开拓性的成果。因此，人们称梁先生为社会经济史学家、中国社会经济史研究的奠基人之一，是非常恰当的。但社会学仅仅是梁先生研究经济史的理论与方法之一。从他的经历与著作来看，他使用经济学理论与方法更为突出。一般地说，对于一个社会科学研究者而言，大学本科和研究生时期是专业理论和思维方式奠基的关键阶段。梁先生本科毕业于清华大学经济学系，此后在清华大学研究院攻读经济学硕士学位，受到了系统的经济学专业训练，形成了经济学的思维方式。上个世纪30、40

① 赵德馨前揭文，第2页。

② 吴承明：《经济发展、制度变迁和社会与文化思想变迁的关系》，载氏著：《吴承明集》，北京：中国社会科学出版社，2002年，第349页。

年代，他先后到日本、美国、英国考察与学习，进一步加深了经济学的素养。特别是在英国伦敦经济学院期间，受到那里用经济学理论与方法研究经济史学风的熏陶。从学校毕业以后，梁先生一生都是以经济作为研究对象，剖析历史上的经济现象，这要求他用经济学理论作解剖刀。从他的论著中可以看出，在使用的诸多理论与方法中，最为擅长的是经济学理论与方法。与同时代的其他经济史学大师的论著相比较，经济学分析是他的特色。按照上引吴承明先生的分类，我以为，这三派中，梁先生都有份：他既是历史学派的，也是社会学派的，更是经济学派的。如若要在这三派中分出个轻重或先后次序，窃以为，他首先是经济学派的，其次才是历史学派的和社会学派的。梁先生是中国经济史学科中社会经济史学派的奠基人之一，也是历史学派的奠基人之一，更是经济学派的奠基人之一。这样，不如说他是中国经济史学科奠基人之一为好。这就是我对梁先生在中国经济史学史中的定位。①

① 赵德馨前揭文，第4页。

附录　梁方仲论著目录

一、专著

1.《明代粮长制度》，上海：上海人民出版社，1957 年。

2.《中国历代户口、田地、田赋统计》，上海：上海人民出版社，1980 年。

3.《梁方仲经济史论文集》，北京：中华书局，1989 年。

4.《梁方仲经济史论文集补编》，郑州：中州古籍出版社，1984 年。

5.《梁方仲经济史论文集集遗》，广州：广东人民出版社，1990 年。

6. 刘志伟编：《梁方仲文集》，广州：中山大学出版社，2004 年。

7.《梁方仲文集》（八卷），北京：中华书局，2008 年。

二、论文

1.《明代鱼鳞图册考》，《地政月刊》第 1 卷第 8 期，1933 年 8 月。

2.《明代田赋初制定额年代小考》，《清华周刊》第 40 卷第 1 期，1933 年 10 月 23 日。

3.《明初夏税本色考》，《清华周刊》第 40 卷第 11、12 期，1934 年 1 月 8 日。

4.《北平市田赋概况》，《民族杂志》第 2 卷第 8 期，1934 年 8 月。

5.《评陈登元著〈中国土地制度〉》，《大公报·图书副刊》第 53、54 期，1934 年 11 月 17、24 日。（B）

6.《近代田赋史中的一种奇异制度及其原因》，《大公报·史地周刊》第 23 期，1935 年 2 月 22 日。

7.《明代粮长制度》，天津《益世报·史学》第 3 期，1935 年 5 月

28 日。

8.《明代户口田地及田赋统计》,《中国近代经济史研究集刊》第 3 卷第 1 期，1935 年 5 月。

9.《明代“两税”税目》,《中国近代经济史研究集刊》第 3 卷第 1 期，1935 年 5 月。

10.《评孙佐齐著〈中国田赋问题〉》,《大公报·图书副刊》第 89 期，1935 年 7 月 25 日。(B)

11.《评〈万历会计录〉》,《中国近代经济史研究集刊》第 3 卷第 2 期，1935 年 11 月。(B)

12.《田赋输纳的方式与道路远近的关系——一个史的考察》，天津《益世报·史学》第 20 期，1936 年 1 月 21 日。

13.《一条鞭的名称》，南京《中央日报·史学》第 7 期，1936 年 4 月 23 日。

14.《一条鞭法》,《中国近代经济史研究集刊》第 4 卷第 1 期，1936 年 5 月。

15.《明代的黄册》，南京《中央日报·史学》第 22、26、30 期，1936 年 8 月 6 日、9 月 3 日、10 月 1 日。

16.《一条鞭法的争论》，天津《益世报·史学》第 37、38 期，1936 年 9 月 13、27 日。

17.《易知由单的起源》，天津《益世报·史学》第 43 期，1936 年 11 月 22 日。

18.《明开国前后的赋率》，天津《益世报·史学》第 48 期，1937 年 2 月 21 日。

19.《明代的预备仓》，天津《益世报·史学》第 50 期，1937 年 3 月 21 日。

20.《明代的民兵》,《中国社会经济史集刊》第 5 卷第 2 期，1937 年 6 月。

21.《论差发金银——〈云南僰夷的土司政治〉读后记》，昆明《益世报·史学》第 10 期，1939 年 5 月 2 日。

22.《跋〈洞阳子集〉——兼论明隆万间江西一条鞭法推行之经

过》，昆明《中央日报·学林》第2、3期，1939年6月1、15日。

23.《明代银矿考》，《中国社会经济史集刊》第6卷第1期，1939年6月。

24.《明代国际贸易与银的输出入》，《中国社会经济史集刊》第6卷第2期，1939年12月。

25.《云南银矿之史的考察》，昆明《中央日报·史学》第23期，1940年4月24日。

26.《番薯输入中国考》，昆明《中央日报·史学》第39期。

27.《对于驿运的几点贡献》，《新经济半月刊》第4卷第3期，1940年8月1日。

28.《"战后问题"的问题》，《当代评论》第1卷第11期，1941年9月15日。

29.《明代江西一条鞭法推行之经过》，《地方建设》第2卷第1、2期，1942年4月1日。

30.《田赋史上起运存留的划分与道路远近的关系》，《人文科学学报》第1卷第1期，1942年6月。

31.《明代的户帖》，《人文科学学报》第2卷第1期，1943年6月。

32.《释一条鞭法》，《中国社会经济史集刊》第7卷第1期，1944年6月。

33.《明代十段锦法》，《中国社会经济史集刊》第7卷第1期，1944年6月。

34.《明代粮长制度》，《中国社会经济史集刊》第7卷第2期，1946年7月。

35.《评卜凯〈中国土地利用〉》（英文），《社会科学杂志》第9卷第2期，1947年12月。（B）

36.《明代的民众自卫——民兵》，《国防月刊》第6卷第1期，1948年5月。

37.《论社会科学的方法》，载梁方仲等：《现代学术文化概论》第二册《社会科学》，上海：华夏图书出版公司，1948年。

38.《明代黄册考》，《岭南学报》第10卷第2期，1950年6月。

39.《易知由单的研究》,《岭南学报》第11卷第2期,1951年6月。

40.《明代一条鞭法的论战》,《社会经济研究》1951年第1期。

41.《明代一条鞭法年表》,《岭南学报》第12卷第1期,1952年12月。

42.《户调制与均田制的社会经济背景》,1955年中山大学铅印本。(C)

43.《论隋代经济高涨的原因》,《历史教学》1956年第12期。

44.《明代粮长制述要》,载李光璧编:《明清史论丛》,武汉:湖北人民出版社,1957年。

45.《对于"厚今薄古"的几点体会》,《理论与实践》1958年第4、5期。(B)

46.《关于广州十三行》,《广州文史资料选辑》1960年第1辑。(C)

47.《试论我国度量衡的起源与发展》,《羊城晚报》1961年4月6日。

48.《中国历代户口、田地、田赋统计原论》,《学术研究》1962年第1期、1980年第2期。

49.《论明代里甲法和均徭法的关系》,《学术研究》1963年第4、5期。

50.《谈海瑞与一条鞭法》,《学术研究》1966年第2期。(B)

51.《中国历代度量衡之变迁及其时代特征》,《中山大学学报(哲学社会科学版)》1980年第2期。(D)

52.《〈明史·食货志〉第一卷笺证》,《北京师院学报》1980年第3、4期,1981年第1、2期。(D)

53.《十三种〈食货志〉介绍》,《历史研究》1981年第1期。(D)

54.《元代中国手工业生产的发展》,载山西省社会科学研究所编:《中国社会经济史论丛》第二辑,太原:山西人民出版社,1982年。(D)

55.《元代屯田制度简论》,载王仲荦主编:《历史论丛》第三辑,济南:齐鲁出版社,1983年。(D)

56.《马克思主义关于资本主义萌芽的论点》,《梁方仲经济史论文集补编》,郑州:中州古籍出版社,1984年。(BCD)

57.《〈论汉初抑制商贾〉注解》《〈元代州域形势〉注解》《〈朱元璋北伐檄文〉注解》《〈粤民义师〉注解》，《梁方仲经济史论文集集遗》，广州：广东人民出版社，1990 年。(D)

58.《清代〈纳户银米执照〉释》，载中山大学历史系编：《中山大学史学集刊》第一辑，广州：广东人民出版社，1992 年。(D)

59.《关于孙中山家族的两件土地契约文书释文》，载中山大学历史系编：《中山大学史学集刊》第二辑，广州：广东人民出版社，1994 年。(D)

注：B 为书评与笔谈；C 为内部资料，生前未公开发表；D 为辞世后发表。

三、遗稿（2008 年 11 月前未发表者）

（括号内为估计字数，单位为万）

1.《明神宗实录》赋税资料编年（14）

2. 历代货币（钞法）述要（1）

3. 中国经济史讲演笔记（1952—1953 年）(38)

4. 明代经济史专题（1964）(10)

5. 明清经济史上的几个问题（0.84）

6. 读书笔记（札记）(60)

7. 田赋折价问题：改征实物或实物折价与折价之标准（0.44）

8. 二樵道人黎简先生年谱（0.8）

9. 马苏尔经济学述要（3.5）

10. 释《土地法》（讲义）(2.4)

11. 浅谈《资本论》与封建主义社会的人口规律（0.5）

12. 明代钞法（大纲）(1.6)

（以上 2008 年已收入中华书局八卷本《梁方仲文集》中）

13. 明代地方志综目（初稿）(25)

14. 明代督抚年表（初稿）(10)

15. 西洋经济史讲稿（初稿）(20 以上)

16. 读书笔记、听课笔记、统计表等（200 以上）

（以上收入广东人民出版社八卷本《梁方仲遗稿》中）

后　记

当《无悔是书生》印出后，本书撰写工作随即展开。虽然手头已有近13万字的稿子（即原《无悔是书生》之下篇），书的框架结构、主要内容已无须大改，但考虑到它作为一单书出版似嫌单薄些，加之，一些新见有关资料和原先未查证清楚的问题应该补充进来，撰写一部内容丰富和分析深入点的书乃势在必行。说实在话，撰写介绍父亲学术评价为主的本书，对有关专业学养之要求要比写《无悔是书生》所需要高很多，换句话说难度要大得多。这就要求笔者要更加虚心、用心、用力。今经数个寒暑的辛劳，总算交出了定稿，不免有如释重负、松了口气的感觉。此时此刻，感恩思绪油然而生，深深感到若无众多师友、有关机构的大力鼓励和着实的指教、帮助，很难想象我能如愿如期交出此定稿。

本书的初稿曾蒙韦庆远、蔡鸿生、李龙潜、黄启臣、叶显恩、刘志伟、陈春声诸位先生审阅，继后又得中华书局李静、胡珂等编辑予以细心的校阅，使我获益殊多，为本书的撰写了奠定了坚实基础。在对《无悔是书生》原稿（下篇）调整、增补过程中得到了赵德馨、黄启臣、刘志伟先生和广东人民出版社柏峰、陈其伟、周惊涛等编辑的细心校阅，他们提出了许多指导性和具体修改的宝贵意见，使我铭感不已。

中山大学图书馆程焕文、林明先生和中山大学历史人类学研究中心黄晓玲女士在资料搜集、复印方面给予了诸多帮助。中山大学图书馆公共服务部负责人蔡筱青女士做了大量检索工作，为本书之完成提供了优越条件，难以忘却他们的辛苦帮助。

承蒙赵德馨、黄启臣两位经济史专家为本书作序，使我既谢且愧。他们的序言，对本书而言无疑是很好的导读，他们对父亲（当然也惠及笔者）的深情厚谊，更使我深为感动。

最后应指出，几年中我仍然完全逃避了承担家庭事务的责任，安心写作。愧对家人，内疚之余，前几个月，父亲的次曾孙泽霖诞生了，对于其后代“人丁单薄”的父亲而言，或许是“老天有眼”了，终给他一眷顾吧！说上这些，只能算笔者在聊以自慰吧！

限于水平，本书错漏、不当之处定多，尚祈专家、读者不吝赐正。

梁承邺谨识

2017 年 11 月于羊城